SV

Hans Ulrich Gumbrecht

Leben der Stimme

Ein Versuch über Nähe

Aus dem Englischen von Michael Bischoff

Suhrkamp

Erste Auflage 2025
Originalausgabe

Umschlaggestaltung: Hermann Michels und Regina Göllner
Umschlagabbildung: Ricky Gumbrecht, *Yellow 2*, 2021,
Acryl auf Holz, 61 × 122 cm
Satz: Satz-Offizin Hümmer GmbH, Waldbüttelbrunn
Druck: CPI books GmbH, Leck
Printed in Germany
ISBN 978-3-518-58826-0

Suhrkamp Verlag GmbH
Torstraße 44, 10119 Berlin
info@suhrkamp.de
www.suhrkamp.de

Inhalt

Meiner Tochter Laura Teresa
und dem wunderbaren Volumen ihrer Stimme gewidmet

1
Knoten der Stimme: Impulsenergien und begriffliche Überschneidungen

Wenn ich an meine Mutter denke, die im Sommer 2012, einige Monaten nach ihrem 91. Geburtstag und in Demenz versunken, starb, höre ich niemals eine Stimme. Zwar gibt es eine deutliche Erinnerung an ihren westfälischen Akzent, der sich in den 70 Jahren, die sie in der phonetisch andersartigen Umgebung Süddeutschlands verbrachte, niemals veränderte – und der in einem solchen Maße zu meiner »Muttersprache« wurde, dass Menschen, denen ich heute begegne, ebenso regelmäßig wie fälschlich annehmen, ich wäre im nördlichen Teil des Landes aufgewachsen. Dieser Akzent jedoch, den ich bis zu meinem Tod nicht verlieren werde, ihre Art der Artikulation, spaltete sich an irgendeinem Punkt vom Klang der Stimme meiner Mutter ab, die ich unwiederbringlich aus dem Gedächtnis verloren habe.

Die Stimme meines Vaters hat dagegen bis heute eine brennende Präsenz behalten, deren irgendwie physischer Wirkung ich nicht zu entkommen vermag. Er war ein bemerkenswert gutaussehender Mann nach Art eines Hollywoodstars der 1940er Jahre, wie manche seiner Bewunderer gerne sagen, wobei »Clark Gable« einer der liebevollen Vergleiche war, die ich seit Kindertagen hörte. Und er war ein bemerkenswert erfolgreicher Mann mit einer steilen beruflichen Karriere als ein Arzt, der in der frühen »Bundesrepublik« einige herausragende Figuren des Landes zu seinen Patienten zählte. Seine Stimme passte allerdings nicht zu Aussehen, Erfolg und Status meines

Vaters, jedenfalls nicht in der Wahrnehmung seines einzigen Sohnes. Während ich dies schreibe, begleitet sie mich mit dem Klang einer weiblichen Stimme in Altlage – ähnlich der Stimme des weniger gutaussehenden, aber weitaus berühmteren Niklas Luhmann.

Heute empfinde ich es als peinlich, genauer zu sagen, was mich an der Stimme meines geliebten Vaters irritierte. Von Kind an verspürte ich den unbestimmten, aber intensiven Drang, einen Ausgleich für etwas zu finden, das ich als eine fundamentale Schwäche empfand, die sich in meinen Augen in ihr manifestierte. Und ich fürchtete die Anzeichen wie auch die Folgen dieser Schwäche, die ich zu bemerken glaubte. Fühlte sich meine Mutter nicht vielleicht zu anderen Männern hingezogen, zu Männern mit weniger gutem Aussehen, weniger Erfolg und weniger Vermögen – aber einer tiefer klingenden Stimme? Hatte ich nicht solch eine tiefere Stimme in unserer Wohnung gehört, eines Abends beim Einschlafen, nachdem ich Rührei mit einem leichten Geschmack verschreibungspflichtiger Medikamente gegessen hatte? Waren da nicht plötzlich weniger dieser berühmten Patienten, die uns gelegentlich zu einem opulenten Essen in einem Restaurant oder in spektakuläre Ferienorte einluden? Und dann die Spannungen bei diesen endlosen Diskussionen zwischen meinen Eltern über die Entscheidung der Klinik, in der Abteilung, für die mein Vater verantwortlich war, die Zahl der Betten zu reduzieren – eine Entscheidung, die nach mehreren längeren Phasen der Abwesenheit meines Vaters von der Arbeit getroffen wurde, bedingt durch Krankheiten, deren körperliche Symptome ich nicht bemerkte. Einmal verbrachten mein Vater und ich die Sommerferien am Bodensee, ohne meine Mutter und nicht weit entfernt von der Schweizer Grenze. Ich erinnere mich noch genau daran, dass ich mich während der Autofahrten ganz bewusst bemühte, unsere Unterhaltung möglichst kurz zu halten, weil es für mich zu schmerzvoll war, seine Stimme zu hören.

Dieser Eindruck von Schwäche und die Anstrengungen, die ich unternahm, um mit ihm fertigzuwerden, haben tiefe Spuren in meinem Leben hinterlassen. Nach einem schwierigen Beginn in der Volksschule setzte ich alles daran, durch höchste Aufmerksamkeit und unablässigen Fleiß in der Schule ein erkennbar überragender Schüler zu werden, einer mit den besten Noten in allen Fächern, der zudem bis zum Abitur keinen einzigen Tag im Unterricht fehlte und bei seinen Mitschülern derart beliebt war, dass er sogar zum Schulsprecher gewählt wurde. Schließlich schien die Ehre der Familie auf dem Spiel zu stehen, und ich musste sie jeden Tag verteidigen – mit der naheliegenden Folge, dass ich niemals Spaß an der Schule hatte. Zu keinem Zeitpunkt waren diese Probleme und meine Reaktionen darauf losgelöst von der Stimme meines Vaters.

Das mag erklären, warum ich mich der Pubertät mit der Angst im Nacken näherte, meine erwachsene Stimme könne der meines Vaters gleichen – eine mögliche Entwicklung, die im Unterschied zu den Noten und der Beliebtheit in der Schule jenseits meiner Kontrolle lag. Also begann ich jeden Morgen mit einem mir selbstauferlegten Test. Ich räusperte mich, sprach mit mir selbst oder sang, um herauszufinden, ob meine neue Stimme sich endlich zeigte und wie sie beschaffen war. Zu einem bestimmten Zeitpunkt – später als bei meinen Klassenkameraden – begann der Eindruck die Oberhand zu gewinnen, dass meine erwachsene Stimme zumindest »durchschnittlich tief« und kein triftiger Grund für peinliche Verlegenheit, Angst und permanente Kompensierung sein würde.

Und tatsächlich hatte ich Glück. Meine Stimme liegt zwischen Bariton und Bass und sie hat sich als eine erwiesen, die mir als Redner bei akademischen und öffentlichen Veranstaltungen gute Dienste leistet, da ihr Volumen selbst große Räume ohne Mikrofon zu füllen vermag. Aber auch wenn ich für diese physische Tatsache immer noch Dankbarkeit empfinde, ohne zu wissen, wem sie zu gelten hat: Stolz war ich auf diese

Stimme nie und bis heute ist mein Verhältnis zu ihr kein entspanntes. Immer wenn ich sie außerhalb gewöhnlicher Alltagsgespräche einsetze, prüfe ich nervös, ob sie noch gut funktioniert – um dann der Welt mit einem sonderbaren Eifer zu zeigen, dass es so ist. Stimmen, und nicht nur meine eigene, werden in meinem Leben immer einen besonders intensiv empfundenen Platz einnehmen, weil ich mich an ihnen messe, während ich weiterhin obsessiv Stärke gegen die empfundene Schwäche der Stimme meines Vaters aufbaue, an deren Klang ich mich seit seinem Tod 2005 immer noch äußerst lebhaft erinnere. Stimmen gehen mir ganz buchstäblich nach, und bis vor kurzem fehlte mir die nötige Distanz, um auf einer allgemeineren Ebene über sie nachzudenken.

*

Im gegenwärtigen kulturellen, vor allem akademischen Klima kommt einem fast unvermeidlich eine Interpretation in den Sinn, die den traumatischen Einfluss der Stimme meines Vaters aufzulösen verspricht. War ich nicht einem banalen Geschlechtsstereotyp aufgesessen, als ich annahm, dass mein Vater als Mann eine tiefe, eben »männliche« Stimme haben musste und dass das Fehlen einer solchen eine Schwäche mit negativen Auswirkungen auf Ehre und Stellung meiner Familie enthüllte? Es steht außer Frage, dass Männer mit einer Altstimme in vielerlei Hinsicht stark und erfolgreich sein können, woraus folgt, dass ich mir gar keine Sorgen hätte machen sollen. Und dennoch wird dieser rückblickende Kommentar weder den Schmerz meiner Kindheitsjahre ungeschehen machen noch eine erlösende Wirkung auf die dadurch getriggerten neurotischen Verhaltensweisen haben.

Zwar illustriert meine Geschichte tatsächlich einen historischen Gender-Bias, den überwunden zu haben wir hoffen mögen. Ich habe inzwischen jedoch auch den Eindruck, dass sie als Beispiel für gewisse Erscheinungen dienen könnte, die eine wichtige Rolle in unserem Leben spielen, aber mit den Konzepten der Geistes- und Sozialwissenschaften nur schwer zu erfassen sind. In meinen Augen gehören sie zu einer, wie ich es nennen möchte, »Ontologie der individuellen Existenz«. Dabei denke ich an individuelle körperliche Merkmale, wie wir sie an Menschen wahrnehmen, mit denen wir interagieren. Wir wissen natürlich, dass wir es nicht vermeiden können, in irgendeiner Weise auf solche Merkmale zu reagieren – auf Körper, die hochgewachsen sind, auf Gesichter, die wir als gutaussehend empfinden, auf »Missbildungen« oder auf den Klang individueller Stimmen, von denen die meisten Menschen angeblich etwa einhundert in Erinnerung behalten und unterscheiden können. Zugleich haben wir alle gelernt, dass solche spontanen Reaktionen in unserem sozialen Leben keine Rolle spielen sollten, weil sie einen Grundsatz der Gleichheit untergraben, der uns verpflichtet, Details zu ignorieren, die der andere nicht zu kontrollieren vermag, zum Beispiel eben die Körpergröße oder die Tonlage der eigenen Stimme. Das ist einer der Gründe, weshalb wir uns kaum jemals mit den Phänomenen befassen, die zur Ontologie der individuellen Existenz gehören. Ein zweiter Grund für diese Zurückhaltung hängt mit der Tatsache zusammen, dass es keine allgemeinen Regeln für den Umgang mit diesen Merkmalen gibt. Gesichter oder Stimmen, die den einen anziehend erscheinen, mögen von anderen als abstoßend empfunden werden. Es dürfte keinerlei Aussicht auf die Existenz gemeinsamer Filter sozialen Wissens bestehen, die wir alle bei dieser existenziellen Dimension einsetzen und die unsere sozialen Beziehungen durchgängig prägten.

Unter den zur Ontologie der individuellen Existenz gehörenden Phänomenen nimmt die Stimme eine besonders komplizierte Stellung ein. Denn im Blick auf »Bedeutung« erfüllt die Stimme eine doppelte Funktion. Zusammen mit der Schrift ist sie das Medium, durch das wir propositionale Gehalte zum Ausdruck bringen, die wir, vereinfacht gesagt, in unserem Geist gebildet haben – und aus dieser Perspektive unterscheiden Stimmen sich von Körperformen oder Gesichtern, die niemals eine genau umschriebene Bedeutung artikulieren. Zugleich jedoch – und darin den Körperformen oder Gesichtern durchaus ähnlich – lösen Stimmen vage Assoziationen aus, die nicht die festumrissene Gestalt propositionaler Inhalte besitzen. Ein Beispiel ist die peinliche »Schwäche«, die ich aus der Stimme meines Vaters »heraushörte«, sobald er sprach. Auf dieser zweiten Ebene – und im Unterschied zur Ebene der Stimme als Medium für propositionale Inhalte – scheint es unmöglich zu sein, die ausgelösten Assoziationen vollkommen von gewissen körperlichen Merkmalen zu trennen, die wir wahrnehmen und die zu diesen Assoziationen führen. Hier mag einer der Gründe liegen, warum ich nicht an die Stimme meines Vaters denken kann, ohne sie in meinem Gedächtnis zu »hören«.

Zugleich ist es unmöglich (eine weitere Besonderheit der Stimme), den von einer Stimme ausgedrückten propositionalen Inhalt vollständig von den durch sie gleichfalls ausgelösten Assoziationen zu trennen. Wenn mein Vater über die von mir so bewunderten Fußballweltmeister von 1954 sprach, produzierte seine Stimme auch weiterhin den Effekt einer peinlichen Schwäche. Diese große, ja untrennbare Nähe zwischen Bedeutungen, Assoziationen und den physischen Wahrnehmungen, von denen sie abhängen (dieses ganze Syndrom werde ich als »Knoten der Stimme« bezeichnen), ist verantwortlich für die spezifische Komplexität und den komplizierten Charakter der Stimme als Phänomen.

Wir verarbeiten diesen »Knoten«, sobald wir eine Stimme in einer für uns verständlichen Sprache hören, während wir den von einer Stimme artikulierten propositionalen Gehalt natürlich verfehlen, wenn er in einer Sprache formuliert wird, die wir nicht beherrschen. Warum uns manche Stimmen, die wir gehört haben, samt ihrem Klang im Gedächtnis bleiben (die Stimme meines Vater), andere dagegen nicht (die Stimme meiner Mutter), scheint eine weitere Frage zu sein, auf die es nur subjektive Antworten gibt. In meiner Vorstellung kann ich zum Beispiel deutlich den jeweils unterschiedlichen Klang der Stimmen meiner vier Kinder produzieren, wenn sie nicht da sind. Ich »höre« auch recht obsessiv den stets gleichen Satz in der Stimme meiner Urgroßmutter Marie, die zusammen mit den Familien ihrer beiden Söhne in derselben engen Wohnung lebte und gelegentlich drohte, sie werde sich »aus dem Fenster stürzen«, und zwar »direkt vor die vorbeifahrende Straßenbahn«, wenn die Spannungen ihr dort allzu unerträglich wurden. Eine weitere, für mich lebendig gebliebene Stimme ist die ihres Sohnes, meines Großonkels Franz, der 1953 nach acht Jahren Gefangenschaft in einem sibirischen Konzentrationslager in seine Heimatstadt zurückgekehrt war. »Frei will ich sein, frei, frei«, rief er zuweilen plötzlich oder sang es fast mit einem tiefen, irritierend melodiösen und nasalen Tonfall während unserer gemeinsamen Sonntagnachmittagsspaziergänge, bis er sich eines Wintertags an einem Baum erhängte; sein gefrorener, schneebedeckter Leichnam wurde erst Wochen später gefunden.

Ich glaube allerdings nicht, dass dieses Beharrungsvermögen mancher Stimmen in unserem Gedächtnis notwendig mit ihrer existenziellen Bedeutung für uns zu tun hat oder ein Ausweis der Authentizität tragischer Handlungsverläufe ist. Stimmen, die Schauspielerinnen oder Schauspieler den von ihnen verkörperten Figuren leihen, mögen in diesem Sinne beliebig sein, werden jedoch oft zu einem wesentlichen Moment ihrer fesselnden Darstellung. Es hat mir stets gut gefallen, wie Marlon Brando dem von ihm verkörperten Vito Corleone im ersten Teil der *Pate*-Trilogie einen perfekten italoamerikanischen Akzent verlieh, mit einem Grundton ernsthafter Freundlichkeit und sogar Sorge, die in mir Sympathie für das organisierte Verbrechen auslöste, für das diese Figur stand. Doch während ich sehr detailliert beschreiben könnte, was ich da höre und welche Gefühle die Stimme des Paten in mir auslöst, wüsste ich nicht zu sagen, warum genau sie diese Wirkung hat. Wie gesagt, es gibt keine sozial objektiven Codes, die unsere Verarbeitung des Klangs verschiedener Stimmen festlegten.

*

Obwohl Stimmen unter den zur Ontologie der individuellen Existenz gehörenden Phänomenen sich jeder systematischen begrifflichen Erfassung zu widersetzen scheinen, hat ihr Begriff in den letzten sechs Jahrzehnten des Schreibens und Debattierens in den Geisteswissenschaften eine fast dramatische Geschichte erlebt. Auf einer sachkundigen Lektüre der Philosophie Edmund Husserls basierend, erlangte sie eine grundlegende Bedeutung innerhalb der »Dekonstruktion« als dem von Jacques Derrida in seinem ersten Buch *Die Stimme und das Phänomen* von 1967 begründeten intellektuellen Stil.[1] Die von Husserl tatsächlich oft hervorgehobene Tatsache, dass wir beim Sprechen unsere eigene Stimme hören, war nach Derrida verantwortlich für die Überzeugung, dass wir auch unser Bewusstsein in seiner Gesamtheit verstehen, analysieren und beschreiben könnten. Unter Verweis auf die unausweichlich zeitliche Struktur des Bewusstseins und der Sprache wollte Derrida diesen Glauben als Illusion entlarven, eine Illusion, die mit der diskursiven Entfaltung von Platons Philosophie in Form von Dialogen begann, das heißt mit Figuren, die sich selbst zuhören, während sie sprechen; eine Illusion schließlich

1 Jacques Derrida, *La Voix et le phénomène. Introduction au problème du signe dans la phénoménologie de Husserl*, Paris 1967; dt.: *Die Stimme und das Phänomen*, übers. von Hans-Dieter Gondek, Frankfurt/M. 1979.

und vor allem, die er als grundlegend für die gesamte »metaphysische« Tradition des westlichen Denkens verstand.

Derrida hatte zwar nicht die Absicht, das Phänomen der Stimme aus der Liste der in den Geisteswissenschaften zu behandelnden Themen zu streichen, doch die äußerst starke – und zuweilen undifferenzierte – Resonanz, die die Dekonstruktion vor allem in den 1970er und 1980er Jahren fand, verlieh dem Konzept eine negative Konnotation und schloss es zeitweilig aus den laufenden philosophischen Debatten aus. Vor diesem Hintergrund ist es recht erstaunlich, dass die Stimme und insbesondere die Singstimme im Spätwerk Friedrich Kittlers, eines der Pioniere der Medientheorie, ein nahezu ekstatisches Comeback feierte, zumal Kittler mit notorischem Eifer auf seiner Nähe zu Derridas philosophischen Positionen bestand. Im ersten Band seines unvollendet gebliebenen Meisterwerks *Musik und Mathematik* setzt er die Darbietungen der antiken griechischen Rhapsoden mit einem »Sieg als helles Wissen« gleich, weil es den Sängern und ihrem Publikum dadurch möglich wurde, die prosodischen Strukturen, denen sie folgten, zu erfassen und schließlich in mathematischen Ausdrücken zu beschreiben.[2] Kittler sah darin eine ursprüngliche Verbindung zwischen Musik und Mathematik, die von der Medienwissenschaft als eine Matrix verfolgt werden sollte, welche über die Jahrhunderte immer wieder neue Entwicklungen und Gattungen hervorgebracht hatte.

Da Kittler ein Denker und Autor war, der mit bemerkenswertem mythographischem Talent begriffliche Konfigurationen seiner eigenen Zeit mit dichten Bildern in seinen Augen entscheidender historischer Momente zusammenbrachte, machten die Media Studies die Stimme zu einem ihrer bevorzugten

2 Friedrich Kittler, *Musik und Mathematik*, Bd. 1: *Hellas*, Teil 1: *Aphrodite*, München 2006, S. 91.

Themen. Repräsentativ erscheint hier unter mehreren im frühen 21. Jahrhundert herausgegebenen und diesem Konzept gewidmeten Sammelbänden der von Doris Kolesch und Sybille Krämer edierte Band mit dem Titel *Stimme*.[3] In ihrem Vorwort und nach einer ausdrücklichen Distanzierung von der aus der Dekonstruktion stammenden negativen Konnotation des Begriffs nennen die Herausgeberinnen zwei Hauptziele des Buchs. Angesichts der Tatsache, dass die »Stimme« inzwischen zu einem Brennpunkt vieler verschiedener akademischen Bemühungen geworden sei, betonen sie erstens die Notwendigkeit, ein neues Repertoire spezifischer Konzepte zu erarbeiten, die in der Lage seien, die zentrifugale Vielfalt in den Traditionen verschiedener Fachgebiete zu überwinden. Zweitens wollen Kolesch und Krämer das breite Spektrum historischer Kontexte und kultureller Dimensionen aufzeigen, in denen das Phänomen der Stimme eine zentrale Rolle spielt.

Ohne jeden Zweifel bieten die zwölf Beiträge dieses Buchs ein farbiges Bild der vielen faszinierenden Aspekte dieses Themas, und das jeweils auf einem hohen Niveau fachspezifischer Expertise. Es finden sich Beiträge über die Geschichte der Opernstimmen, über Stimmen, die ohne den menschlichen Körper durch moderne Technologie erzeugt werden, über die Macht der Stimme in der politischen Rhetorik, über die Funktionen von Tierstimmen, über das Schweigen in Kunst, Literatur, Theater und Ritual. Nicht zu leisten vermag dieses Buch allerdings die angekündigte philosophische Grundlegung, die den Weg zu einer neuen, integrierten Terminologie oder vielleicht sogar einer einheitlichen Theorie ebnen würde. Und es stellt sich die Frage, ob man dieses Defizit den Autoren und Herausgeberinnen anlasten muss oder ob es eine unvermeidliche Folge der spezifischen inneren Komplexität des Themas

3 Doris Kolesch, Sybille Krämer (Hg.), *Stimme. Annäherung an ein Phänomen*, Frankfurt/M. 2006.

darstellt. Können wir uns wirklich Konzepte vorstellen, die sich umfassend auf die drei verschiedenen Erscheinungsebenen anwenden lassen, die hier gleichzeitig im Spiel sind und berücksichtigt werden müssen, wenn wir über das Leben oder den Knoten der Stimme sprechen: auf »Stimme« als Medium der Sprache (in dem das Verhältnis zwischen Signifikant und Signifikat »willkürlich« im Sinne Saussures ist); auf »Stimme«, insofern sie als Teil und Symptom des Charakters oder der Psyche der sprechenden Person prozessiert wird (wobei der Klang sich nicht von den dadurch hervorgerufenen Assoziationen trennen lässt); und auf »Stimme« in ihrem rein materiellen Sein (für die wissenschaftliche Beschreibungsinstrumente noch am ehesten geeignet erscheinen)? Natürlich könnten wir von einer etwas utopischen philosophischen Umgebung oder einem einzelnen philosophischen Genie träumen, die in der Lage wären, derart übergreifende und dennoch kohärente Konzepte zu entwickeln. Doch vor dem Hintergrund unserer verschiedenen Diskurstraditionen mit den ihnen jeweils innewohnenden Beschränkungen und spannungsreichen Unverträglichkeiten erscheint es unrealistisch, solch eine Lösung zu erwarten. Das mag erklären, warum die Faszination der »Stimme« im letzten Jahrzehnt und hinter dem stereotyp wiederholten Versprechen erstaunlicher interdisziplinärer Pluralität offenbar etwas von der Strahlkraft verloren hat, von der sie in ihrer bemerkenswerten akademischen Geschichte seit 1967 geprägt war. Ist es zu spät für ein Buch über die »Leben der Stimme«?

*

Einer der wenigen intellektuellen Impulse, die mich ermuntert haben, solch ein Projekt nicht aufzugeben, geht auf Roland Barthes' berühmten Aufsatz »Die Rauheit der Stimme« aus dem Jahr 1972 zurück, ein Text, der von Intuitionen nur so sprüht.[4] Barthes bietet dort keinerlei Hinweis für eine Lösung des philosophischen Problems einer integrativen Terminologie, um die der Band von Doris Kolesch und Sybille Krämer sich gut 30 Jahre später erfolglos bemühen sollte, doch er thematisiert einige schwierige begriffliche Unterscheidungen und Unverträglichkeiten, die in dieselbe Richtung gehen wie unsere Vorstellungen zum »Knoten der Stimme«. Auch spürte ich in diesem Text eine ansteckende Begeisterung für einige verwandte ästhetische Effekte, denn er behandelt die »Stimme« aus der Perspektive des Gesangs, genauer aus der Sicht der Aufführungspraxis des hauptsächlich deutschen Repertoires der Kunstlieder. Im Blick auf das Lied als einen Raum, »in dem *eine Sprache einer Stimme begegnet*«, bezeichnet Barthes als »Rauheit der Stimme« jene Fälle, in denen die Stimme zugleich als »Sprache und Musik« funktioniert, und entfaltet in seinem Aufsatz Schritt für Schritt die Seite der »Musik«. Nun zeigt sich die ursprünglich hervorgehobene Gleichzeitigkeit von Sprache und Stimme natürlich nicht nur im Gesang, sondern in allen Situationen, in denen wir die Stimme einsetzen. Der Fokus auf Gesang als einem besonders guten Beispiel macht jedoch den Unterschied zwischen Stimme als Medium von Sprache und Stimme als spezifischer Spur des individuellen Körpers der Sprechenden oder Singenden greifbarer. Hier liegt wahrscheinlich der Grund für die Fruchtbarkeit des von Barthes verfolgten Ansatzes.

Von seinem Ausgangsgedanken einer »Rauheit der Sprache« geht Barthes dann zu einer Unterscheidung zwischen zwei Dimensionen des Gesangs über, die er als »Phänogesang« und als »Genogesang« bezeichnet. Der »Phänogesang« umfasst »alle

4 Roland Barthes, »Le grain de la voix« [1972], in: ders., *L'obvie et l'obtus. Essaies critiques III*, Paris 1982, S. 236-245; dt.: »Die Rauheit der Stimme«, in: ders., *Der entgegenkommende und der stumpfe Sinn*, übers. von Dieter Hornig, Frankfurt/M. 1990, S. 269-278.

Merkmale, die zur Struktur der gesungenen Sprache gehören [...], kurz, alles, was beim Vortrag im Dienst der Kommunikation, der Darstellung und des Ausdrucks steht: wovon gewöhnlich die Rede ist, woraus der Stoff der kulturellen Werte gewebt ist«. Der »Genogesang« ist dagegen »das Volumen der singenden und sprechenden Stimme, der Raum, in dem die Bedeutungen keimen, und zwar ›aus der Sprache und ihrer Materialität heraus‹; es ist ein signifikantes Spiel, das nichts mit der Kommunikation, der Darstellung (von Gefühlen) und dem Ausdruck zu tun hat«. Worauf es hier am meisten ankommt, ist die Fokussierung auf das »Keimen« einer besonderen Art von Bedeutungen (wir haben sie oben »Assoziationen« genannt), die der »Materialität« der Sprache innewohnen.

Um den Unterschied zwischen »Phänogesang« und »Genogesang« zu verdeutlichen, verweist Barthes auf die Vortragsstile zweier Sänger, des damals weltberühmten deutschen Baritons Dietrich Fischer-Dieskau und des Schweizer Baritons Charles Auguste Louis Panzéra, dessen Kunst er seit vielen Jahren mit wahrer Leidenschaft verfolgt hatte. Fischer-Dieskau erscheint als der Meister des »Phänogesangs«, das heißt der Lunge, »dieses blödsinnige[n] Organ[s]« (sic!), und der Atmung, das heißt als der Sänger, der die »Klarheit des Sinns« im höchsten Maße erfüllt hat. Panzéra steht dagegen für den »Genogesang«, für die von ihm produzierte »metallische Kürze der Schwingung« der Vokale und Konsonanten der französischen Sprache. Er führte »sein r über die Normen des Sängers hinaus – ohne diese Normen zu verleugnen: Sein r war zwar gerollt, wie in der gesamten klassischen Gesangeskunst, aber diesem Rollen haftete nichts Bäuerliches oder Kanadisches an; es war ein künstliches Rollen, der paradoxe Zustand eines zugleich vollständig abstrakten (durch die metallische Kürze der Schwingung) und vollständig materiellen (durch die offenkundige Verwurzelung in der sich bewegenden Kehle) Ton-Buchstabens.«

Die einseitig Fischer-Dieskau zugeschriebene »Tyrannei der Bedeutung« gelangt bei Barthes immer stärker auf die Minusseite seiner ästhetischen Bewertung, was durchaus verständlich für eine Kunstform ist, die die Zuhörenden oft mit Sprachen konfrontiert, welche sie nicht verstehen. Welchen Sinn hätte es, in einem für die meisten von ihnen unzugänglichen Diskurs ein Höchstmaß an Transparenz zu erreichen? Doch die Abneigung gegenüber dem »Phänogesang« sollte uns nicht vergessen lassen, dass wir in den meisten Situationen gleichzeitig und dennoch unterschiedlich sowohl auf die artikulierten Bedeutungen als auch die physischen Klänge reagieren, die beim Einsatz der Stimme hervorgebracht werden. Barthes lässt jedoch die Seite der »Sprache« hinter sich und beendet seinen Aufsatz mit einer These, die sich ausschließlich auf die ästhetische Funktion der Stimme als eines rein materiellen Klangs bezieht und recht typisch für die französischen Denker seiner Generation ist: »Die ›Rauheit‹ ist der Körper in der singenden Stimme, in der schreibenden Hand, im ausführenden Körperteil. Wenn ich die ›Rauheit‹ einer Musik wahrnehme [...], so kann ich nicht umhin, mir eine neue, vermutlich individuelle Bewertungstabelle zu erstellen, da ich entschlossen bin, meinen Bezug zum Körper des oder der Singenden oder Musizierenden zu hören und dieser Bezug erotisch ist, aber keineswegs ›subjektiv‹ (nicht das psychologische ›Subjekt‹ in mir hört; die Lust, die es sich erhofft, verhilft ihm nicht dazu, sich zu festigen – sich auszudrücken –, sondern, im Gegenteil, zum Selbstverlust). Diese Bewertung wird ohne Gesetz vor sich gehen; sie wird dem Gesetz der Kultur entgegenarbeiten, aber auch dem der Antikultur.« Obwohl ich der impliziten Annahme, dass jede von der Rauheit der Stimme vermittelte Beziehung zwischen verschiedenen Körpern »erotisch« sein und zu »*jouissance*« führen müsse,[5] nicht zustimme, halte ich

5 Ein Begriff, der im Französischen meist mit »Orgasmus« assoziiert wird.

an Barthes' Vorstellung fest, wonach die Art von körperlichem Kontakt, die aus dem Gebrauch unserer Stimme hervorgeht, weder ans Subjekt gebunden ist noch irgendeiner Regelmäßigkeit oder einem »Gesetz« folgt. Kein Kodex und keine Regel machten es für mich zwingend, in der Stimme meines Vaters eine Schwäche wahrzunehmen, die in einer Verbindung zu mir stand, noch war es meine individuelle Entscheidung oder Interpretation, dass ich dies tat. In existenzieller Hinsicht hat die väterliche Stimme einen entscheidenden Einfluss auf den Verlauf meines Lebens genommen, während ihr Status in epistemologischer Hinsicht weitgehend ungewiss und deshalb eine intellektuelle Herausforderung bleibt.

*

Barthes beschwört die Komplexität und den nicht nur intellektuellen Reiz dessen herauf, was ich mit dem Ausdruck »Knoten der Stimme« zu erfassen versuche, und das mit einer Doppelstrategie, deren zwei Bestandteile zusammenwirken, ohne diskursiv komplementär zu sein. Dass Barthes dies wagt, macht die durchschlagende Qualität seiner Reflexion aus. Vor allem zeigt er, dass – und in manchen Fällen auch warum – Begriffe aus der westlichen philosophischen Tradition niemals vollständig die Phänomene zu erfassen vermögen, die er zu bestimmen versucht, wobei es ihm irgendwie und paradoxerweise dann doch gelingt, sie besser zu verstehen. Zudem illustriert er das Thema, indem er aktiviert, was seinen Lesern aus Darbietungen von Sängern wie Fischer-Dieskau oder Panzéra in Erinnerung geblieben sein mag. Solch ein zweigleisiges Vorgehen scheint sich aus praktischer Notwendigkeit grundsätzlich aufzudrängen, wenn man über die Stimme schreibt.

Was die epistemologische Seite betrifft, ist die Lage tatsächlich noch komplizierter, als Barthes sie darstellt, denn für die klassische Unterscheidung zwischen Geist und Körper gilt streng genommen, dass sie mit Blick auf den Knoten der Stimme in den meisten Fällen zugleich funktioniert und nicht funktioniert. Sie funktioniert für »Stimme« als ein Medium, das propositionale Inhalte artikuliert, und sie funktioniert nicht für die andere phänomenologische Schicht, die Barthes als »Rauheit der Stimme« bezeichnet. Genau diese fundamentale Mehrdeutigkeit in der Funktionsweise der verfügbaren begrifflichen und diskursiven Traditionen hindert uns daran, das Thema in einer kohärenten, sei es induktiven oder deduktiven Weise zu behandeln und seine Komplexität so zu entfalten, wie mein ursprünglich vorgesehener Titel für dieses Buch dies zum Ausdruck gebracht hätte: »Phänomenologie der menschlichen Stimme«. Ein ähnliches Problem betrifft die Beziehung zwischen Phänomenen der »Stimme« und dem Konzept der »Präsenz«, das mich in früheren Phasen meiner Arbeit faszinierte.[6] »Präsenz« im Sinne des lateinischen »prae-esse« (»davor-sein«), das heißt »Präsenz« als eine räumliche Dimension, die zwischen unserem Körper und anderen Objekten in seiner Umgebung zu entwickeln wir nicht umhinkommen, spielt beim Knoten der Stimme ganz offensichtlich eine wichtige Rolle. Es gibt jedoch keine Möglichkeit, »Präsenz« in der Stimme so sauber vom »Keimen der Bedeutung« getrennt zu halten, wie meine typologische Unterscheidung zwischen »Präsenzkulturen« und »Sinnkulturen« dies anzudeuten versucht. Denn um es mit einer schon früher verwendeten paradoxen Formulierung zu sagen: Stimme ist ein Präsenzphänomen und ist keines.

Solche Schwierigkeiten dürften meine Lektorin Eva Gilmer zu ihrer nüchtern treffenden Bemerkung veranlasst haben,

6 Siehe vor allem Hans Ulrich Gumbrecht, *Diesseits der Stimme. Über die Produktion von Präsenz*, Frankfurt/M. 2004.

»Stimme« sei ein »unordentliches Thema«[7] – eines, das sich gegen eine epistemologisch kohärente und diskursiv zusammenhängende Darstellung sträubt. Das Problem ist jedoch nicht auf das Thema »Stimme« oder auch auf Phänomene beschränkt, die zur »Ontologie der individuellen Existenz« gehören. Es scheint sich immer dann einzustellen, wenn wir über das »menschliche Leben« nachzudenken oder zu schreiben versuchen, ohne das Konzept »Leben« auf seine nichtphysischen Dimensionen zu reduzieren, wie das in den Geisteswissenschaften meist geschieht.[8] Aus dieser Perspektive betrachtet, verwandeln sich die vielfältigen begrifflichen Schwierigkeiten, die ich in dem Ausdruck »Knoten der Stimme« zusammengefasst habe: aus einem Grund, der Auseinandersetzung mit diesem Thema in seiner vollen Komplexität aus dem Weg zu gehen, wird ein komplexer Anstoß, solch eine Auseinandersetzung gerade zu wagen. Wenn wir uns mit Phänomenen des menschlichen Lebens in einer nichtreduktiven Weise befassen wollen, müssen wir die mit ihrer Stellung als »unordentliche Themen« zusammenhängenden epistemologischen Schwierigkeiten ak-

7 Mit diesen Worten reagierte sie auf meine ersten Entwürfe dieses Buchs und meinte damit, dass »unordentliche Themen« trotz oder gerade wegen der damit verbundenen besonderen Herausforderungen intellektuelle Aufmerksamkeit verdienen.

8 In den letzten Jahrzehnten kamen philosophisch komplexe Vorschläge zur Lösung des mit dem Begriff des menschlichen Lebens verbundenen epistemologischen Problems eher aus den sogenannten Lebenswissenschaften als aus den Geisteswissenschaften. Solche Versuche beginnen oft mit einem evolutionsgeschichtlichen Überblick über die Entstehung des Lebens im Allgemeinen und des menschlichen Lebens im Besonderen, jeweils dargestellt als ein Prozess mit zwei Schwellen von extremer Unwahrscheinlichkeit. Zwei herausragende Beispiele für diesen Ansatz sind Lynn Margulis, Dorion Sagan und Niles Eldrige, *What is Life?*, New York 1998; dt.: *Leben. Vom Ursprung zur Vielfalt*, übers. von Kurt Beginnen, Heidelberg, Berlin 1999; und Carlo Rovelli, *The Order of Time*, New York 2018.

zeptieren und angehen. Die menschliche Stimme ist sicher nicht der einzige Fall dieser Art, aber möglicherweise besitzt sie eine paradigmatische Stellung.

Da es nicht den einen sowohl phänomenologisch als auch epistemologisch »zwingenden« Lösungsweg gibt, stellt sich die Frage, wie ein guter Aufbau für ein umfassendes Buch über die menschliche Stimme aussehen könnte. Als ich nach einer praktikablen Antwort auf diese Frage suchte, erinnerte ich mich daran, dass ich vor mehr als einem Jahrzehnt mit einem ähnlichen Problem gekämpft hatte, als ich nach der Form für ein Buch mit dem Titel *Stimmungen lesen* suchte.[9] Dass in »Stimmung« die Wurzel »Stimme« enthalten ist, ermutigte mich, auf eine Lösung zurückzugreifen, die ich schon früher eingesetzt hatte. Die effizienteste Strategie für eine umfassende Darstellung unordentlicher Themen besteht möglicherweise darin, sie im buchstäblichen Sinne des Wortes zu umschreiben. Das heißt konkret, dass ich einerseits den diskursiven Raum der systematisch erforderlichen, aber epistemologisch unmöglichen Entfaltung des Themas leer lasse, andererseits jedoch diese begriffliche Leerstelle mit einer Reihe von Essays über Teilaspekte und spezifische involvierte Phänomene umgebe. Umschreibende Darstellungen dieser Art können niemals Anspruch auf irgendein Maß an Vollständigkeit erheben, sie besitzen keine eigene Ordnung und keinen logischen Abschluss, und sie neigen dazu, wie wir in Roland Barthes' Text »Die Rauheit der Stimme« gesehen haben, auf die Möglichkeit zurückzugreifen, ihre Themen durch farbige Beispiele zu verdeutlichen. Zugleich bietet das Fehlen einer übergreifenden systematischen Struktur die Möglichkeit, die verschiedenen Kapitel meines Buchs unabhängig voneinander zu lesen, sofern es

9 Hans Ulrich Gumbrecht, *Stimmungen lesen. Über eine verdeckte Wirklichkeit der Literatur*, München 2011.

Raum gibt, an einige grundlegende begriffliche Prämissen zu erinnern und sie zu wiederholen.

*

Welchen intellektuellen – und vielleicht sogar existenziellen – Sinn hätte ein Versuch, die menschliche Stimme zu umschreiben? Wie unterschiede sich das von der zentrifugalen Pluralität, die Sammelbände diverser Beiträge verschiedener Autorinnen und Autoren wie der bereits erwähnte von Doris Kolesch und Sybille Krämer bieten? Ich glaube, der Akt des Umschreibens und der Prozess des daran geknüpften Verstehens besitzen eine Affinität zu der Art, wie wir unser Leben führen – normalerweise, ohne viel darüber nachzudenken. Wir führen unser Leben, indem wir die Fähigkeiten sowohl unseres Körpers als auch unseres Geistes aktivieren und dabei ständig zwischen verschiedenen existenziellen Dimensionen wechseln, vom Schlafen und Träumen zum Essen, Gehen und Fahren, von der Ausübung unserer beruflichen Tätigkeit zum Sprechen und Zuhören, zum Lesen von Romanen, zum Genießen von Musik oder einer Landschaft, zum Sex, zum Shoppen, zum Nachdenken über Investitionen und wieder zum Schlafen. Diese Dimensionen sind stets miteinander verflochten, aber wir durchlaufen sie kaum jemals in genau derselben Reihenfolge. Deshalb sorgen unsere existenziellen Alltagsreisen für Intensität und Langeweile, Dichte und Erschöpfung, und zwar ohne einen Wesenskern oder einen logischen Abschluss. »Leben der Stimme« scheint mir daher ein adäquater Titel für ein Buch zu sein, das diese existenziellen, über keine phänomenologisch eigentümliche Struktur verfügenden Linien verfolgt. Je besser es mir gelingt, die verschiedenen Dimension der Stimme in ihrem Nebeneinander, ihren Überschneidungen und ihren Verflechtungen aufzuzeigen, desto überzeugender sollte dieses Buch über die Stimme als einen paradigmatischen Lebensbereich werden.

Die sechs Kapitel des Buchs reichen von diversen sozialen Effekten der Stimme und einer ausführlichen Reflexion über ihre mögliche Stellung in geschichtlicher Zeit bis hin zu der Art, wie Stimmen die individuelle Existenz durchdringen und transzendieren. Beginnen werde ich mit der Frage, ob es eine menschliche Entsprechung für die Praxis mancher Tiere gibt, die mittels wiederholter Produktion von Tönen Aktions- und Herrschaftsterritorien markieren. Aus dieser Perspektive entwickle ich im zweiten Kapitel das – äußerst flexible – Konzept »existenzieller Räume«, die auf Beziehungen der Distanz und Nähe zwischen individuellen Körpern zurückgehen und hauptsächlich durch die physische Intervention der jeweiligen Stimmen reguliert werden. Obwohl diese existenziellen Räume – vielleicht erstaunlicherweise – auch in unserem digitalen Zeitalter immer noch ganz wesentlich als Kern und Gewebe des alltäglichen Lebens fungieren, erreichen sie doch kaum jemals einen Zustand stabiler Habitualisierung und Institutionalisierung. Das macht es schwierig, die Prozesse ihres Entstehens, Veränderns und Verschwindens zu erfassen, und mag zugleich erklären, warum wir trotz ihrer Allgegenwart normalerweise nur ein vages Bewusstsein von ihnen haben.

Von der Konstituierung existenzieller Räume aus stimmbasierten Interaktionen als Gewebe des alltäglichen Lebens werde ich dann im dritten Kapitel zu dem Drang übergehen, mit anderen Stimmen »mitzusingen« und dadurch eine spezifischere Art von Kommunikation herzustellen, die anders als die wissensbasierten sozialen Formen, mit denen sich üblicherweise die Soziologie beschäftigt, nicht nur die Verfügbarkeit bestimmter körperlicher Funktionen voraussetzt, sondern auch Körper in ihrer substanziellen Präsenz umfasst. Für diese besondere Art des Zusammenseins verwende ich den theologischen Begriff der »mystischen Körper«, ohne damit jedoch irgendwelche religiösen Konnotationen zu verbinden. Dabei werde ich mich auf ein bekanntes Beispiel mystischer Körper konzentrieren, nämlich den gemeinsamen Gesang von Menschenmengen in einem Stadion. Dieser Ansatz erfordert zunächst einmal einen Vorschlag für die Unterscheidung zwischen sprechenden und singenden Stimmen und wird die Analyse einer speziellen Art atmosphärischer Intensität erleichtern, die einige überraschende Effekte aufweist, darunter die schon in der Bibel thematisierte Fähigkeit, »in Zungen zu reden«, aber auch einige unvermeidliche Risiken birgt, vor allem das des Ausbrechens von Gewalt, die auf die Funktion von Stimmen in mystischen Körpern zurückgehen.

Rituale des »Mitsingens« geben gelegentlich Anlass zu Thesen über ein inhaltsfreies Prozessieren von Stimmen als Medium eines vorgeschichtlichen Zustands menschlicher Geselligkeit, und dieses Motiv wird im vierten Kapitel aufgegriffen, das sich mit den verschiedenen Schichten in der Beziehung zwischen Stimmen und Zeit im Sinne von »Geschichte« befasst. Mehr noch als die vorangehenden Erörterungen über Stimmen und verschiedene Arten der Geselligkeit entfaltet die Frage nach der Historizität von Stimmen ein breites Spektrum verschiedener ontologischer Schichten, begrifflicher Diskontinuitäten und praktischer Probleme im Zusammenhang mit meinem unordentlichen Thema. Vor allem verfügen wir natürlich über keine dokumentarischen Quellen für Stimmen aus den Zeiten vor der Erfindung der Tonaufzeichnung kurz vor 1900. Obwohl das erst recht für die Jahrtausende gilt, in denen die menschliche Stimme sich zum Medium für die Artikulation von Bedeutung entwickelt haben muss, besitzen wir doch mythologische Erzählungen, die sich genau mit dieser Entstehung und ihren Bedingungen befassen. Aus der Sicht ihrer epistemologischen Mehrdeutigkeit verwandelt sich die Stimme in einen Testfall für Hegels Auffassung, wonach die Körperorgane nicht zu der von ihm definierten Dimension der Geschichte gehören können, weil sie nicht zwischen dem Weltgeist und dem Geist menschlicher Individuen vermitteln. Letztlich und anstelle einer einzigen überragenden Erkenntnis wird unsere Fokussierung auf die Stellung der menschlichen Stimme in geschichtlicher Zeit vielfältige Illustrationen bieten und uns herausfordern, die existenziellen Folgen ihrer ontologischen und epistemologischen Komplexität genauer zu durchdenken.

In den letzten drei Kapiteln werde ich mich mit mehreren Beispielen aus der menschlichen Existenz befassen, in denen Stimmeffekte den Bereich individueller Kontrolle und Handlungsfähigkeit übersteigen. Die Stimme meines Vaters wurde deshalb traumatisch für mich, weil ich nicht in der Lage war, den unangenehmen Szenen, die sie in meiner Vorstellung auslösten, zu entgehen oder sie zumindest abzumildern. Im fünften Kapitel werde ich zu den verschiedenen Aspekten des Wechselspiels zwischen Stimme und Imagination zurückkehren. Dass wir Halluzinationen vor allem und ganz spontan mit Stimmen assoziieren, beweist, dass sie in der Dynamik unseres Geistes eine dominierende und autoritative Stellung einnehmen. Um diese nur selten erwähnte Stellung zu verstehen, müssen wir jedoch ein neues Konzept von »Imagination« entwickeln, das es uns erlaubt, zwischen den spezifischen Wirkungen akustischer Wahrnehmungen und ihren Folgen in unserem Geist zu unterscheiden.

Im sechsten Kapitel wird es um Stimmen gehen, die nur Strenggläubige nicht als Hervorbringungen der menschlichen Fantasie qualifizieren werden, das heißt um Stimmen transzendenter Wesen in den drei klassischen monotheistischen Religionen. Wie beschreiben die verschiedenen Mythologien und theologischen Traditionen die Stimmen ihrer Götter, oder wie stellen sie sich diese Stimmen vor? In welchem Verhältnis stehen die göttlichen Stimmen zur individuellen weltlichen Existenz? Und in gegebenenfalls welcher Weise greifen sie in diese ein? Ausgehend von diesen Fragen werden wir eine überraschende Divergenz beobachten. Während die Tora die Stimme Gottes in vielfältiger Form und Tonalität heraufbeschwört, die in einem Wunsch zu konvergieren scheinen, dem Kontakt zur Transzendenz eine ontologisch unmögliche Unmittelbarkeit zu verleihen, trennen die christlichen Schriften die Stimme Gottes von der Sphäre der Inkarnation und damit vom Leben Jesu, weisen ihr eine Funktion ferner Bestätigung zu und eröffnen die Möglichkeit, bestimmte Funktionen der göttlichen Stimme auf den Priester zu übertragen. Dem Islam scheint es dagegen gelungen zu sein, ohne Rückgriff auf irgendwelche derart anthropomorphe Konzepte oder Bilder wie die Stimme eine bedingungslose Autorität für seinen Gott zu etablieren.

Eine Reflexion über die vertraute, ja vielleicht allzu vertraute Verbindung des individuellen Gewissens als der höchsten Ebene einer innerpsychischen und daher weltlichen Autorität mit einer – für die meisten von uns – seltsam »neutralen« Stimme wird die Diskussion des Verhältnisses der Stimme zu Ebenen der Transzendenz im Sinne eines ontologisch Höheren beschließen. Das letzte Kapitel geht dann über zu einer ganz anderen Bedeutung des Überwältigtseins von realen individuellen Stimmen, das für mich persönlich eine fast ausschließlich angenehme Erfahrung ist. Hier geht es konkret um Stimmen, die für mich derart wichtig waren, dass ich mir mein Leben buchstäblich nicht ohne sie vorstellen kann. Seit meiner Kindheit und wahrscheinlich aufgrund des Fehlens klassischen Operngesangs in meiner Erziehung vermittelten mir fünf Stimmen aus der populären Musik, die von Elvis Presley, Edith Piaf, Janis Joplin, Whitney Houston und Adele, die Offenbarung, den Trost und zuweilen sogar die ekstatische Freude einer physischen Nähe, die ich als unwiderstehlich empfand, ohne dass ich mich für sie im engeren Sinne »entschieden« hätte. Diese Stimmen »passierten« mir ähnlich den Eltern und Geschwistern, die unser Leben innerhalb eines unseren Willen übersteigenden Horizonts bestimmen, den wir »Schicksal«

nennen. Im Rückblick glaube ich, dass die Stimmen von Elvis Presley, Edith Piaf, Janis Joplin, Whitney Houston und Adele in Augenblicken des Übergangs eine entscheidende Bedeutung für mich erlangten und mir ein Erlebnis substanzieller Nähe vermittelten, das in persönlichen Begegnungen oder Gesprächen nicht hätten entstehen können. Sie gaben mir vielmehr das Gefühl und sogar die Sicherheit, hier eine Möglichkeit zu haben, mich an etwas festzuhalten, das mich davor bewahrte, mich zu verirren und in formloser Komplexität zu verlieren.

Ich habe zwar nicht die Absicht, eine unpersönliche Nähe dieser Art und die Chance, daran festzuhalten, als abschließende These oder als eine existenzielle Dimension darzustellen, nach der das ganze Buch und insbesondere sein letztes Kapitel streben würden, doch sie verdichten und konkretisieren den möglichen Ertrag, den eine Auseinandersetzung mit dem unordentlichen Thema der Stimme aus ihren verschiedenen Perspektiven erbringen mag. Ich denke, das entspricht dem Gefühl einer ganz »persönlichen« Nähe zu anderen Menschen, die unsere individuelle Existenz durchdringt. Eine Nähe und keine leibhaftige Vereinigung, weil wir unseren eigenen Körper als Voraussetzung individuellen Lebens nicht aufgeben oder transzendieren können. Und dennoch Nähe statt lediglich gemeinsamer Lebensbedingungen, denn spirituell mit anderen zu leben, wird ständig differenziert und auf wechselnde Grade räumlicher Nähe und Distanz heruntergebrochen, die uns mit ihnen verbinden und uns von ihnen trennen. Diese stets präsente und niemals stabile Beziehung im Raum ist die Herausforderung, die unsere Stimmen prozessieren und absorbieren.

2
Stimmen und existenzielle Räume: Das Gewebe der Alltagswelten

Vor 15 oder 20 Jahren, als die Technik sich in ihrer raschen Geschichte der Eroberung des alltäglichen Lebens und der Prägung seiner Verhaltensformen zu neuen funktionalen Potenzialen noch auf einem anderen Stand befand, hatten Menschen, die allein durch die Gegend liefen und dabei ihre Stimme wie in einem Gespräch einsetzten, begleitet von einer ganzen Palette lebhafter Gesichtsausdrücke und körperlicher Gebärden, noch keinen Platz in unseren durchschnittlichen Erwartungen. Als jemand, der mit besonderer Naivität beobachtete, was die damals in Silicon Valley entstehenden Industrien zu bieten hatten, glaubte ich, Personen vor mir zu haben, die an zwanghaften Halluzinationen litten. Da solche Menschen jedoch immer häufiger meinen Weg kreuzten, musste selbst ich schließlich erkennen, dass sie nicht halluzinierten, sondern sich in allerlei unterschiedlichen Formen sprachlichen Austauschs mit anderen befanden, die räumlich nicht anwesend waren, wobei ich die kaum sichtbaren Geräte übersehen hatte, die es ihnen ermöglichten, dem Klang der Stimme anderer Leute zu lauschen und den Klang der eigenen Stimme zu übertragen.

Doch trotz dieser Erkenntnis machte sich ein spezieller Mangel bemerkbar, an den ich mich immer noch nur schwer zu gewöhnen vermag. Ich kann in meinem Kopf leicht Bilder von Körpern und Reaktionen um andere Menschen ergänzen, mit denen der einsame Sprecher sich unterhält, aber mir fehlt der Eindruck, um nicht zu sagen die konkrete Wahrnehmung eines Raumes, den sie beide gemeinsam einnehmen, der sie deshalb zusammenbringt und dessen physikalische Substanz aus zwei oder mehr Stimmen in ihren verschiedenen Tonalitäten besteht. Darum und wider besseres Wissen wirkt es auf mich auch weiterhin wie ein Krankheitssymptom, wenn ich jemanden allein vor sich hin sprechend durch die Gegend laufen sehe. Der erste Ausdruck, der mir in den Sinn kommt, wenn ich zu benennen versuche, was mir da fehlt, ist »sozialer Raum«. Dann spüre ich jedoch, dass diese beiden Worte eine Dimension und einen Grad von institutioneller Stabilität voraussetzen, die nicht wirklich zu einem zwanglosen Gespräch passen. Als Beispiele für soziale Räume, die durch Stimmen geschaffen und prozessiert werden, können wir Parlamente mit ihren Verfahrensordnungen, Lehrsituationen auf verschiedenen Ebenen des Bildungswesens oder auch elaborierte Formen des Gottesdienstes wie die verschiedenen Ausprägungen der christlichen Messe nennen. Wer in diesem Rahmen agieren und fungieren will, muss über ein spezifisches Segment sozialen Wissens verfügen, das Choreographien für Körperbewegungen, komplementäre Erwartungen hinsichtlich der Bewegungen anderer Körper sowie Orientierungen für Rhythmen bei der Einbindung von Stimmen umfasst. Während meiner kurzen Zeit als Ministrant in der damals noch lateinischen Liturgie der 1950er Jahre wurde mir bewusst, dass die Funktionen der Stimme weitgehend befreit waren von der Aufgabe, irgendeine Bedeutung verständlich zu artikulieren. Wenn wir auf die zwei Worte des Priesters, »*Dominus vobiscum*«, mit den vier Worten »*Et cum spiritu tuo*« antworteten, schufen wir unausweichlich einen stabilen, verlässlichen und irgendwie auch sichtbaren sozialen Raum, obwohl uns der Inhalt dieser Worte keineswegs klar war. »Rituale«, wie wir die meisten im eigentlichen Sinne sozialen Räume nennen können, ordnen die von ihnen hervorgebrachte Bedeutung fast immer den größtenteils impliziten Regeln für Körperbewegungen unter.

Zwanglose Gespräche scheinen dagegen weniger von Bedeutung getrennt und weniger regelgebunden zu sein. Sie erfüllen vielleicht bestimmte lokal und historisch spezifische Standards der Höflichkeit und achten möglicherweise auf gewisse Rangunterschiede, doch anders als bei sozialen Räumen in Gestalt von Ritualen sind wir bei ihnen nicht in der Lage, vorauszusagen, in welcher Weise sie sich entwickeln und unter welchen Bedingungen sie an ein Ende gelangen werden. Tatsächlich sind sie auf einer Reihe von Ebenen hochgradig individuell. Sie sind individuell aufgrund der Offenheit ihres Ablaufs und Schlusses; sie sind individuell aufgrund der meist nicht synchronisierten Erwartungen und Antriebe derer, die das Gespräch führen; und sie sind individuell aufgrund der physikalischen Unterschiede in Ton und Lautstärke der eingesetzten Stimmen, ein Unterschied, der innerhalb von Ritualen und der dadurch geschaffenen sozialen Räume relativiert und sogar neutralisiert wird.

Die Räume, die aus der zwangloseren Form verbaler Interaktion hervorgehen und sie begleiten, werde ich dabei als »existenzielle Räume« bezeichnen, basierend auf unserer Verwendung des Wortes »Existenz« im Zusammenhang mit allgemeinen Aspekten des menschlichen Lebens als eines individuellen Lebens. Die erstaunliche Vielfalt der »existenziellen Räume« erklärt, warum sie einerseits nahezu ubiquitär sind, sich andererseits jedoch aufgrund ihrer Individualität hartnäckig einer Beschreibung durch abstrakte Begriffe entziehen. Verstärkt wird ihr schwer zu fassender Charakter noch durch den fortlaufenden und permanenten Wechsel zwischen Expansion und Kontraktion. Existenzielle Räume als »Phänomene« zu bezeichnen, scheint der altgriechischen Bedeutung des Wortes als Dinge, die »sich zeigen«, zu widersprechen, da existenzielle Räume sich nicht als stabile Formen zeigen, auch wenn sie für uns ständig derart hörbar – und sichtbar – sind, dass wir ihr Fehlen als etwas Pathologisches interpretieren. Angesichts ihrer wahrhaftigen Ubiquität und der Bedeutung, die Stimmen für existenzielle Räume besitzen, glaube ich jedoch, dass ihr Wechselspiel den unvermeidlich prekären Versuch einer geduldigen und detaillierten Analyse verdient. Dieser könnte deskriptiv bei fünf Dimensionen oder Aspekten ansetzen.

*

Einer der bemerkenswertesten Aphorismen in Ludwig Wittgensteins *Philosophischen Untersuchungen* versucht, eine Veränderung in unserem Gebrauch des Ausdrucks »verstehen« herbeizuführen – und hilft uns dadurch, eine Perspektive auf den Prozess zu gewinnen, in dem existenzielle Räume entstehen: »Das Verstehen eines Satzes in der Sprache ist dem Verstehen eines Themas in der Musik viel verwandter, als man etwa glaubt.«[1] Wittgenstein möchte, dass die Leser auf Distanz zu der üblichen Bedeutung von »verstehen« als einem Verhalten gehen, das sich auf den »Inhalt der Aussage« und die Intentionen des jeweiligen Sprechers konzentriert. Beim Verstehen eines musikalischen Themas achten wir dagegen nicht auf mögliche Bedeutungen oder die Intentionen des Komponisten und der Darbietenden, und deshalb ist Wittgensteins Gedanke für das Konzept der existenziellen Räume von Belang. Die Reaktion auf ein musikalisches Thema oder den Klang von Stimmen besteht in erster Linie darin, dass wir nach einer adäquaten individuellen Position unseres Körpers im Verhältnis zu den produzierten Schallwellen suchen. Vor allem je nach Lautstärke möchten wir näher oder weiter von

1 Ludwig Wittgenstein, *Philosophische Untersuchungen*, in ders., *Schriften 1*, Frankfurt/M. 1980, S. 451f. (PU 527).

den Klängen und ihren Quellen sein, wir verändern möglicherweise die Position unserer Ohren gegenüber der Richtung, aus der die Töne kommen, und vielleicht suchen wir einfach eine Körperhaltung, in der wir uns wohl fühlen und aufmerksam genug sind. Mit all diesen Körperbewegungen schaffen und verwandeln wir unvermeidlich Räume, deren Teil wir sind.

Zugleich erlauben wir es musikalischen Motiven oder den Klängen individueller Stimmen, in uns Bilder oder Stimmungen auszulösen, die nach unserem Gefühl irgendwie zu den akustischen Eindrücken passen. Doch während Bilder und Stimmungen untrennbar mit existenziellen Räumen in ihrer ständig wechselnden Objektivität verbunden sind, muss die Frage, ob solche Eindrücke einer »Korrespondenz« zwischen ihnen und verschiedenen Tonfolgen notwendig individuell sind oder jemals ein gewisses Maß an Konsens und daher einen gewissen Grad an Objektivität erlangen, unbeantwortet bleiben, da wir uns nicht im Geist oder in der Psyche eines anderen Menschen aufhalten können. Diese Unmöglichkeit ändert jedoch nichts daran, dass Bilder und Stimmungen eine lebenswichtige Dimension in unserem Verstehen von Stimmen und musikalischen Motiven darstellen. Allgemein gesagt und weil von Stimmen produzierte Schallwellen zeitliche Phänomene im eigentlichen Sinne sind, das heißt Phänomene, die nur in ständiger Veränderung existieren, ist ihr Verstehen nichts anderes als der Prozess ständig erneuerter Anpassung unserer Körperpositionen, Bilder und Stimmungen an sie. Tatsächlich ist der Klang von Musik und Stimmen so eng mit diesen Reaktionen verbunden, dass wir, wenn wir von einer »Melodie« sprechen, eher das meinen, was sie in unserer Psyche auslöst, als eine Schicht ihrer physikalischen Objektivität.

Wenn wir nun von der musikalischen Darbietung und Wittgensteins provokantem Aphorismus über die Verwandtschaft zwischen dem »Verstehen eines Satzes« und dem »Verstehen eines musikalischen Themas« zu Gesprächen und ihren Stimmen zurückkehren und unseren Fokus verschieben von der Entstehung existenzieller Räume hin zu einer zweiten Dimension, nämlich ihrer Struktur, dann können wir erkennen, dass sie in ihrem Innern von einer elementaren wechselseitigen und zweifachen Asymmetrie beherrscht werden. Mit »Asymmetrie« möchte ich die Tatsache hervorheben, dass wir uns innerhalb existenzieller Räume hauptsächlich auf die Stimme der anderen Person konzentrieren, während wir unsere eigene Stimme im Hintergrund kaum wahrnehmen.[2] Diese Asymmetrie ist von zweierlei Art, da wir in unserer ausschließlichen Konzentration auf die andere Stimme unsere eigene nur auf Grundlage dessen, was wir wahrnehmen, verändern können. Das hat zur Folge, dass der Fortgang der wechselseitigen Beziehungen bei Klang und Emotion nicht unter der vollständigen Kontrolle einer der beiden Seiten steht und sich daher nicht vorhersagen lässt, denn jede Stimme reagiert ohne Abstimmung mit der anderen nur auf die eigene Wahrnehmung der jeweils anderen Stimme.

Die Unvorhersagbarkeit der aus der Interaktion zwischen zwei Stimmen hervorgehenden Entwicklung ist sogar noch ausgeprägter als der zugehörige Entwicklungsgang des Inhalts, weil wir bei der Anpassung an die von anderen Sprechern produzierten Bedeutungen sehr viel flexibler und differenzierter vorgehen können als bei der Reaktion auf der Ebene des Klangs. Daher kann die Entwicklung des Wechselspiels zwischen zwei Stimmen zuweilen roh und unkultiviert wirken, ähnlich einem Prozess in der Natur, bevor wir Regelmäßigkeiten zu erkennen beginnen, die ihn möglicherweise bestimmen. Statt Teil unseres Handlungsvermögens zu sein, erscheint ihre elementare Objektivität als zufällig. Singstimmen gehorchen dage-

2 Was nicht damit verwechselt werden sollte, dass wir die eigene Stimme aufgrund der anatomischen Gegebenheiten anders hören als die einer anderen Person.

gen normalerweise nicht dieser Dynamik, die aus der wechselseitigen Struktur einer zweifachen Asymmetrie resultiert. Denn Singstimmen tendieren dazu, unabhängige Elemente innerhalb von Interaktionen zu werden, und neutralisieren damit die prekäre und unvorhersagbare Beziehung zwischen zwei Sprechstimmen. Das mag verantwortlich für den artifiziellen Eindruck sein, den zwei im Duett singende Stimmen auf der Bühne in der Regel erzeugen. Denn während Sängerinnen und Komponisten in solchen Duetten die musikalische Darstellung eines alltäglichen Gesprächs erblicken dürften, erfordern sie einen gewissen Grad an bewusster Koordinierung auf einer höheren Reflexionsebene, die alltägliche Gespräche aufgrund ihres objektiven Zufallscharakters weder benötigen noch erreichen.

Der dritte zu beschreibende Aspekt des Wechselspiels zwischen Stimmen und existenziellen Räumen ist deren Plastizität. Sie stellt ein positives Gegenstück zur Unvorhersagbarkeit und Zufälligkeit dar und bietet eine andere Perspektive auf sie. In unserem alltäglichen Leben sind wir in der Lage, gut einhundert verschiedene Stimmen zu unterscheiden, zu erinnern und wiederzuerkennen; und wir wissen auch, dass keine zwei Stimmen jemals vollkommen gleich in ihren physikalischen Eigenschaften sind, weshalb wir Sprechstimmen im Unterschied zu Singstimmen kaum jemals nach verschiedenen Kategorien oder Begriffen zu typologisieren versuchen. Deshalb müssen die Beziehungen zwischen jeweils zwei Stimmen und den durch ihre Interaktion geschaffenen existenziellen Räumen, wie bereits erwähnt, einzigartig sein, und zwar einschließlich der von diesen Räumen durchlaufenen Expansionen und Kontraktionen. Das gilt auch immer dann, wenn wir Interaktionen zwischen Stimmen erneut starten, da sie, wenn überhaupt, nur minimal vom Entwicklungsgang früherer Interaktionen geprägt werden. Diesem hohen Maß an Plastizität, wie wir dies nennen könnten, entspricht allerdings kein ähnlich hohes Maß an Flexibilität in ihrer Anpassung an unterschiedliche Situationen, in denen dieser Prozess stattfindet. Vielmehr sehen wir hier einen weiten Horizont tendenziell zentrifugaler Vielfalt, die hauptsächlich von den physikalischen Eigenschaften der interagierenden Stimmen abhängt. In diesem Sinne bilden Stimmen und ihre existenziellen Räume eine eigenartige Dimension innerhalb geschichtlicher und kultureller Welten. Sie statten sie mit einer wichtigen und in quantitativer Hinsicht sogar der wichtigsten Schicht physikalischer Substanz aus, werden jedoch nur selten Teil ihrer institutionellen Formen.

Eine vierte Dimension des genannten Wechselspiels habe ich bereits erwähnt. Sie besteht darin, dass Stimmen jene individuellen psychischen Zustände auslösen, die wir als »Stimmung« oder »Atmosphäre« bezeichnen. Interessanterweise weist das zur Wurzel von »Stimmung« gehörende Wort »Stimme« den Stimmen eine emblematische Stellung bei der Auslösung von Stimmungen zu[3] – obwohl Stimmungen auch Reaktionen auf vielfältige andere Formen geringfügigster Berührungen sein können, die aus der physikalischen Umwelt stammen und die Oberfläche unseres Körpers treffen, darunter ganz offensichtlich Musik, aber auch Licht, Temperatur oder Wetter. Von Stimmen artikulierte Bedeutungen spielen dabei nur eine untergeordnete Rolle. Niemand hat bisher vollständig beschreiben oder erklären können, wie verschiedene Arten physischer Berührung Stimmungen als unterschiedliche Gemütszustände bestimmen – wie das Gefühl, »von innen berührt zu werden«, entsteht, um Toni Morrisons wunderbar kompakte und paradoxe Formulierung zu zitieren.

Stimmungen bilden also eine weitere Schicht des existenziellen Raumes, die sich der menschlichen Handlungsmacht

3 Die nachfolgenden Bemerkungen basieren auf Hans Ulrich Gumbrecht, *Stimmungen lesen. Über eine verdeckte Wirklichkeit der Literatur*, München 2011.

und Bedeutung entzieht. Wir alle wissen aus persönlicher Erfahrung, dass eine individuelle Stimme, die wir als unangenehm empfinden, einen dunklen Schatten auf den Inhalt einer eigentlich erfreulichen Botschaft zu werfen vermag. Noch komplizierter und undurchsichtiger ist das Verhältnis zwischen Stimmungen, die durch verschiedene Stimmen ausgelöst werden, und unserer Imagination. Anders als bei der Verbindung zwischen Stimmung und Bedeutung empfinden wir wahrscheinlich weniger die Spannung oder die Konvergenz zwischen Stimmung und Imagination, sondern eher die Auswirkungen spezifischer Färbungen, mit denen verschiedene Stimmungen Bilder oder andere intentionale Objekte durchdringen, die durch Wahrnehmungen in unserem Bewusstsein ausgelöst werden. Auch aus dieser Perspektive landen wir wieder bei diesen unbeantwortbaren Fragen zu individuellen Gemütszuständen und ihrer potenziellen Übereinstimmung innerhalb existenzieller Räume. Können so etwas wie gemeinschaftlich erzeugte, sozusagen synthetische Stimmungseffekte aus der Interaktion verschiedener Stimmen hervorgehen? Führen vielstimmige Gespräche als umfassende Einheiten zu übergreifenden Stimmungen? Oder behalten die verschiedenen Stimmen, aus denen sie bestehen, die Oberhand als getrennte akustische Auslöser psychischer Effekte?

Was wir »Intonation« nennen und als die fünfte Schicht existenzieller Räume bezeichnen können, scheint näher an soziale Konventionen heranzukommen als die vier bisher genannten Aspekte, ohne dass sie jedoch vollständig von der Objektivität ihrer Strukturen kontrolliert würde. Die Sprachtheorie gibt der Intonation die Stellung eines »segmentübergreifenden Phänomens«, das heißt einer umfassenden tonalen Sequenz, die das Verständnis der durch eine Wortfolge produzierten Bedeutung zu modifizieren vermag. Die Funktionen diverser Sprechakte, zum Beispiel von Glückwünschen, Verboten oder Liebeserklärungen, werden oft durch solche Intonierungsmuster gesichert oder differenziert. Normalerweise müssen wir keine bewusste Entscheidung treffen, um die angemessene Intonation für die von uns intendierte Modifikation der Bedeutung zu finden, doch andererseits sind wir gelegentlich unsicher, ob wir die in der Intonation anderer Stimmen intendierte Funktion tatsächlich korrekt erfasst haben.

Am häufigsten stellt sich solche Unsicherheit bei der Ironie als einer Redeweise ein, die einer Wortfolge eine dem explizit artikulierten Inhalt entgegengesetzte Bedeutung zu geben versucht. Meine Frau, die mich für ironieresistent hält, hebt in unseren Gesprächen ihre ansonsten für Ironie typische Intonation übertrieben hervor, während ich zugeben muss, dass ich mir nach mehr als 30 Jahren Ehe immer noch nicht ganz sicher bin, ob ich so reagiere, wie sie es möchte und erwartet. Während individuelle Stimmen also Schwierigkeiten haben, volle Kontrolle über die konventionellen Funktionen verschiedener Intonationen zu erlangen, lässt sich nur sehr wenig über die Wirkung der möglichen Abfolgen und Interaktionen sagen. Werden bestätigende, warnende, insistierende oder ironische Intonationen jemals ansteckend untereinander sein? Lösen bestimmte individuelle Intonationen einen Wechsel in der Intonation einer anderen Stimme aus? Sprechen wir am Ende wahrscheinlich selbst ironisch, wenn wir einer ironischen Intonation ausgesetzt sind? Führt eine Beziehung zwischen Intonationen mit tendenziell entgegengesetzten Funktionen auf beiden Seiten zu größerem Nachdruck oder neutralisiert sie deren Unterschied?

*

Meine Durchsicht fünf verschiedener Dimensionen oder Schichten existenzieller Räume und der Stimmen, aus denen sie hervorgehen, hat eine wiederkehrende Folge von Beobachtungen ergeben. Jedes Mal, nachdem ich bei Phänomenen und

Mechanismen angesetzt hatte, die uns aus unserem alltäglichen Leben vertraut sind, um sodann zu Fragen nach den Interaktionen zwischen ihnen überzugehen, bin ich unausweichlich in Zonen der Ungewissheit und endloser individueller Differenzierung gelandet, in denen allgemeine Begriffe sich nicht mehr anwenden lassen. Das bestätigt die spezielle Stellung, die existenzielle Räume und Stimmen im Aufbau von Gesellschaften und Kulturen einnehmen. Zwar machen Stimmen einen Großteil von deren physischem Sein und physischer Substanz aus, doch nur ein vergleichsweise kleiner Teil dieser stimmlichen Substanz gehört zur Dimension der sozialen Konventionen oder gerät in den Fokus unserer individuellen Aufmerksamkeit. Stimmen und existenzielle Räume bilden eine wesentliche Dimension unseres Lebens, die allerdings sowohl in individueller als auch sozialer Hinsicht eigentlich zu dessen Hintergrundbedingungen gehört. Wenn wir uns dieser Hintergrundsubstanz unserer Existenz zuwenden, nehmen wir daher Klänge und Klangbewegungen wahr, denen es an einer offenkundigen Regelmäßigkeit mangelt und die sich deshalb unseren Bemühungen widersetzen, darin irgendwelche allgemeinen Merkmale zu erkennen. Wenn »Stimme« ein unordentliches Thema ist, bilden existenzielle Räume einen unordentlichen Teil der Realität.

Allerdings steckt in existenziellen Räumen und Stimmen mehr als nur ein Widerstand gegen eine begriffliche und theoretische Beschreibung. Aufgrund ihrer Stellung als Hintergrundsubstanz durchziehen sie unser Leben mit vielfältigen Wirkungen, die wir kaum bemerken und deren Ursprung wir nicht kennen. Ich glaube, dass Paul Celans Gedicht »Stimmen« aus der 1959 erschienenen Sammlung *Sprachgitter* Stimmen genau aus dieser Perspektive betrachtet.[4] Wie sein Titel ankündigt, beginnt es mit der Prämisse einer Pluralität, und statt

4 Paul Celan, *Sprachgitter*, Frankfurt/M. 1959, S. 7-9.

das Phänomen mit Hilfe stabiler Begriffe, Bilder und potenzieller Erfahrungsmomente im Sinne eines Beweises oder einer Argumentation zu entfalten, nähert der Text sich den Stimmen in einem Kreis spezifischer Beispiele, die Raum für individuelle Assoziationen und Gefühle lassen. Außerdem kann die durchgängige Unterstreichung des Wortes »Stimmen« in jeder Strophe einen Eindruck von Materialität nahelegen, der von der bedeutungsvermittelnden Funktion von Stimmen weit entfernt ist. Eines der das Thema umgebenden Beispiele verweist auf die Hintergrundstellung der Stimmen im Verhältnis zu der mit ihr artikulierten Bedeutung: »Stimmen, nachtdurchwachsen, Stränge / an die du die Glocke hängst. / Wölbe dich, Welt: / Wenn die Totenmuschel heranschwimmt, / weil es hier läutet«. Stimmen sind Teil der dreidimensionalen Materie der sich »wölbenden« Welt und bieten sich daher als Hintergrund und Substanz an, um die Glocke daran aufzuhängen, die nach unseren Erwartungen Bedeutungen läuten wird. Als Teil der materiellen Substanz der Welt lassen Stimmen die Individualität menschlicher Emotionen verschwimmen und drängen sie zurück auf andersartige Bühnen der Natur, vom Herz der Mutter bis hin zum Wachstum von Bäumen: »Stimmen, vor denen dein Herz / ins Herz deiner Mutter zurückweicht. / Stimmen vom Galgenbaum her, / wo Spätholz und Frühholz die Ringe / tauschen und tauschen«. Als Natur haben Stimmen auch etwas »Unendliches«, das nicht die Unendlichkeit des menschlichen Geistes oder der menschlichen Psyche ist, sondern das niemals endende Fließen eines »(herz-)schleimige[n] Rinnsal[s]«. Sind sie Schleim, weil sie sich nie von einer Materialität zu lösen vermögen, die dem von ihnen Artikulierten fremd ist? Genau das scheint das Wort »kehlig« im Gedicht aussagen zu sollen: »Stimmen, kehlig, im Grus / darin auch Unendliches schaufelt / (herz-) / schleimiges Rinnsal«.

Von der ersten Strophe an, in der Stimmen als Ereignisse

erscheinen und auf diese Weise für Diskontinuität in der menschlichen Beobachtung sorgen (»Stimmen ins Grün / der Wasserfläche geritzt. / Wenn der Eisvogel taucht, / sirrt die Sekunde«), erlangt der Kreis der Bilder und Szenen des Gedichts immer größeren Abstand zu den Bedeutungen, die Stimmen produzieren, und verwandeln sich schließlich in ein »Spätgeräusch, stundenfrei«, ein »Geschenk« an das Denken, das Denken nicht zu verarbeiten vermag, ein Geräusch auch, das sich weigert, jemals nicht mehr Teil des Lebens zu sein, wie ein geritztes Blatt, das sich weigert, zu verdorren: »ein / Fruchtblatt, augengroß, tief / geritzt; es / harzt, will nicht vernarben«. Stimmen, die sich von der Bedeutung wegbewegen, werden in Celans Gedicht schließlich zu nichts als Materie. Materie, losgelöst vom Menschen und seinem Geist; Materie jedoch, die auch zum Leben zurückkehrt, da sie sich weigert, zu verheilen oder nicht weiter zu bluten. So werden Stimmen am Ende zu rein physischem Leben – »keine Stimme«, wie es in Celans letzter Strophe heißt; physisches Leben in seiner eigenen Unendlichkeit, das jeglichen emotionalen Individualismus aufgibt; physisches Leben vielleicht, das, von einem Medium der Artikulation in einen existenziellen Raum als Materie transformiert, der menschlichen Existenz als ein »Geschenk« Kraft verleiht, als etwas, über das wir nicht länger verfügen.

Wenn wir nun zur Beschreibung der Stimme als eines »Knotens« des menschlichen Lebens zurückkehren, in dem Bedeutung, Imagination, Stimmungen und Klang sich ineinander verschlingen, könnten wir, von Celan inspiriert, sagen, dass Stimmen in existenziellen Räumen Klang, Stimmung und Imagination sind und dass Bedeutung randständiger geworden ist. Natürlich ist es unmöglich, Bedeutung vollständig auszublenden und zu isolieren, wenn wir eine Stimme hören, da der Drang, Worte zu interpretieren, immer Teil unserer Existenz sein wird – oder die Imagination als formlose Substanz von Inhalt an einen Punkt zu treiben, wo sie sich in eine vollkommen bedeutsame Struktur verwandelt. Doch wenn Bedeutung in existenziellen Räumen auf Distanz gehalten wird, wird erkennbar, wie Stimmen als ein Hintergrund mit seinen Interaktionen und Interferenzen zum Hauptstoff und Gewebe unseres alltäglichen Lebens werden. Stimmen werden zum Gewebe des Lebens im Sinne einer materiellen Textur, ohne die soziales Leben nicht existieren kann, dessen Substanz sie ist; ein Gewebe schließlich im Sinne eines Hintergrundes, für dessen interne Formen wir wenig Aufmerksamkeit und kaum Begriffe haben.

*

Sobald existenzielle Räume mit ihren Stimmen als Gewebe des Lebens identifiziert sind, sobald verstanden ist, dass ihr Hintergrundcharakter sowohl Voraussetzung als auch Folge ihrer Funktion als Substanz ist, und sobald erkannt ist, dass ihr Substanz- und Hintergrund-Sein sie von den üblichen Wegen eines Verständnisses ausnimmt, stellt sich die Frage, wie wir bei der Erfassung ihrer Funktionen weiterkommen können. Um darauf eine Antwort zu finden, werde ich auf die traditionelle phänomenologische Unterscheidung zwischen »Erfahrung« und »Erleben« zurückgreifen. »Erfahrung« verweist auf den Prozess, in dem physische Wahrnehmung in unserem Geist zu einem intentionalen Objekt wird und durch die Anwendung eines von uns gespeicherten Elements sozialen Wissens eine Bedeutung erhält. Beim »Erleben« verfügen wir dagegen nicht über Elemente sozialen Wissens, die uns für das betreffende intentionale Objekt angemessen erscheinen. Genau das ist der Fall – und das Problem – bei zahlreichen Aspekten existenzieller Räume und ihrer Stimmen als Hintergrundsubstanz unseres sozialen Lebens. Da wir diese Phänomene nicht in Erfahrung verwandeln können, bleibt uns noch die Möglichkeit, ihre Effekte aus den subjektiven Perspektiven zu evozieren, unter denen wir ihnen in unserem Leben begegnen, und das heißt, sie als »Erleben« zu evozieren. Zu diesem Zweck werde ich Effekte existenzieller Räume auf drei verschiedenen Ebenen verfolgen: als Antworten auf die Frage, unter welchen Bedingungen wir uns mit ihnen wohlfühlen; in mehreren Kleinsterzählungen über Veränderungsprozesse in unseren Beziehungen zu existenziellen Räumen; und in Gestalt eines Vorschlags für eine praktische Unterscheidung zwischen verschiedenen Arten von Funktionen, die existenzielle Räume und ihre Stimmen haben mögen.

Wann fühlen wir uns wohl mit existenziellen Räumen als ständig wechselnder, nichtinstitutionalisierter Substanz unserer Interaktionen? Wir fühlen uns wohl mit ihnen, so lautet die leicht paradoxe erste und allgemeine Antwort, solange wir sie nicht bemerken. Ähnlich jenen Organen unseres Körpers, die erst dann Objekte der Aufmerksamkeit werden, wenn sie nicht mehr richtig funktionieren und Schmerz ihnen den Status intentionaler Objekte verleiht, scheinen Interaktionen und existenzielle Räume, über die wir nicht nachzudenken brauchen, in einer natürlichen und angenehmen Weise dahinzufließen. Bemerken wir dagegen, dass die Personen, mit denen wir in Kontakt stehen, Anstrengungen unternehmen, um den Gang ihres Austauschs mit uns in Frage zu stellen oder zu verändern, wenden wir uns entweder gegen sie oder bereiten uns darauf vor, die Beziehung zu beenden. Warum sollten wir in einem nicht zielgerichteten Prozess sein wollen, wenn dieser auf Korrektur und Veränderung zielende Gegenbemühungen erfordert? Diese Reaktion unterscheidet sich von der in formelleren sozialen Räumen, in denen Initiativen zur Veränderung von Strukturen auf der Grundlage eines Konsenses zwischen den Beteiligten recht oft vorkommen und in der Absicht ergriffen werden, deren Funktionen zu erhalten oder zu maximieren.

Der positive Ton, den wir in existenziellen Räumen und ihren Stimmen oft spüren, ähnelt den Vibrationen einer reibungslos arbeitenden Maschine. Wir brauchen nichts zu tun und wir müssen uns nicht den Kopf darüber zerbrechen, wie sie sich in der unmittelbaren Zukunft entwickeln werden. Recht oft geht der Eindruck solch eines angenehmen Fließens auf die Wirkung von Stimmen zurück, die einen Rhythmus erzeugen, der sie ohne intentionale Interventionen zusammenbringt. Als »Rhythmus« bezeichne ich jede praktische Lösung für das Problem, wie zeitliche Objekte im eigentlichen Sinne, zum Beispiel Interaktionen zwischen Stimmen, eine Form erlangen können. Das zwischen zeitlichen Objekten und Formen bestehende Problem hängt mit dem elementaren Kontrast zusammen, dass Erstere sich ständig verändern, während wir Letztere für stabile Beziehungen zwischen Phänomenen und ihrer Umgebung halten. Wie können dann Interaktionen zwischen verschiedenen Stimmen als zeitliche Objekte eine Form erlangen? Das geschieht, sobald wir die Erwartung oder gar den Ehrgeiz zurückschrauben, ihre Beziehung solle in dem Sinne produktiv sein, dass sie neue Qualitätszustände oder neue Bewegungen hervortreten lässt, die vor dem Beginn der Interaktionen nicht zu diesen Stimmen gehörten. Die Alternative zu solchen »produktiven« Beziehungen sind Interaktionen, die in ihrem fortwährenden Austausch regelmäßig zu früher bereits durchlaufenen Veränderungssequenzen zurückkehren. Wenn das zum Beispiel in einer Interaktion zwischen Stimmen geschieht, tritt Wiederholung an die Stelle der Form als einer unbewegten Stabilität, die zeitliche Objekte aus sich heraus nicht durchzuhalten vermögen. Nichts anderes ist das Prinzip des Rhythmus.

Rhythmen verringern nicht nur die potenziellen Sorgen hinsichtlich der produktiven Entwicklung von Interaktionen. Sie haben auch einen auf der Stellung nichtproduktiver Beziehungen zwischen zeitlichen Objekten basierenden Nebeneffekt, der in einer Verringerung der Geistes- oder Bewusstseinsspannung bei den Beteiligten besteht. Eine derart verminderte Bewusstseinsspannung zwischen Menschen, die ihre Stimme gemäß rhythmischer Muster einsetzen, scheint es der Imagination zu erlauben, den Vordergrund begriffsbasierten Denkens mit seiner hohen geistigen Anspannung zu besetzen – ein Wechsel, der ein weiteres Fundament für die Verwandtschaft zwischen existenziellen Räumen als Gewebe des Lebens und der Imagination als einer nichtbegrifflichen Schicht des Geistes darstellt. Weit mehr noch als formelle soziale Räume und praktische Denkanstrengungen werden existenzielle Räume so zu einer Quelle nicht nur der Imagination, sondern auch der Stimmungen. Aus der entgegengesetzten Perspektive betrachtet, heißt das: Rhythmen und der mit ihnen verbundene Strom der Imagination entstehen niemals, solange wir versuchen, sie auszulösen oder gar zu erzeugen.

*

Und wie erleben wir die meist prekäre Kontinuität und die niemals endenden Veränderungen existenzieller Räume? Wie bereits gesagt, ist diese Kontinuität oft kaum etwas anderes als die schiere Möglichkeit zur Wiederholung. Jeden Werktag gehe ich morgens gegen halb acht ins Coupa Café vor der Stanford Library, weshalb ich gewöhnlich der erste Gast bin. Dort bestelle ich stets einen großen Cappuccino und mehrere Dosen Mineralwasser. Um diese frühe Uhrzeit arbeiten dort nur wenige Angestellte, und mit ihnen teile ich ein wiederkehrendes Muster beim Austausch der Stimmen und Intonationen. Wir lassen unsere Worte freundlich klingen, und die Variationsbreite ist gering. Eine besondere Betonung in unseren Ausdrücken, ein besonders niedergeschlagener oder ein ausgesprochen freudiger Klang oder eine Antwort, die vom üblichen »gut« auf die Frage »Wie geht es Ihnen?« abwiche, würden zu nichtfunktionalen Sprechakten verpflichten, für die wir weder Lust noch Zeit hätten. Daher halten wir immer denselben

Abstand über die Theke des Coupa Café hinweg, zeigen dasselbe Lächeln, und nach kurzer Wartezeit nehme ich meinen Cappuccino und die fünf Dosen Mineralwasser mit an den Tisch, an dem ich immer sitze. An den recht seltenen Tagen, an denen einer der Angestellten mir aus freien Stücken den Kaffee oder das Wasser an meinen Tisch bringt, erleben wir wegen der Erweiterung unseres üblichen existenziellen Raums einen kurzen Augenblick der Unausgeglichenheit, der Entschuldigungen oder Gesten besonderer Dankbarkeit von meiner Seite erfordert, damit wir zu unserem geliebten Protokoll und seiner Routine zurückkehren können. Die Rückkehr zur Wiederholung sichert einen guten Start in den Tag.

Etwa neun Stunden später und nach einem etwa 25-minütigen Fußmarsch gestaltet sich meine Rückkehr in unser Haus als ein anderer elementarer Austausch von Stimmen, mit einem stärkeren emotionalen Engagement und einem breiteren Spektrum an Variationen. Denn obwohl ich die tägliche Arbeit des Lesens, Nachdenkens und vor allem Schreibens meist genieße, verbringe ich meine Nachmittage in der Bibliothek mit einer ständig wachsenden Sehnsucht nach der Gegenwart meiner Frau. Kurz vor sieben Uhr am Abend stehe ich dann vor unserer Haustür, die ich öffne, indem ich den Schlüssel im Schloss nach links drehe (ein Irrtum in der Mechanik), und sage laut »Guten Abend, Liebling«, wobei ich wie ein liebevoller Ehemann klingen möchte; hier gibt es weder Variationen noch eine vollkommen entspannte Routine. Ich sage das ziemlich laut, denn ich weiß nicht, ob sie zuhause ist und, wenn ja, in welchem Zimmer – näher zur Haustür oder weiter entfernt – sie gerade arbeitet, liest oder Fernsehen schaut. Keine Antwort bedeutet, dass sie noch nicht da ist, könnte sich allerdings auch als der glücklicherweise extrem seltene *worst case* entpuppen, in dem Schweigen ein Zeichen von Irritation ist. An einem normalen Abend jedoch funktioniert Rickys Antwort mehr noch als die jeweiligen Worte wie die Tonart in einem Musikstück. Sie wählt den Ton ihrer Stimme gewiss nicht jedes Mal bewusst, doch die Beziehung zwischen unseren beiden Stimmen gibt ganz buchstäblich den Ton vor für die nächsten Stunden ernster, zwangloser oder schwatzhafter Gespräche, für liebevolle Konversation, für das Gespräch beim Essen zuhause oder in einem nahe gelegenen Restaurant und oft auch für einen Spaziergang in der Nachbarschaft. Zweifellos hängt der Ton auch von Erinnerungen an den Tag ab, von bestimmten Plänen für den Abend und von Stimmungen (oder Stimmungswechseln), die uns teilweise oder auch gar nicht bewusst sind. Vor allem aber resultieren eine Schicht und ein Hintergrundeffekt, die sich nicht vorhersagen lassen, aus der alltäglichen Beziehung zwischen unseren Stimmen und dem spezifischen, von ihnen geschaffenen existenziellen Raum mit seinem je spezifischen Intensitätsgrad. Wenn sich ein »Ton« einstellt, den wir nicht mögen oder als unangemessen für den weiteren Verlauf des Abends empfinden, wollen wir ihn möglicherweise ändern, auch wenn dazu Worte erforderlich sein sollten, die sich – selbst zwischen uns – als unangenehm oder peinlich erweisen. So oder so, ob guter oder schlechter Ton, der Augenblick des Nachhausekommens ist ein Stimmaugenblick mit entscheidenden Auswirkungen auf den Abschluss des Tages.

Individuelle Stimmen verändern sich nicht nur in meist unvorhersagbarer Weise je nach Situation, sondern haben auch eine Geschichte in verschiedenen Lebensaltern. Insbesondere erwarten wir bei männlichen Heranwachsenden einen Übergang von der Stimme eines Kindes zu der eines Erwachsenen, und das innerhalb weniger Wochen, in denen ein seltsamer Wechsel zwischen verschiedenen Tonlagen für eine gewisse Komik sorgt. Eltern, Geschwister, Lehrer und ältere oder jüngere Freunde erwarten gewöhnlich, dass dieser »Stimmbruch« – eine recht dramatische Bezeichnung für diesen Vorgang – zeitlich mit einem Schub in Richtung Erwachsensein zusammenfällt, wobei sie allerdings die in dieser Phase tatsächlich stattfindende emotionale und intellektuelle Veränderung oft überschätzen. Als ich erstmals die neue Stimme meines jetzt 14 Jahre alten Enkels Diego hörte, wunderte ich mich, dass er mich immer noch mit derselben zärtlichen Umarmung und dem Kuss auf meine Wange begrüßte, die ich seit seinen Kleinkindertagen gewohnt war. Aufgrund einer für diese Lebensphase typischen Unsicherheit hoffte Diego wahrscheinlich auf eine gleichermaßen physische und emotionale Kontinuität in unserer Beziehung, und dennoch hatte sich objektiv etwas zwischen uns verändert. Angesichts des neuen Verhältnisses zwischen seiner jugendlichen und meiner alten Erwachsenenstimme hatte unser existenzieller Raum eine andere Substanz angenommen, die unseren Worten und Gefühlen eine ungewohnte Note verlieh. Wir verkörperten nun objektiv eine neue Realität, eine neue Substanz. In mehr oder weniger erheblichem Umfang werden wir niemals in der Lage sein, diesen neuen existenziellen Raum in seiner Wirkung auf die Art unserer wechselseitigen Liebe zu erfassen oder gar zu kontrollieren.

Ein altersbedingter Wechsel der Stimmlage in die entgegengesetzte Richtung beeindruckte und überraschte mich in den letzten Jahren. Aufgrund einer chronischen Erkrankung verlor einer meiner besten lebenslangen Freunde und meistbewunderten Kollegen seine Baritonstimme, die zuvor Teil seiner besonders ansprechenden physischen Präsenz gewesen war. Es war in der Tat eher ein Verlust als eine Veränderung, denn in seiner Aussprache ist nun fast kein Klangvolumen mehr geblieben, sondern nur noch ein Flüstern. Da Karl es versäumt hatte, mich vorzuwarnen, verbrachten wir bei unserer ersten Begegnung nach mehreren Jahren ein paar schwierige Minuten, denn ich vermochte weder meine Überraschung noch meine Verlegenheit angesichts der Notwendigkeit zu verbergen, nahe an ihn heranzurücken, um zu verstehen, was er sagte. Als er dann seine Situation in den üblichen diagnostischen

Begriffen beschrieb und mir versicherte, dass er neue Verhaltensweisen entwickelt habe, die besser seien als bloße Selbstbeherrschung, begannen wir recht bewusst, neue körperliche Gesten, Stimmvolumen und Rhythmen für unseren existenziellen Raum zu entwickeln. Inzwischen kann ich sagen, dass unsere Freundschaft ganz gewiss nicht gelitten hat. Aber sie hat sich verändert. Verändert nicht nur, weil Karls heitere Gelassenheit einen weiteren Grund für meine Bewunderung darstellt, die zu zeigen ich ebenso wenig umhinkomme wie meinen unnötigen Eifer, ihm zu Hilfe zu kommen, sondern auch, weil es mir schwerfällt, Karls nicht mehr existierende Stimme zu vergessen. Vor allem aber und ähnlich wie bei der Wirkung des Stimmwechsels meines Enkels Diego ist die Hintergrundsubstanz unseres existenziellen Raumes nicht mehr dieselbe. Eine flüsternde Stimme lässt mein Herz nicht »ins Herz eines anderen zurückweichen« und verwandelt sich weder in ein »(herz-)schleimiges Rinnsal« noch in ein »Spätgeräusch, meinen Gedanken geschenkt«, um einige der Worte aus Celans Gedicht »Stimmen« abzuwandeln. Andererseits spüren Karl und ich, dass die Veränderung für uns beide intellektuell fruchtbar ist. Sowohl der Gewinn als auch der Verlust verleihen unserer Freundschaft in einem neuen existenziellen Raum Kontinuität – und eine neue Lebendigkeit.

Zu einem Verlust anderer Art kommt es, wenn eine der Stimmen in einem Gespräch in Lachen oder Weinen verfällt. Solch ein Ereignis sorgt in der Regel für ein Ende der laufenden stimmlichen Interaktion, weil nur ein sofortiger Wechsel der anderen Stimme in Lachen oder Weinen eine angemessene Reaktion darstellen könnte. Hält die andere Seite dagegen an ihren bisherigen Worten und ihrer Syntax fest oder schweigt, kommt es zu einer Unterbrechung des Austauschs. Nichtspontanes Lachen klingt unausweichlich peinlich, und Tränen vermag niemand zu kontrollieren, während Worte als Antwort auf Weinen und Lachen dem Sprecher die wenig attraktive Rolle des Therapeuten oder des Kommentators zuweisen. Plötzliches Weinen oder Lachen sorgen also entweder für eine tiefgreifende Veränderung existenzieller Räume, da sie mimetische Reaktionen provozieren, oder führen – in den meisten Fällen – zu deren Zusammenbruch, wobei die Möglichkeit bestehen bleibt, sie nach Ablauf einer angemessenen Frist erneut zu etablieren.

Einige nicht altersbedingte Veränderungen im Status von Stimmen und ihren existenziellen Räumen lassen sich als ein Crescendo beschreiben, das keine tonale Objektivität besitzt. Mehr als ein Jahr lang traf ich mit einem Doktoranden in dem Coupa Café und an dem Tisch zusammen, an dem ich meinen täglichen Cappuccino trinke. Und das mit einer ungewöhnlich langanhaltenden Konzentration auf die Projekte und Kapitelentwürfen seiner Dissertation, deren herausragende Qualität uns davor bewahrte, uns in den Themen des jüngsten Smalltalks an unserer Universität zu verlieren. Ein Augenblick der Diskontinuität stellte sich ein, als ich im Rückblick auf einige der letzten Gespräche und deren Argumentation bemerkte, dass ich in der Lage sei, mir Andreas Stimme mit ihren verschiedenen Stimmlagen und Rhythmen physisch vorzustellen, und zwar derart gut, dass ich sie hätte imitieren können. Diese Beobachtung schien einen Einfluss auf die Form unseres Austauschs zu haben. Zumindest ein Teil der Hintergrundsubstanz unseres existenziellen Raumes war für mich zu einem intentionalen Objekt geworden. Ich mochte Andreas Stimme, freute mich darauf, sie beim nächsten Treffen wieder live zu hören, und stellte fest, dass ich Lautstärke, Tonfall und Geschwindigkeit meiner eigenen Stimme unwillentlich modifizierte, und dies in einem Maße, das dem Wechselspiel unserer Stimmen zuweilen erkennbare Formen verlieh. Obwohl ich nicht zu sagen vermochte, dass Inhalt und Stil unseres Gesprächs sich veränderten, war das doch der Augenblick, als Ricky und ich Andrea und seine Freundin Emily zum ersten Mal zum Essen einluden und eine Freundschaft zu wachsen begann, die ihren Umzug an die Ostküste überdauert hat. Kein Zweifel, dass meine neue Art, Andreas Stimme wahrzunehmen, dieses Crescendo auslöste – ohne dessen Grund zu sein. Ich höre nun oft innerlich Andreas Stimme, und im Wege einer assoziativen Umkehrung lässt sie mich an Kapitel seiner Dissertation und an sein nächstes Buchprojekt denken.

Wo liegt nun genau der Unterschied zwischen Stimmen, an die ich mich aktiv, und solchen, an die ich mich nicht aktiv erinnern kann? Entscheidend dafür scheint zumindest für mich der quasiakustische Eindruck zu sein, den manche Stimmen hinterlassen,[5] ein Eindruck, der in jüngeren Jahren gewöhnlich mit der Versuchung und der Fähigkeit verbunden war, sie zu imitieren. (Diese Fähigkeit habe ich inzwischen verloren.) Andere Stimmen kann ich wie gesagt *en détail* beschreiben – ohne sie zu hören. Ich habe eindeutig keine Einzelantwort auf die Frage, woher dieser Unterschied kommt. Die Stimme meines Vaters »höre« ich immer noch, weil sie mir peinlich war. Andreas Stimme dagegen mag ich einfach und möchte sie wieder hören. Rickys Stimme »klingt« mir fast zu nahe, als dass sie für mich ein intentionales Objekt sein könnte; sie bildet vielmehr den physischen Kern meines Lebens, der anderen Stimmungen ihren Platz zuweist.

Die meisten Stimmen, an die ich mich physisch nahezu präzise erinnern kann, sind warme Stimmen von Männern, die mich in meiner Zeit als Schüler, Student und junger Akademiker protegierten und unterstützten: die warmherzige Stimme Kilian Volks, meines meistbewunderten Lehrers im zweiten Jahr der Volksschule; die Stimme Joseph Ficks, meines meistbewunderten Lehrers im Gymnasium, der klang, als spräche er Deutsch mit einem amerikanischen Akzent; die so amtlich wie bayerisch klingende Stimme Karl Ridels, der als hochran-

5 Aber können Erinnerungen wirklich einen Klang haben?

giger Staatsbediensteter und Leiter der Stiftung Maximilianeum für begabte Studenten nach 1967 unseren Münchener Zusammenkünften vorsaß und mir die Idee schenkte, ein Jahr in Salamanca zu verbringen; die klare (ich möchte fast sagen »transparente«) Stimme Harald Weinrichs, eines renommierten Romanisten der Nachkriegsgeneration, der ohne jede institutionelle Verpflichtung einige meiner frühen akademischen Aufsätze las und mich auf heitere Weise ermutigte; und die überraschend melodische Stimme des hochgebildeten Karl Maurer, eines älteren Kollegen an der Ruhr-Universität Bochum, dem ich meine erste Berufung als ordentlicher Professor verdanke.

Warum die meisten Stimmen, an die ich mich physisch zu erinnern vermag, männliche Stimmen sind, weiß ich nicht. Könnte es mit dem wiederkehrenden Drang zusammenhängen, sie nachzuahmen? Dass so viele von ihnen Männern gehörten, die sich für mein Fortkommen in Ausbildung und Beruf einsetzten, geht höchstwahrscheinlich auf einen langanhaltenden persönlichen Mangel an Sicherheit und Zuversicht samt dem verzweifelten Bedürfnis nach emotionaler Substanz zurück – und hat von daher viel mit dem Klang dieser Stimmen zu tun. Was ich über die Gründe für die quasiphysische Erinnerung an manche individuellen Stimmen gesagt habe, gilt seltsamerweise nicht für die Erinnerung an Stimmen, die ich nur als aufgezeichnete und medial vermittelte kenne (also von Schallplatten, aus dem Radio usw.) und mit deren Besitzern ich nie einen existenziellen Raum geteilt habe. Anders als die Stimme meiner Mutter höre ich Edith Piafs Singstimme ganz deutlich, und sie beeindruckt mich wie ein Paket aus den Tiefen der Zeit, wie eine Kraft, die mich für Minuten ganz einnimmt und von der Gegenwart isoliert.

*

Hauptsächlich aufgrund ihrer unterschiedlichen Einschreibungen in die Zeit habe ich einige Unterscheidungen zwischen Typen existenzieller Räume ohne eine bestimme Bemühung oder Intention auf einer vom Erleben geprägten Ebene entwickelt. Die erste Art solcher existenziellen Räume ist recht ephemeren Charakters und führt mich zurück zu meinem täglichen Fußweg zur Arbeit. Wenn ich früh am Morgen aus dem Haus gehe, sehe ich nur wenige Menschen aus der Gegenrichtung kommen, was vielleicht erklärt, warum ich an den meisten Tagen gerne Kontakt zu ihnen aufnehme.[6] Frühmorgendliche Jogger sind hier ausgenommen, weil sie dann gezwungen wären, etwas zu sagen, und das würde ihren Atemrhythmus stören. Den Leuten jedoch, die keine sportliche Geschwindigkeit vorlegen, sage ich »*hello*« oder »*good morning*« und freue mich, wenn ich – was nicht immer der Fall ist – ihre Stimme antworten höre, so dass zwischen uns ein existenzieller Raum entsteht, der nur ein paar Sekunden, in denen wir einander sehen, Bestand hat und wieder verschwindet, sobald wir uns aus den Augen verloren haben. Ich versuche mir zwar nur selten vorzustellen, woher diese andere Person kommt oder warum sie so früh aufgestanden ist wie ich, doch das Mini-Ereignis unseres kurzlebigen existenziellen Raumes vermittelt mir kleine Energieschübe. Reaktionen durch Körperbewegungen ohne jeden Ton haben nicht dieselbe Wirkung auf mich, auch wenn Körper und Gesichter, die ich regelmäßig sehe und darum erwarte, Teil einer stärker habituellen und weniger energetisierenden Schicht meines Alltags werden.

Aufgrund des zeitlichen Kontrasts üben akademische Seminare und vor allem Seminare für Fortgeschrittene mit fünf bis fünfzehn um einen Tisch sitzenden Teilnehmern oft eine besondere Faszination aus, weil sie wie zeitlupenartige Typen

6 Oder handelt es sich hier nur um durchschnittliche kalifornische Freundlichkeit?

und Prozesse existenzieller Räume wirken, die aus der Interaktion zwischen Stimmen hervorgehen und sich in formellere soziale Räume innerhalb des Protokolls akademischer Institutionen verwandeln. Welchen Platz die Teilnehmenden wählen und wie ihre Stimmen klingen, rückt in der ersten Sitzung normalerweise nicht in den Fokus des Lehrenden. Man konzentriert sich eher auf den Inhalt der jeweiligen Beiträge, auf das Wissensniveau, die Argumentation und die Motivation, die sich dort zeigen, so dass ein erstes Urteil darüber möglich wird, wie die Veranstaltung sich wohl entwickeln und ob es möglich sein wird, die gesetzten intellektuellen Ziele zu erreichen. Ab der zweiten Sitzung beginnen jedoch Verteilungen von Körpern mit ihren Stimmen erkennbar zu werden und eine niemals endgültige Stabilität zu entwickeln. Die Studierenden richten sich zunehmend darin ein und denken deshalb nicht über solche Dinge nach, geschweige denn, dass sie darüber sprechen. Obwohl es – mit wenigen Ausnahmen – unmöglich bleibt, die Gründe für diese Verteilungsmuster der Körper in einem Seminar zu erschließen, verwandeln sie sich am Ende doch oft in Klanglandschaften, deren Umrisse der wohlüberlegten Form eines Chors ähneln. So begegnen wir hier dem Paradoxon eines informellen existenziellen Raumes, der die Wirkung eines etablierten sozialen Raumes produziert.

Die Klanglandschaft meines Abschlussseminars in Stanford während des Wintertrimesters 2018 ließ mich zuweilen an den recht physischen Eindruck denken, ich befände mich hier in der Rolle eines Dirigenten. Nach nicht allzu langer Zeit bildete ich die Erwartung aus, von der rechten Seite unseres gemeinsamen Raumes her die Stimme einer jungen Frau zu hören, die gern früh und oft gleich nach meinen einleitenden Worten sprach, und das im Tonfall leidenschaftlicher Überzeugung, während in der letzten Phase der Sitzungen ziemlich regelmäßig von der entgegengesetzten linken Seite die skeptischeren Klänge einer männlichen Stimme zu hören waren. Näher zu mir und in der Mitte befand sich eine Gruppe von Stimmen, die zu einem schnellen Austausch neigten, und in halber Entfernung sah ich gewöhnlich die manchmal lebhaften Reaktionen von Teilnehmenden, die sich niemals in sprechende Gesichter verwandelten. Wie sowohl die einzelnen Studierenden als auch die Gruppen bemerkten, begann ich ihre Stimmen zu bestimmten Zeitpunkten unserer Sitzungen aus bestimmten Richtungen zu erwarten und passte meine eigenen Interventionen zunehmend an diese Abfolge an. Wahrscheinlich sollte ich die Rede von »Chor« und »Dirigenten« nicht noch weiter strapazieren, da sie mit Formalität und Intention assoziiert werden, also mit Begriffen, die dem fließenden Charakter existenzieller Räume nicht angemessen zu sein scheinen. Doch wenn Teilnehmende mir sagen, dass dieses Stanford-Seminar eine erfreuliche intellektuelle Intensität erreichte, an deren einzelne Stimmen wir uns lebhaft erinnern, bin ich mir recht sicher, dass die langsam entstehende Substanz und Form seiner Klanglandschaft eine Voraussetzung seines Erfolgs darstellte. Zugleich sehe ich keine realistische Chance, die Beziehung zwischen diesem Typ eines internen existenziellen Raumes und der daraus erwachsenden Wirkungen vollständig zu verstehen oder gar zu beurteilen. Ohne spirituell zu sein, vermögen existenzielle Räume das geistige Leben zu stärken.

Vor einigen Jahrzehnten, als der intellektuelle Börsenwert freudianischer oder lacanianischer Begriffe und Argumentationen noch sehr viel höher war als heute, wäre es als obligatorisch, ja sogar als aufregend empfunden worden, auf die erotischen Fundamente von Lehrsituationen hinzuweisen. Heute, da diese Beobachtung längst zu einer Binsenwahrheit geworden ist, deren immer noch bestehende Realität die herrschende Political Correctness unermüdlich anprangert, mag es allzu weit hergeholt erscheinen, erotische Situationen – innerhalb wie außerhalb einer Erziehungs- und Bildungsumgebung –

aus der Perspektive ihrer stimmlichen Einkleidung zu betrachten. Denn wir können zwar sagen, dass Stimmen in solchen Umgebungen eine Chance haben, innerhalb eines längeren Prozesses spezifische Klanglandschaften zu entwickeln, doch die Intensität erotischer Begegnungen lässt die Stimmen meist in den Hintergrund treten. Allerdings haben Wörter und Stimmen im Vorspiel durchaus ihre offenkundigen Funktionen. Ganze Bibliotheken kanonisierter Texte beschreiben Strategien oder Verhaltensweisen, durch die Sprechen etabliert und intensiviert, was man heute gerne als die »Chemie« zwischen zwei Menschen bezeichnet. Ein zuverlässiger nächster Schritt, der erotisch aufgeladene existenzielle Räume näher an eine sexuelle Interaktion heranrückt, wäre dann die Verbalerotik.

In deren Verlauf gehen die Lautstärke der Stimmen, die zeitliche Ausdehnung ihres Einsatzes und der explizite Inhalt der stimmlichen Äußerungen stark zurück, bis ihre verbliebene Präsenz zur Antizipation einer bevorstehenden völligen Abwesenheit physischer Laute wird. Mit diesem Übergang kommt es zu einer Implosion existenzieller Räume. Erotische Meisterschaft wird oft mit der Fähigkeit gleichgesetzt, diese Phase zwischen einem minimalen Einsatz der Stimme und Schweigen möglichst lang auszudehnen. Denn wenn die Stimme brüchig wird und schließlich unter dem Einfluss einer überwältigenden körperlichen Erregung vollends verschwindet, beginnt eine ausschließlich physische Interaktion mit ihrer prekären zeitlichen Synchronisierung. Denken und bewusstes Handeln verlieren ihre Kontrollfunktion und zwei (oder mehr) Körper werden aus einem existenziellen Raum zu einer einzigen physischen Substanz. Zwischen ihnen gibt es ganz buchstäblich keine Distanz mehr, die durch Stimmen überbrückt werden müsste.

Die Rückkehr der Stimmen in erotischen Situationen assoziieren wir zwar normalerweise mit dem Höhepunkt des Orgasmus, doch eine weniger erotomanische Darstellung könnte dieses Comeback als Wiederkehr der Kommunikation und der existenziellen Räume interpretieren. Ein schnellerer Atemrhythmus, der wieder zu nicht klar artikulierten stimmlichen Äußerungen zurückfindet, funktioniert innerhalb des Kontexts einer prekären körperlichen Synchronisierung als eine Botschaft über das bevorstehende Ende eines im Zustand der Unumkehrbarkeit befindlichen körperlichen Prozesses. Wir wollen diesen Zustand der Unumkehrbarkeit erreichen, wünschen und fürchten dann jedoch zugleich dessen Ende. Diese willentliche Aufgabe der Handlungsfähigkeit ist in den meisten Kulturen von entscheidender Bedeutung für Stellung und Wert erotischer Situationen. Tatsächlich umgeben Stimmen mit ihren erst verschwindenden und dann zurückkehrenden existenziellen Räumen jene Zeitspanne, in der zwei irreversible und nichtsynchronisierte körperliche Prozesse geschehen – und sich im glücklichsten Fall miteinander verbinden. Stimmen führen in diese Phase hinein und aus ihr heraus. In der Lage sind sie dazu aufgrund der Schichten aus physischer Berührung, Imagination und Stimmungen im Knoten der Stimme, in denen Sinn und Bedeutung auf Distanz bleiben. Stimmen befinden sich sowohl innerhalb also auch außerhalb des Handlungsvermögens; sie sind das Medium, das es uns ermöglicht, den beabsichtigten Verlust unseres Handlungsvermögens zu verwirklichen.

*

Der Telefonsex, bei dem ein Umschlagen in existenzielle Räume ausgeschlossen ist, kann uns helfen, die Besonderheiten und Grenzen des Stimmverhaltens bei erotischen Begegnungen zu verstehen. Ganz offensichtlich erfüllen Stimmen hier eine dominierende, um nicht zu sagen exklusive Funktion in den Vorspielphasen, die wechselseitig eine wachsende Erregung hervorrufen. Beim Telefonsex können die Augenblicke ihres Schwindens jedoch nicht das Schweigen der rein physischen, irreversiblen und niemals vollständig synchronisierten körperlichen Prozesse ankündigen und antizipieren. Hier markiert Schweigen vielmehr den Eintritt in die Phase einsamer Selbststimulierung. Anders gesagt, der Prozess gelangt nicht an die Schwelle willentlicher Aufgabe des Handlungsvermögens, an der der existenzielle Raum verschwindet und durch eine einzige, aus der Konvergenz zwischen zwei Körpern entstehende Substanz ersetzt wird. Aus einer ontologischen Perspektive erkennen wir, dass technisch vermittelte stimmliche Interaktionen zwar ein gewisses Gefühl, einen Eindruck und sogar eine Illusion von Raum erzeugen können, eindeutig aber keinen Raum, in dem Körper physischen Kontakt im Sinne von Distanz, Nähe und Berührung aufzunehmen vermögen – einen Raum, in dem sie einander die Hände schütteln, materielle Objekte austauschen, einander riechen oder Sex miteinander haben können. Das gilt natürlich auch für technisch fortgeschrittenere, das heißt sensorisch stärker differenzierte mediale Dienste wie Bildtelefonie à la Skype oder Zoom. Sie alle bieten keinen physischen Raum, in dem Körper die Möglichkeit haben, ohne eine Vermittlung durch die Stimme zueinander in Kontakt zu treten.

Im Kernbereich medienbasierter Beziehungen werden Stimmen auf ein unerfülltes Versprechen existenzieller Räume reduziert oder sie erlangen, falls wir hervorheben möchten, dass der technologisch vermittelte Austausch von Stimmen durchaus eine – begrenzte – physische Wirkung hat, den Status existenzieller Orte zweiter Ordnung. Als solche aktivieren technologisch vermittelte Stimmen einen Fokus auf die durch Stimmen artikulierten Bedeutungen, der viel stärker konzentriert ist als unter den Bedingungen körperlicher Kopräsenz. Denn die Substanz oder das Gewebe des Lebens im Hintergrund existenzieller Räume ist ontologisch getrennt und für sie nicht verfügbar. Daher fehlen ihnen jene Dimensionen, die sich der

Kontrolle durch das menschliche Handlungsvermögen entziehen. Genau das verursacht das eigentümliche Gefühl eines Mangels, wenn ich sehe, wie einsame Spaziergänger mit Personen sprechen, die physisch nicht anwesend sind. Sie haben das Gewebe des Lebens aufgegeben.

Trotz der Verlockungen und sogar Verdienste des Telefonsexes sind technische Medien doch in aller Regel davon beherrscht, zur Bedeutung zurückzukehren und bei ihr zu bleiben. Die Stärke dieses Impulses drängt auch den fließenden Charakter der Imagination zurück und trocknet ihn aus – ein Geisteszustand, der nicht von Begriffen mit ihren Unterscheidungen durchdrungen ist und strukturiert wird. Obwohl es natürlich erscheinen mag, dass wir zu den Stimmen, die wir hören und mit denen wir sprechen, sogleich Bilder von Gesichtern und Körpern produzieren, scheint unser mentales Verhalten bei technisch vermittelten Gesprächen doch eher dem bei einer schriftlichen Kommunikation zu gleichen. So wird auch verständlich, warum die Modalitäten des Fernunterrichts, an die wir uns in den COVID-Jahren gewöhnt haben, aus der Sicht der Wissensvermittlung derart effizient sind. Fernunterricht erfordert nicht einmal die traditionellen Rituale und formalen Bedingungen von Lehrsituationen, die Schüler und Lehrer vor potenziellen Ablenkungen schützen sollen. Fernunterricht – und Fernleben – haben eindeutig ihre Vorzüge.

Aber was verlieren wir, wenn wir beim Einsatz technischer Kommunikationsmittel zunehmend existenzielle Räume aufgeben und Stimmen dadurch von ihrem Körper und dem Gewebe des Lebens isolieren? Vor allem verlieren wir den Zugang zur Welt und zum Leben als Sphären der Realität, die nicht vollständig von Denken, Bedeutung und Handlungsvermögen dominiert werden. Dazu gehört auch ein Gespür für die Welt in ihrer materiellen Pluralität, Plastizität und Variabilität, mit dessen Hilfe sich sinnliche Beziehungen zu unserer Umwelt herstellen und intensivieren lassen. Wenn wir Stimmen von ihren Räumen trennen, so dass sie zum Objekt einer ausschließlichen Fokussierung auf Bedeutung werden, schwächen wir damit auch Imagination und Stimmungen als Erzeugnisse des Geistes, die durch die Einwirkung der materiellen Welt auf unseren Körper ausgelöst werden – und daher auf Abstand zu Deduktion, Induktion und Argumentation als Operationen des Geistes bleiben. Ohne Stimmen in ihrer existenziellen Nähe schwindet vor allem die Lust in und an unserem Leben, dessen Schönheit gerade darauf beruht, dass es niemals zum Objekt einer ausschließlich begrifflichen Aufmerksamkeit wird.

3
Mitsingen: Die Entstehung mystischer Körper

Seit mehr als einem halben Jahrhundert ist Rio de Janeiro stolz darauf, das größte Stadion der Welt zu besitzen – und möglicherweise sogar der Menschheitsgeschichte, wobei als Konkurrent allenfalls der antike römische Circus Maximus in Frage käme, über dessen Fassungsvermögen die Experten sich nicht ganz einig sind. Das riesige, für die Fußballweltmeisterschaft 1950 erbaute, ausschließlich an die räumlichen Regeln dieses Sports angepasste Stadion, das heute von einem der wenigen Stadtviertel umgeben ist, die sich durch keinerlei landschaftlichen, architektonischen oder geschichtlichen Reiz hervortun und das im Volksmund nach einem nahe gelegenen Fluss »Maracanã« genannt wird,[1] bot ursprünglich Platz für 200 000 Zuschauer und entsprach damit ganz dem südamerikanischen Ruf Brasiliens als einer zur Megalomanie neigenden Gesellschaft. Das Maracanã gewann seine Aura in Verbindung mit dem Aufstieg Brasiliens zur international führenden Fußballnation in der zweiten Hälfte des 20. Jahrhunderts. Dieser Aufstieg begann traumatisch und im Sinne eines Kontrapunkts mit einer Niederlage gegen den Nachbarn Uruguay im Finale der Weltmeisterschaft und wurde schrittweise überwunden durch charismatische Nationalmannschaften, die mit legendären Spielern wie Pelé, Garrincha, Zico oder Romário insgesamt fünf Mal den Titel holten. Sie alle erblickten im

1 Seit 1966 lautet sein offizieller Name Estádio Jornalista Mário Filho.

Maracanã und seinen Zuschauermassen die zentrale Bühne ihrer fußballerischen Kunst.

Als die Weltmeisterschaft 2014 nach Brasilien zurückkehrte, gab es keinen Zweifel, dass sie auch in dieses Stadion zurückkehren sollte – nach einer notwendigen baulichen und funktionalen Renovierung, bei der das Fassungsvermögen auf etwa 80 000 Zuschauer reduziert wurde. Da ich in der Woche, in der man die Wiedereröffnung des Stadions mit mehreren Fußballspielen feierte, zufällig ein Seminar an der Pontifica Universidade Católica in Rio abhielt, wollte ich meine Frau und meine Tochter, die mit mir gereist waren, davon überzeugen, dass dieses Stadion einen Besuch wert war, und kaufte Eintrittskarten für ein Spiel zwischen Flamengo und Vasco, zwei der traditionellen und angesehensten Fußballvereine der Stadt. Die Preise schienen sichere Plätze mit einem guten Blick auf das Spielfeld zu gewährleisten, und so war ich dann doch einigermaßen entsetzt, als ich eine gute halbe Stunde vor dem Anpfiff eintraf und erkennen musste, dass die Tickets uns aufgrund einer seltsamen oder vielleicht auch typischen Verwechslung einen Platz mitten im Block der berüchtigt lauten, hartgesottenen, gewaltbereiten und schlichtweg gefährlichen Flamengo-Anhänger zuwiesen. Diese Fangruppe wird mit einer mehr als nur leichten faschistischen Konnotation als »Falange« bezeichnet, und ihre Mitglieder sangen bereits in dem üblichen aggressiven Geist ihre mit zahlreichen pornografischen Ausdrücken gespickten Hymnen. Ich war schockiert, fand jedoch eine gewisse Erleichterung in dem Gedanken, dass Ricky und Laura diese Songtexte angesichts ihrer nur oberflächlichen Portugiesisch-Kenntnisse wenigstens nicht verstehen würden. Ich wollte ihnen gerade vorschlagen, rasch die Art von Plätzen zu kaufen, an die wir eigentlich gedacht hatten, als ich vollkommen entgeistert sehen und hören musste, dass die beiden sich im Nu den Falange-Fans in ihrem rhythmischen Hochspringen angeschlossen hatten und mit ihnen in einem für mein Empfinden bemerkenswert glatten Rio-Akzent mitsangen. Noch niemals zuvor in meinem Leben hatte ein Mitsingen mich derart intensiv – und sinnbildlich – berührt.

Eine soziologische Sichtweise, Lichtjahre entfernt von den durch unsere Maracanã-Erfahrungen ausgelösten Emotionen, würde natürlich darauf verweisen, dass die Stimmen der Flamengo-Anhänger den Schlüssel zu ihrer spezifischen Realität als einem sozialen Körper bildeten und meine Frau wie auch meine Tochter rasch Teil davon geworden waren. Auf dieser allgemeinsten Beobachtungsebene gleichen Singen und Mitsingen tatsächlich der Konstituierung existenzieller Räume durch Stimmen in alltäglichen Gesprächen. Noch offensichtlicher ist indessen, dass sich die strukturellen Elemente und Effekte des Mitsingens nicht nur in Stadien und mit hartgesottenen Fans auf vielen Ebenen von denen eines zwanglosen oder ernsten Gesprächs zwischen Individuen in ihren alltäglichen Interaktionen unterscheiden. Diesen Unterschied zu existenziellen Räumen vorwegnehmend, werde ich versuchen, Konzepte für eine Beschreibung mehrerer Dimensionen zu entfalten, die den Akt des Mitsingens kennzeichnen.

Beginnen will ich mit einem Vorschlag zur Unterscheidung zwischen singenden und sprechenden Stimmen, um daran anschließend den Unterschied herauszuarbeiten zwischen dem singenden Einstimmen in soziale Körper, die bereits in einem Raum existieren und dort ihre Darbietungen produzieren (wie die Flamengo-Fans im Maracanã), und der für die fortlaufende Koproduktion existenzieller Räume typischen Plastizität. Ein dritter Fokus wird dann auf den hauptsächlich, aber nicht ausschließlich physischen Bedingungen liegen, die in dem Drang zum Mitsingen zusammenkommen, darunter die »Gänsehaut-Reaktionen«, die von der Wahrnehmung singender Stimmen häufig ausgelöst werden. Als ein zentrales Element der in diesem Kapitel zu leistenden begrifflichen Arbeit werden wir dann die spezifische Anziehungskraft, Intensität und Stärke der Geselligkeit analysieren, die aus dem Mitsingen innerhalb einer Menschenmenge erwachsen und eine Spielart des von mir so genannten mystischen Körpers darstellen. Auf den abschließenden Seiten werden wir uns dagegen mit einer anderen Art von mystischen Körpern befassen, die dem Mitsingen mit einzelnen Stimmen entsprechen. All diese Überlegungen setzen die mehrdimensionale Topologie des »Knotens der Stimme« als Orientierungs- und Bezugsrahmen voraus.

*

Obwohl wir von Kindesbeinen an bei Verwendung und Wahrnehmung der Stimme problemlos zwischen Singen und Sprechen unterscheiden, ist es schwierig, philosophisch adäquate Begriffe für diesen Unterschied zu finden. Unter den wenigen Versuchen dazu, etwa die Charakterisierung von Singstimmen, wonach sie »wie Musikinstrumente klingen«, herrschen hilflose metonymische oder metaphorische Ansätze vor, und gelegentlich beklagen Musikwissenschaftler diesen Zustand, ohne jedoch brauchbare Alternativen vorzuschlagen. Ich denke, die Aufgabe lässt sich besser bewältigen, wenn wir uns auf die verschiedenen Funktionen der singenden und der sprechenden Stimme konzentrieren, statt Beobachtungen zu deren physischer Form und Substanz zu sammeln, wie die meisten Vorschläge für eine Unterscheidung dies in der Vergangenheit getan haben.

Sprechen artikuliert vornehmlich im Geist gebildete Bedeutungen, während Singen hautsächlich unsere Stimme in ihren physischen Qualitäten vorführt, was natürlich nicht die Möglichkeit ausschließt, dass damit zugleich auch Bedeutungen übermittelt oder empfangen werden. Deshalb sind wir in der Lage und oft auch bereit, einer Singstimme stundenlang zuzuhören, selbst wenn wir den Text nicht verstehen, während unsere Aufmerksamkeit für sprechende Stimmen endet, sobald wir bemerken, dass uns die von ihnen benutzte Sprache nicht vertraut ist. Selbst bei der Darbietung von Liedern, deren Text ein hohes literarisches Niveau erreicht (das offenkundigste historische Genre dieser Art ist das deutsche »Kunstlied«), vermag die Semantik den Klang einer bestimmten Stimme hinsichtlich der Wertschätzung der Zuhörenden niemals in den Schatten zu stellen.

Aber warum greift das Singen fast immer und ganz unabhängig vom literarischen Anspruch oder vom Niveau der Sängerin oder des Sängers auf Sprache zurück, wenn es nicht wirklich um Inhalt geht? Warum ist Singen typischerweise ein Akt, »in dem *eine Sprache einer Stimme begegnet*«, wie Roland Barthes in »Die Rauheit der Stimme« schrieb?[2] Gewiss sind Worte, Sätze oder Sprache beim Singen nicht absolut unerlässlich. Wir können unsere Stimme als körperliche Substanz zu Gehör bringen, ohne auf Elemente aus der Sprache zurückzugreifen, und wir tun dies mit Hilfe von Äußerungen, die von Zuhörenden meist als Abfolge von Vokalen identifiziert werden, weil sie an die Verbindung der Stimme zur Sprache und deren abstrakte Kategorien gewöhnt sind. Im Lichte der Beobachtung jedoch, dass Stimmen, philosophisch gesprochen, zeitliche Objekte im eigentlichen Sinne sind, das heißt Phänomene, die nur in zeitlicher Ausdehnung existieren können, erscheint es für deren Darbietung sinnvoll, auf bereits bestehende Formen zurückzugreifen, in denen sie sich entfalten können, und das selbst dann, wenn der Gesang ausschließlich auf die Darbietung stimmlicher Qualitäten ausgerichtet ist. Wörter als Abfolge von Vokalen und Konsonanten bilden unabhängig

2 Roland Barthes, »Le grain de la voix« [1972], in: ders., *L'obvie et l'obtus. Essaies critiques III*, Paris 1982, S. 236-245; dt.: »Die Rauheit der Stimme«, in: ders., *Der entgegenkommende und der stumpfe Sinn*, übers. von Dieter Hornig, Frankfurt/M. 1990, S. 269-278. Siehe dazu auch oben, Kap. 1.

von ihrer Bedeutung die elementare Ebene solcher Formen. Verglichen mit Vokalen allein und wegen der Konsonanten besitzen sie den zusätzlichen Vorzug, mit der Stimme verbundene akustische Eigenschaften ins Spiel zu bringen, die wir sonst nicht bemerken würden, zum Beispiel das »rollende R« in Charles Panzéras Gesang, den Roland Barthes so schätzte.[3]

Auf der Grundlage der im vorangegangenen Kapitel präsentierten Definition von Rhythmus als einem übergreifenden Konzept für Lösungen des Problems, wie zeitliche Objekte eine Form haben können, verstehen wir auch, warum Worte im Gesang normalerweise in rhythmischen Mustern angeordnet sind. Rhythmen bilden nicht nur eine komplexere und erweiterte Formebene für die Darbietung von Stimmen als Worte allein, aufgrund des ihnen eigenen Wiederholungsprinzips machen sie ihre jeweiligen Formen außerdem vorhersagbar für die Singenden und erwartbar für die Zuhörenden. Zusätzlich haben Rhythmen den Effekt, dass sie Körper koordinieren, das Gedächtnis unterstützen und textuelle Bezugsobjekte in scheinbar dreidimensionaler Konkretheit heraufbeschwören. Bei Singstimmen treten diese drei Funktionen als Nebeneffekte auf, die nur selten zu den Intentionen der Singenden gehören. Und da Rhythmus eine Form von Wiederholung darstellt, sorgen Singstimmen schließlich oft für eine Untergliederung in Strophen, das heißt in eine zweite Ebene der Repetition und Variation intern komplexer Wiederholungsformen. Dadurch lassen sie, so glaube ich, den Eindruck entstehen, dass die Darbietung eines einzelnen Lieds aufgrund ihrer Struktur zu einem Ende gelangt, das im Fall der Sprechstimme eine ausschließlich inhaltsbasierte Intuition darstellt. Obwohl es für die Anzahl der Strophen keinerlei absolute Grenze geben kann,[4] dürf-

3 Siehe oben, Kap. 1, S. 21.

4 Einmal wurde ich Ohrenzeuge einer Live-Darbietung der Nationalhymne eines kleines Landes mit insgesamt 37 Strophen.

te man mit einiger Sicherheit behaupten können, dass sie als Form von Wiederholung dazu beitragen, die individuellen Formen von Gesangsdarbietungen wie auch die Erwartungen der Zuhörenden zu prägen.

Vor allem aber assoziieren wir Singstimmen mit Melodien, das heißt mit vielfältigen Verknüpfungen von Rhythmus und Tonhöhe. Melodien aktivieren eine weitaus größere Vielfalt an hohen und tiefen Tönen als Sprechstimmen (und zeigen folglich ein breiteres Spektrum ihrer physikalischen Eigenschaften), und die Realisierung dieser Vielfalt folgt der spezifischen Wiederholungsstruktur des jeweils gewählten Rhythmus. In ihrer synchronisierten zeitlichen Entfaltung als Tonhöhe wie als Rhythmus hören wir Melodien als Entitäten, die wir in der Vokalmusik, aber auch in der Instrumentalmusik, durch all ihre Variationen hindurch zu identifizieren vermögen. Melodien bilden daher für Singstimmen eine weitere, besonders komplexe Formebene, und zwar eine, die sie offenkundig nicht mit Sprechstimmen gemeinsam haben. Und da Singen nicht ohne Melodien möglich ist und Melodien nicht ohne Rhythmus existieren können, bilden Erstere die Formdimension, die Letzteren für das Singen letztlich unverzichtbar machen, statt nur wahrscheinlich und deshalb optional zu sein.

Zusammen erklären all diese formbezogenen Unterscheidungen, warum es uns überrascht und oft sogar irritiert, wenn wir in einer politischen Ansprache oder einer akademischen Vorlesung eine durchgehaltene Melodie erkennen. Politiker und Akademiker versuchen intuitiv, den Eindruck zu vermeiden, sie würden singen, weil sie damit signalisierten, dass ihre Gedanken gegenüber der physischen Qualität der Stimme nur von zweitrangiger oder sogar gar keiner Bedeutung für die laufende Kommunikation wären. Wie sollen wir dann jedoch den Hinweis des großen Ägyptologen Jan Assmann verstehen, dass Priester in verschiedenen Religionen regelmäßig vom Sprechen zum Singen übergehen, wenn ihre Stimme an die Stelle einer göttlichen treten soll (wie es etwa im katholischen Hochamt geschieht)? Wenn es richtig ist, dass im Zuge dessen die Aufmerksamkeit der Zuhörenden von einer Konzentration auf den propositionalen Gehalt hin zu einer Fokussierung auf die aktuelle physische Präsenz der Stimme und den dazugehörigen Körper wechselt, können wir spekulieren, dass in solchen Momenten des Übergangs die Hauptrelevanz der Situation von der Offenbarung Gottes hin zu seiner realen Präsenz unter Menschen wechselt – das heißt zu einer ontologischen Möglichkeit, wie sie alle Religionen, in denen Vorstellungen von »Inkarnation« gepflegt und wörtlich genommen werden, ganz explizit implizieren. Singstimmen transzendieren also den bloßen Umstand, Spur und Realität der Präsenz anderer Menschen im räumlichen und greifbaren Sinne des Wortes zu sein, und stehen zugleich für die Präsenz transzendenter Wesen.

*

In alltäglichen Gesprächen empfinden Sprechende den ersten Ton, den die beteiligten Stimmen dabei äußern, normalerweise nicht als eine prägnante Schwelle oder einen Bruch, da Stimmen in solch einem Kontext eindeutig eine instrumentelle und daher untergeordnete Stellung besitzen. Wer sich in einem Gespräch befindet, mag sich an die Motive und Gelegenheiten erinnern, die zu diesem Austausch führten, oder an die Plastizität in der Entwicklung der Positionen, Argumente und existenziellen Räume, doch der Klang der Stimme spielt keine besondere Rolle. Zumindest für nichtprofessionelle Sänger oder Sängerinnen kommt dagegen der Impuls zum Singen kaum jemals in dem Sinne von »innen«, dass sie einen individuellen Grund hätten, ihre Stimme in einer ansonsten stillen Umgebung erklingen zu lassen.

Vielmehr setzt Singen in aller Regel die Wahrnehmung eines laufenden musikalischen Klanggeschehens voraus, ob nun

Vokal- oder Instrumentalmusik oder eines Gemischs aus beiden einschließlich der Erinnerung an eine musikalische Darbietung. Anders gesagt, normalerweise beginnen wir mit dem Singen in einer Situation des Mitsingens, das heißt, wir sind einem einzelnen Körper oder einer Gruppe von Körpern begegnet, die gerade mit ihren Stimmen oder mit Instrumenten Musik produzieren. Eine bereits existierende Musik dieser Art kann auch auf ein Mediengerät zurückgehen, zum Beispiel ein Radio, einen Plattenspieler oder ein Smartphone. In diesem Fall teilen wir mit den Körpern der Sänger oder Musikerinnen nicht buchstäblich einen Raum. Sie sind räumlich sowie oft auch zeitlich entfernt und können uns mit Sicherheit nicht hören, auch wenn wir beim Mitsingen gewöhnlich so tun, als könnten sie das. Auf dieses Mitsingen mit aufgezeichneten Stimmen einschließlich solcher von Verstorbenen werde ich später noch einmal zurückkommen.

Die normale Situation, die ein Mitsingen als Darbietung von Stimmen auslöst, hat Ähnlichkeit mit dem geschilderten Erlebnis im Maracanã. Meine Frau, meine Tochter und ich waren unbeabsichtigt mit einem sozialen Körper konfrontiert, der aus der fortlaufenden kollektiven Nutzung der Stimme bestand. Die Form solcher gemeinsam singender Körper lässt sich als ein Ritual beschreiben, und zwar in Gestalt eines gemeinsamen, informellen und tendenziell vorbewussten Wissens über die Positionierung der beteiligten individuellen Körper im Raum (um gemeinsam ein Klanggeschehen hervorzubringen, sollten sie weder zu eng beieinander- noch zu weit auseinanderstehen). Zu diesem Wissen gehört normalerweise keine Vorstellung von der Größe oder den äußeren Grenzen solcher kollektiven Körper, da sie innerhalb einer gewissen Bandbreite wachsen oder schrumpfen können, ohne dass sie sogleich zusammenbrächen oder ihre Klangproduktion einstellten. Der Unterschied zwischen dem, was wir einen »Chor« nennen, und einem singenden Körper wie dem der Falange der Flamengo-Fans im Maracanã ist nur gradueller Art. Auch Chöre haben den Status von Ritualen, doch das ihnen zugrunde liegende Wissen über räumliche Verteilungen erreicht ein weitaus höheres Maß an Formalität und Differenzierung. Die Position der einzelnen Körper innerhalb des kollektiven Körpers eines Chors hängt vom Tonumfang und von der Stärke ihrer Stimmen ab, weil sie einen bestimmten Klangeffekt erzielen sollen, den der Chorleiter im Sinn hat und zu dem jede einzelne Stimme einen bestimmten Beitrag leistet. Chöre als Rituale besitzen daher ein gewisses Bewusstsein für Größe, äußere Grenzen und Abschließung, das spontane Reaktionen des Mitsingens bei den Zuhörern eher unwahrscheinlich macht.

Wie der deutsche Phänomenologe Helmuth Plesser begrifflich äußerst detailliert dargelegt hat, setzt Musik generell eine Disposition des menschlichen Körpers, ihren Formen zu folgen, voraus und aktiviert sie häufig auch. Gelegentlich unterdrücken wir diese Energie in unserem selbstreflexiven Verhältnis zu unserem eigenen Körper (Plessner spricht hier von unserem »Leib«), zum Beispiel wenn wir einem Orchester oder einem Chor in einer Konzertsituation zuhören. Unter den Reaktionen unseres Körpers auf Musik weist das Mitsingen zwei Besonderheiten auf. Wir können zwar nicht behaupten, dass alle durch Musik ausgelösten Körperbewegungen strukturell dem Klang der Musik ähneln, doch das Mitsingen ist stets und vor allem ein im vollen Wortsinne mimetisches Verhalten. Wenn unsere Kontrolle nachlässt, aktiviert die Wahrnehmung singender Stimmen unsere Stimme, die dann spontan – und ohne jegliche willentliche Variationen – in Harmonie mit den gehörten Stimmen zu sein versucht. Und während Instrumentalmusik individuelle Bewegungen so zu verstärken vermag, dass sie etwa im Tanz zu einem sozialen Körper zusammenfinden, umfasst das Tanzen doch nicht die aufführenden Musiker, während von Stimmen ausgelöste Stimmen sich in

Medien verwandeln, die alle Zuhörenden drängen, sich bestehenden sozialen Körpern anzuschließen.

Insgesamt dürfte die Annahme plausibel sein, dass Vokalmusik, die ja auf verschiedenen Ebenen mimetische Effekte auslöst, einen elementareren und daher stärkeren Impuls in Richtung Geselligkeit besitzt als Instrumentalmusik. Roland Barthes vertritt sogar die Auffassung, dass informelles Mitsingen anders als das Singen im Chor unter Inkaufnahme des Risikos oder sogar mit dem ausdrücklichen Wunsch geschieht, sich in den anderen Stimmen »zu verlieren«, und er führt diese Neigung auf unsere erotischen Triebe zurück. Doch wie bereits gesagt, sind erotische Triebe in der menschlichen Existenz vielleicht nicht derart allgegenwärtig, wie Barthes' Generation französischer Denker gerne annahm. Wann immer ich mir das Video von Whitney Houstons Song »I Will Always Love You« ansehe und anhöre,[5] verspüre ich den Drang, in diese weibliche Stimme mit meiner weniger als mittelmäßigen männlichen Stimme einzustimmen, ja tatsächlich meine Stimme in ihrer aufgehen zu lassen und mich darin zu verlieren, einen Drang vielleicht sogar, meine gesamte Existenz für mehrere Minuten in der Existenz eines Menschen aufgehen zu lassen, der vor mehr als einem Jahrzehnt gestorben ist. Da es hier jedoch darum geht, eins mit anderen Stimmen und anderen Körpern zu werden, erlangen ihre Bilder und Klänge kaum jemals die Gestalt von Objekten, die unabhängig von uns sind – wie es in einer Situation erotischer Anziehung der Fall wäre. Das Mitsingen ist eine Kraft, die eher in Richtung Geselligkeit als in Richtung eines objektspezifischen Begehrens wirkt.

*

5 Das ist zugleich der Titelsong des Spielfilms *The Bodyguard* von 1992, in dem Houston neben Kevin Costner die Hauptrolle spielt – eine berühmte Schauspielerin und Sängerin. Siehe dazu auch unten, Kap. 7.

Ich habe bereits mehrmals auf den Drang oder Impuls hingewiesen, der uns zum Mitsingen veranlasst, und dabei unterstellt, dass es hier eine bestimmte Kombination körperlicher und psychischer Bewegungen gibt, die auf die Wahrnehmung singender Stimmen reagiert und eine aktive mimetische Verwendung der eigenen Stimme auslöst. Bei genauerem Hinsehen können wir hier unterscheiden zwischen einem allgemeinen, in diesem Fall weitgehend empirischen Wissen, das wir hinsichtlich des Einflusses von Musik auf den menschlichen Körper und auf menschliche Emotionen besitzen, und spezifischeren, kaum jemals empirischen Beobachtungen zu Funktionen, die in musikalischen Darbietungen mit Stimmen verbunden sind. Zur genaueren Klärung will ich zu den verschiedenen Dimensionen des von mir so genannten Knotens der Stimme zurückkehren.

Ohne jedes Fachwissen bezüglich der Schnittmengen zwischen Biochemie und Psychologie möchte ich lediglich auf vier Hormone und deren Einfluss auf unsere Gefühle hinweisen, die in den meisten Untersuchungen zur Wirkung von Musik auf die menschliche Psyche erscheinen. Beim Musikhören werden Endorphine (auch »Glückshormone« genannt) freigesetzt, die physische Schmerzempfindungen hemmen und zugleich Euphorie im Sinne einer allumfassenden Offenheit für die Welt auslösen. Musik verstärkt auch die Produktion von Kortisol und die zugehörigen Heilwirkungen, die sich mit der von den Endorphinen bewirkten Abschwächung von Schmerzempfindungen vereinen. Außerdem aktiviert sie Dopamin, das Hormon der Lust, Befriedigung und Motivierung, sowie Oxytozin und dessen Fähigkeit zur erotischen Stimulierung. Wir halten es zwar für gesichert, dass Musik unsere Stimmung hebt und auf vielen Ebenen positive Gefühle in uns auslöst, doch hier sei auch darauf hingewiesen, dass solch ein komplexes Glücksgefühl nicht in der Sphäre des individuellen Lebens eingeschlossen bleibt, sondern aufgrund des Oxytozins eine Komponente besitzt, die Nähe zu anderen Körpern für uns attraktiv macht. Mit anderen Worten: Musik jeglicher Art wohnt eine von unserem Willen unabhängige Tendenz zur Geselligkeit inne.

Was wir »Gänsehaut« nennen, ist das äußerlich sichtbare wie auch innerlich wahrgenommene körperliche Symptom einer solchen Freisetzung von Hormonen. Es fehlt zwar noch an zuverlässigen Forschungsergebnissen zu Unterschieden zwischen Vokal- und Instrumentalmusik in deren Wirkung auf die biochemische Ebene menschlichen Lebens, aber es scheint so, als assoziierten wir Gänsehaut eher mit der Wahrnehmung von Singstimmen als dem Hören von Instrumentalmusik. Vor allem identifizieren wir Gänsehaut-Augenblicke mit dem oft buchstäblich unwiderstehlichen Drang, der uns zum Mitsingen veranlasst. Singen wir dann erst einmal mit, verschwinden die sichtbaren Zeichen unserer körperlichen Erregung, und es bleibt ein weniger intensives Gefühl nichteinsamen Glücks zurück. In seinem Buch *Lachen und Weinen. Eine Untersuchung der Grenzen menschlichen Verhaltens* analysiert Helmuth Plessner ein strukturell ähnliches Anfangsstadium in der Funktionsweise der menschlichen Stimme.[6] Wie das Hören von Singstimmen zählen das Sehen und Hören des Lachens und mehr noch des Weinens anderer Menschen zu den Situationen, die Gänsehaut und zugleich mimetische Reaktionen auszulösen vermögen, auch wenn die möglichen Gründe für Lachen und Weinen nicht mit dem Drang zum Mitsingen identisch sind.

Nach Plessner beziehen Lachen und Weinen ihre Energie aus einer Unverträglichkeit zwischen verschiedenen Bedeutungen, Erwartungen oder Verpflichtungen, die sich uns gleich-

6 Helmuth Plessner, *Lachen und Weinen. Eine Untersuchung der Grenzen menschlichen Verhaltens* (1941), in: ders., *Gesammelte Schriften*, Bd. VII: *Ausdruck und menschliche Natur*, Frankfurt/M. 1982, S. 201-387.

zeitig aufdrängen: Wir lachen, wenn wir es uns leisten können, mit solchen potenziellen Spannungen zu leben, und wir weinen, wenn uns eine – unmögliche – Wahl zwischen solchen Optionen unabwendbar aufgezwungen wird. Im Unterschied zum Singen nehmen Lachen und Weinen nicht typischerweise rhythmische Formen an und sind auch nicht mit umschriebenen Bedeutungen verbunden. Plessner interpretiert Lachen und Weinen deshalb als Symptome von Situationen, deren Herausforderungen das menschliche Verständnis übersteigen und deshalb die reflektierte Kontrolle über unsere körperlichen Impulse beeinträchtigen. Sobald der unkontrollierte Körper die Regie übernimmt, lachen oder weinen wir. Als mimetisches Verhalten legt der Hang, mit anderen zu lachen oder zu weinen, den Gedanken nahe, dass die Aufgabe reflektierter Kontrolle sich in einen ansteckenden Impuls verwandelt. Ganz ähnlich könnte der Beginn des Mitsingens und der Drang dazu den Augenblick und oft den Gänsehaut-Augenblick markieren, in dem wir loslassen und erlauben, dass spontanes mimetisches Körperverhalten an die Stelle von Reflexion, Wille und Verstehen tritt. Anders als beim Lachen und Weinen stellt sich dieser Drang nicht deshalb ein, weil die Herausforderungen einer aktuellen Erfahrung die Fähigkeiten unserer praktischen Vernunft übersteigen – sondern aufgrund außergewöhnlich intensiver positiver Emotionen, wie Musik sie in aller Regel auslöst.

Im Unterschied zu Lachen und Weinen artikulieren Singstimmen normalerweise Bedeutungen, die allerdings meist am Rande unserer Aufmerksamkeit bleiben; das geschieht natürlich auch auf einer objektiven Ebene, wenn diejenigen, die singen, die Sprache, in denen der Liedtext verfasst ist, nicht verstehen (wobei sie immer noch den entfernten Drang verspüren, die Worte, die sie singen beziehungsweise hören, zu interpretieren). Trägt diese wie auch immer periphere Aufmerksamkeit für Bedeutung, die das Singen vom Lachen, vom Weinen und auch auch von der Instrumentalmusik unterscheidet, zu der Faszination bei, die von musikalischen Stimmen ausgeht? In diesem Zusammenhang finde ich es erstaunlich, wie viele erfolgreiche Songs nicht nur in der populären Musik Bedeutungen produzieren und Stimmungen auslösen, die wir gern als »bittersüß« bezeichnen. Auf den ersten Blick scheinen solche Bedeutungen und Stimmungen nicht zu den überwältigend positiven Gefühlen zu passen, die Musik im Allgemeinen hervorbringt (hauptsächlich, wie wir gesehen haben, durch die Aktivierung eines ganzen Clusters von Hormonen). Um hier nur zwei prominente Beispiele für den bittersüßen Charakter populärer Songs zu nennen: Die Texte von Whitney Houstons »I Will Always Love You« und Adeles »Someone Like You« sprechen beide mit Wehmut und Enthusiasmus über vergangene Liebesbeziehungen, die keinen Bestand haben konnten. Songs mit einer homogeneren Semantik in ihren Texten sind eher die Ausnahme.

Von allen Philosophen bietet uns Friedrich Nietzsche in Fragmenten aus dem Jahr 1871 über den Chor in der antiken griechischen Tragödie eine Möglichkeit, diese »bittere Süße« als Symptom eines Zustands zu verstehen, der zur Komplexität des Drangs zum Mitsingen gehört.[7] Er spricht dort über den »Tonuntergrund« in jeder gesprochenen Verwendung der menschlichen Sprache und unterscheidet ihn von der »Geberdensymbolik« des Sprechenden – ein Begriff, der alle Phänomene umfasst, die zur Produktion von Bedeutung beitragen. Der »Tonuntergrund« trägt dagegen keinerlei Bedeutung oder Inhalt, obwohl er vom ersten Augenblick an da ist, sobald eine Stimme »im Tone des Sprechenden« zu erklingen beginnt. Instrumentalmusik kann dagegen keinen »Tonuntergrund«

7 Siehe Friedrich Nietzsche, *Sämtliche Werke. Kritische Studienausgabe*, hg. von Giorgio Colli und Mazzino Montinari, München 1980, Bd. 7: *Nachgelassene Fragmente 1869-1874*, S. 359-369.

im vollen Sinne dieser Beobachtung besitzen, weil ihr die Bedeutung als Kontrast fehlt.

Nietzsche verbindet den »Tonuntergrund« in seiner weiteren Analyse mit dem Begriff des Willens, der in der frühen Phase seines Denkens noch nah bei der Bedeutung lag, die Arthur Schopenhauer ihm als Kraftquelle jeglicher Veränderung und Ruhelosigkeit im menschlichen Leben gegeben hatte. Doch während Schopenhauer Musik generell als »Ausdruck« des Willens verstehen wollte, betont Nietzsche wiederholt deren Beziehung zum »Mund«, das heißt zum Klang jeglicher Äußerung unserer Stimme (auch wenn er das Wort »Stimme« nirgendwo explizit benutzt). Zudem und vor allem interpretiert er den Willen in seiner Beziehung zum »Tonuntergrund« als eine elementare Dimension (»Sphaere«), in der »Lust- und Unlustempfindungen« im Unterschied zur Sprache in ihrer Funktion als »Geberdensymbolik« nicht voneinander getrennt sind – eine Dimension zudem, die wir meist als elementarer oder sogar tiefer erleben als die Dimensionen der Unterscheidung und der Produktion von Bedeutung.

Wenn der »Tonuntergrund« bei jeder stimmlichen Äußerung von Anfang an da ist und wenn wir außerdem sagen können, dass Singen anders als Sprechen der Bedeutung nur eine zweitrangige Stellung zuweist, dann lässt sich extrapolieren, dass der Wille als eine die Bedeutung tilgende Nichtunterscheidung zwischen Lust und Unlust unser Singen begleitet. Singen scheint somit ein Beispiel und vielleicht das elementarste Beispiel für das zu sein, was Nietzsche über die wechselseitige Verbundenheit zwischen »Tonuntergrund« und Wille sagt. Er schreibt: »Wie sich unsere ganze Leiblichkeit zu jener ursprünglichen Erscheinungsform, dem Willen verhält, so verhält sich das consonantisch-vokalische Wort zu seinem Tonfundamente« – woraus wir schließen können, dass Singen die beiden stets gespannten Verhältnisse zwischen dem Willen und dem durch Vernunft kontrollierten Körper sowie zwischen dem »Tonuntergrund« und den durch Bedeutungsproduktion kontrollierten Worten auflöst. Es setzt möglicherweise Energien frei, die eingedämmt bleiben müssen, solange der Geist sein Hauptaugenmerk auf die Produktion und Kommunikation von Inhalten legt.

Wenn es beim Singen zu Durchbruchmomenten kommt, vermag das auch zu erklären, warum mit Liedern verbundene Texte oft semantische Instabilitäten aufweisen, die nicht mehr von jener Art Unterscheidungen strukturiert werden, welche homogene Bedeutungen konstituieren. Bittere Süße erscheint als typisches Beispiel einer von Mehrdeutigkeit geprägten Schicht, die auf dem Drang einer mit Liedern verbundenen Lyrik basiert, von homogenen Bedeutungen ausgeschlossene Elemente in den Vordergrund zu rücken. Nietzsche selbst empfand den Ehrgeiz der Lyrik, der Musik »Bilder« oder Begriffe zu verleihen, als »äußerlich« und »inadäquat«, da er an eine grundlegende Unverträglichkeit zwischen Musik und Bedeutung glaubte. Das schließt allerdings keineswegs die Möglichkeit aus, dass Gesang eine destabilisierende Wirkung auf die in lyrischen Texten artikulierte Semantik ausübt.

Die Analyse des Drangs zum Singen enthüllt jedoch noch eine weitere Konfiguration, in der die Dimensionen des Knotens der Stimme zusammenfinden und in Wechselwirkung treten. Wir setzen unseren Körper gerne der schieren physischen Wirkung singender Stimmen aus, da sie wie Musik einen intensiven und komplexen Zustand reflexionslosen Glücks hervorbringen. Zugleich geben wir der Versuchung nach, die Kontrolle des Geistes über unseren Körper aufzugeben und wohlumschriebene Bedeutungen zu einer fließenden Instabilität des Inhalts kollabieren zu lassen. Auch hier wieder durchschneidet die Stimme das Feld zwischen physischen und verstandesbasierten Dimensionen unserer Existenz, das Feld, das wir »Leben« nennen, ohne dass es einen Begriff gäbe, der zwischen dessen ontologischen Dimensionen vermittelte. Und da der Drang zum Mitsingen zur Dynamik des Lebens gehört, initiiert er Prozesse, aus denen eine bestimmte Art von Gesellschaftlichkeit hervorgeht.

*

Wie im vorigen Kapitel dargelegt, tragen Sprechstimmen zur Erzeugung existenzieller Räume für Gespräche mit ihrer grenzenlosen Plastizität bei. Die »tonale Substanz« bleibt für die Sprechenden jedoch im Hintergrund. Zwar lässt sich deren Klang als das Gewebe des alltäglichen Lebens beschreiben, das eben normalerweise übersehen wird, doch tatsächlich spielen die Körper samt den zugehörigen Stimmen für die soziale Ausgestaltung geschäftlicher Verhandlungen, akademischer Debatten oder des zwanglosen Austauschs von Erinnerungen unter Freunden keine bedeutende Rolle. Mitsingen ist dagegen nicht nur ein Prozess, der durch jenen innerlich komplexen Impuls ausgelöst wird, welcher aus dem unmittelbaren Kontakt mit einem kollektiven oder individuellen Körper resultiert, es erleichtert auch das Entstehen und Wachsen sozialer Formen, die wir uns nicht ohne die Beteiligung von Körpern vorstellen können. Da Soziologen lange schon solchen Definitionen der Gesellschaft den Vorzug geben, die auf geteiltes Wissen fokussieren, und anderen Formen menschlichen Zusammenseins erstaunlich wenig Aufmerksamkeit schenken, werde ich versuchen, Konzepte für das Verständnis sozialer Strukturen mit unerlässlicher Präsenz von Körpern zu entwickeln, indem ich mich weiterhin auf Prozesse des Mitsingens konzentriere. Um solche sozialen Formen herauszuarbeiten, greife ich auf den Ausdruck »mystischer Leib« zurück, der seit dem 3. Jahrhundert verwendet wird, um die Christenheit als ein nicht nur spirituelles Kollektiv zu beschreiben, das auf dem Glauben an die Fleischwerdung Gottes und seine fortdauernde physische Präsenz unter den Menschen basiert.

Mein wichtigstes Beispiel für die Entstehung eines mystischen Leibes im weltlichen Leben wird dabei das Mitsingen in der in einem Stadion versammelten Menge sein.

Auf welche Weise wurden meine Frau und meine Tochter Teil der singenden Flamengo-Menge im Maracanã? Die Falange und auch Anhänger des gegnerischen Vereins Vasco waren bereits als sichtbare Gruppen vorhanden, als wir das halbgefüllte Stadion betraten, und die meisten eintreffenden Zuschauer machten sich spontan auf den Weg in Richtung ihrer jeweiligen Fangruppe. Solche Bewegungen können als Teil eines »Schwarmeffekts« verstanden werden, der allen Lebewesen, von den Bakterien bis hin zu den Menschen, eigen ist und sie veranlasst, sich um andere Körper (nicht unbedingt derselben Spezies) zu versammeln, wobei sie instinktiv sowohl nach Nähe streben als auch Zusammenstöße zu vermeiden versuchen. Bei Säugetieren geht oft ein spezifischer Augenblick, in dem alle Individuen ihre Stimme in grob koordinierter Weise einsetzen, kollektiven Bewegungen voraus, die eine das individuelle Bewusstsein und individuelle Absichten übersteigende räumliche Intelligenz zeigen können. Stimmen gehören daher zu den Kräften, die auf der elementarsten wie auf der höchsten Ebene des Verhaltens nach Geselligkeit streben.

Da die Flamengo-Anhänger nicht nur physisch anwesend, sondern bereits im Prozess des Singens begriffen waren, versorgten sie uns mit einer massiven Dosis Euphorie und ließen das Bedürfnis in uns entstehen, die Körperkontrolle ebenso aufzugeben wie die Bildung von Bedeutung. Bei Menschen, die gemeinsam in einem Stadion sitzen oder stehen, wird ein weiteres – gewissermaßen laterales – Moment relevant für den laufenden Prozess des Mitsingens, ein Moment, das den oben verwendeten Begriffen der »rein körperlichen Reaktionen« und des »rein mimetischen Verhaltens« eine präzisere Bedeutung verleiht. Unbeabsichtigt und oft unbemerkt kopieren wir allerlei körperliche Bewegungen, die von Personen in unserer Umgebung und vor allem von solchen, mit denen wir nicht kommunizieren, ausgeführt werden. Dieser Kopiermechanismus im buchstäblichen Sinne des Wortes geht auf die sogenannten Spiegelneuronen zurück, die vor gut zwei Jahrzehnten entdeckt wurden. Spiegelneuronen registrieren Bewegungen von Lebewesen in unserer Nähe (und auch hier wieder nicht nur von solchen derselben Spezies) und lösen zugleich analoge Bewegungen in unserem eigenen Körper aus. Das Singen geht also nicht nur auf einen Impuls zur Angleichung vorbewusster psychischer Reaktionen zurück, sondern setzt auch eine Dimension rein körperlicher Mechanismen voraus. Wie ich noch darlegen werde, besitzt diese Dimension eine besondere Bedeutung für die tonale Qualität einzelner Stimmen im Akt des Mitsingens.

Auf der Anfangsphase des Schwarmverhaltens und den Effekten der Spiegelneuronen basierend, werden Stimmen zum wichtigsten Medium für die Entstehung kollektiver Körper, die individuelle Körper in ihrer Leiblichkeit umfassen. Es gibt noch weitere Momente, die die Realität eines mystischen Leibes und unser Bewusstsein davon festigen. Menschen, die gemeinsam in einem Stadion singen, hören natürlich den Klang, den ihre Stimmen zusammen erzeugen, und dieses Feedback stärkt ihren inneren Zusammenhang als kollektiver Körper. Sie konzentrieren sich jedoch auch gemeinsam auf das Geschehen auf dem Spielfeld, wobei Bewegungen einzelner Spieler im Körper vieler Zuschauer Kopierbewegungen auslösen. Wir spüren den Anflug einer Innervierung in unseren Armen, wenn wir sehen, wie der Quarterback der von uns unterstützten Mannschaft einen Pass wirft, der seinen bevorzugten Receiver erreichen soll. Dieser Effekt einer transitiven Aufmerksamkeit vereinigt sich mit lateralen Reaktionen zu einem Gefühl der Erhebung, das die aus der Selbstwahrnehmung kollektiver Stimmen stammende Euphorie verstärkt.

Ein aus dem Mitsingen hervorgehender mystischer Leib ist

daher typischerweise durchdrungen von einem Glücksgefühl besonderen Ausmaßes, das gelegentlich insofern an Ekstase heranreicht, als der Einzelne innerhalb der Gruppe das Gefühl hat, »außerhalb« oder »jenseits« seiner alltäglichen Stimmungen und Fähigkeiten zu stehen. Das am häufigsten für die Beschreibung solcher Zustände verwendete Wort lautet »Intensität«, und ich werde versuchen, ihm im Verhältnis zum Mitsingen und zum mystischen Leib eine Interpretation zu geben. Mitsingen geschieht und ein mystischer Leib äußert sich in Gestalt von Rhythmen, das heißt in Form einer fortlaufenden Wiederholung. Neben den Funktionen der Koordinierung des Körpers, der Stützung des Gedächtnisses und der Auslösung von Vorstellungsbildern auf einem hohen Niveau nahezu greifbarer Konkretheit wirken Rhythmen auch auf unsere individuelle Psyche ein, genauer auf unsere Bewusstseinsspannung. Das ist ein Phänomen, das wir alle kennen, aber nicht zu kontrollieren vermögen. Unter dem Einfluss rhythmischer Klänge zu stehen oder Teil eines von Rhythmen bewegten kollektiven Körpers zu sein, wird stets die Spannung in unserem Geist senken. Wir sind in unserer individuellen Aufmerksamkeit weniger fokussiert, weniger auf persönliche Ziele oder Motive ausgerichtet und neigen dazu, loszulassen – meist begleitet von Glücksgefühlen.

Aus dieser Perspektive wird erkennbar, dass unser persönliches Erleben eines mystischen Körpers, dem wir uns beim Mitsingen anschließen, vor allem wegen des Rhythmus dem Anfangsstadium dessen entspricht, was Gilles Deleuze als einen »organlosen Körper« bezeichnet.[8] Ein organloser Körper setzt eine Situation voraus, in der einzelne Mitglieder einer

8 Der ursprünglich von Antonin Artaud in den späten 1940er Jahren geprägte Begriff wurde erstmals philosophisch präzisiert von Gilles Deleuze, *La Logique du sens*, Paris 1969; dt.: *Logik des Sinns*, übers. von Bernhard Dieckmann, Frankfurt/M. 1993.

Gruppe spüren, dass ihre wechselseitigen Beziehungen kontingent, das heißt offen für viele mögliche Formen der Verbindung sind. Tatsächlich haben wir gesehen, dass der Impuls zum Mitsingen zugleich ein Impuls zum Loslassen ist; und wie sich nun hinzufügen lässt, sind wir uns dabei nicht der Schwarm- und Kopierinstinkte bewusst, die in die entgegengesetzte Richtung der Herausbildung eines kollektiven Körpers arbeiten. Bevor ich bemerkte, dass meine Frau und meine Tochter mit den Flamengo-Fans mitsangen, dachte ich, dass sie eigentlich lieber gehen würden. In Wahrheit wollten sie die Gruppe keinesfalls verlassen.

Intensität ist nach Deleuze genau der Prozess, der von einem individuellen Eindruck der Kontingenz zu einem der Notwendigkeit, von absoluter Entropie zu absoluter Negentropie führt, ein Prozess, in dem wir spüren, dass wir unsere Bewegungen nicht mehr wählen, sondern zunehmend von den Bewegungen des mystischen Leibes, dem wir angehören, bestimmt werden. Hier gibt es eine bemerkenswerte Diskrepanz. Während unser Singen »objektiv«, das heißt aus der Sicht des mystischen Leibes, von dem Augenblick an geprägt wird, da wir mitzusingen beginnen, glauben wir subjektiv, wir könnten aussteigen oder unsere Stimme zumindest in Gestalt einer Variation einsetzen. Nur durch Intensitätsschübe, zu denen es beim Mitsingen kommt, beginnen wir subjektiv zu erkennen, dass wir Teil eines mystischen Leibs geworden sind – und sind in der Regel davon begeistert. Sobald das geschieht, versuchen wir, endlos daran teilzuhaben, oft bis zur völligen Erschöpfung. Dieser Intensivierungsprozess, der von einer anfänglichen Diskrepanz zwischen der objektiven Funktion anonymer Formmechanismen und unserem subjektiven Eindruck von Kontingenz hin zu deren kraftvoller Konvergenz führt, scheint ein allgemeines Merkmal mystischer Leiber zu sein, nicht nur derjenigen also, die aus dem Mitsingen hervorgehen. Einen historischen Beleg bieten etwa die berüchtigten »Tanzmarathons« der 1920er Jahre, deren Teilnehmer gelegentlich sogar bis in einen Zustand tödlicher Erschöpfung gerieten.

*

Weder die Unterscheidung zwischen Sing- und Sprechstimmen noch die Analyse des Drangs zum Mitsingen oder die Beschreibung des daraus erwachsenden mystischen Leibes vermag zu erklären, dass es uns beim Mitsingen manchmal gelingt, Wörter, Sätze und ganze Texte in Sprachen, die wir nicht beherrschen, mit einer perfekten, an die von Muttersprachlern heranreichenden Aussprache zu artikulieren. Der weiche Akzent Rio de Janeiros in den Stimmen meiner Frau und meiner Tochter war eine weitere, ja eine große Überraschung in unserem Maracanã-Abenteuer. Ebenso erstaunt bin ich immer wieder, wenn ich ein Spiel von Borussia Dortmund, meinem Lieblingsfußballverein in Deutschland, besuche und höre, wie 30000 Hardcorefans mit größerer Lautstärke als die Stadionlautsprecher und mit einem beneidenswert britischen Akzent die vom FC Liverpool übernommene Hymne »You Never Walk Alone« singen, obwohl die allermeisten von ihnen keine englischen Muttersprachler sein dürften. Diese verblüffende Fähigkeit ist keineswegs ein Privileg großer Menschenmengen bei Sportveranstaltungen. Bei meinen im Teenageralter befindlichen Enkelkindern klingen fremdsprachige Texte am besten, wenn sie die neuesten Hits der Popmusik mitsingen, und viele Opernsängerinnen oder Opernsänger singen Arien aus dem klassischen Repertoire mit einem wunderbar italienischen Tonfall, während ihr Akzent bei Gesprächen in derselben Sprache stets ihre Muttersprache verrät.

Wie es scheint, kämpfen wir nicht länger mit der Phonetik von Fremdsprachen, sobald wir aufhören, unsere Stimme als Medium für die Artikulation von Bedeutung zu verwenden. Meine Frau und meine Tochter hatten keine Ahnung vom Inhalt der Worte, die sie gemeinsam mit den Flamengo-Fans sangen, meine Enkelkinder dürften die englischen Liedtexte ihrer Lieblingssongs eher mit Stimmungen verbinden, für die sie keine Wörter haben, als mit bestimmten Bedeutungen, und die Opernsängerin achtet sehr viel mehr auf die Qualität ihrer Stimme als auf das vom Libretto konstruierte Drama. In Situationen mit einer gewissen Distanz zur Bedeutung spielen Klang und Kadenzen unserer in der Alltagskommunikation verwendeten Sprache wahrscheinlich keine besondere Rolle mehr und stören daher nicht unsere Aussprache, wie es in pragmatischen Situationen regelmäßig der Fall ist, etwa wenn wir Essen bestellen, politische Statements von uns geben oder uns trauen, in einer fremden Sprache einen Witz zu erzählen. Da das habitualisierte Sprachverhalten, in dem die Stimme stets im Dienst der Artikulation eines Inhalts steht, hier nicht zum Zuge kommt, können Spiegelneuronen die Funktion des dominierenden Impulses für die Produktion von Lauten übernehmen. Mittels unserer Stimme kopieren sie während unseres Mitsingens, was wir physisch hören oder woran wir uns erinnern – und das unabhängig von jeglicher Bedeutung. Auch andere Faktoren können hier hereinspielen, zum Beispiel der Wunsch nach einer Harmonie zwischen den gehörten Stimmen und unserer eigenen. Vor allem aber verbessert sich unsere Aussprache fremder oder unbekannter Sprachen in dem Maße, wie sie Distanz zu Gedanken, Intentionen und Bedeutungen wahrt.

*

Zum Klang einzelner Stimmen mitzusingen, fühlt sich anders an, als Teil eines kollektiven singenden Körpers zu sein oder zu werden. Wie erwähnt gibt es in der populären Musik eine Reihe von Stimmen, vor allem solche aus der Vergangenheit, die in mir zuverlässig den Wunsch wecken, in sie einzustimmen.

Abgesehen von einem Adele-Livekonzert in Kalifornien, für das ich in den ersten Minuten eines elektronischen Ticketverkaufs einen billigen Platz ergattern konnte, habe ich meine Lieblingsstimmen nur in Aufzeichnungen gehört. Ich kann jedoch nicht behaupten, dass ich diese mediale Distanz als Mangel empfände, denn die physische Wirkung aufgezeichneter Stimmen auf unseren Körper unterscheidet sich kaum von der einer anwesenden Stimme (ganz zu schweigen von technischen Vorrichtungen, die uns aufgezeichnete Stimmen in eine maximale physische Nähe bringen). Meine Lieblingsstimmen und Lieblingslieder vermitteln mir vielmehr immer wieder das Gänsehautgefühl, obwohl ich sie Hunderte Male gehört habe. Die ursprüngliche Reaktion, der Drang zum Mitsingen, ist ähnlich wie der von einer singenden Menge ausgelöste Impuls, allerdings eher stärker als schwächer. Ein erster Unterschied scheint aus der Tatsache zu resultieren, dass einzelne Stimmen anders als die eines kollektiven Körpers normalerweise eine geschlechtsbezogene Flexion zeigen. Doch obwohl sich unter meinen Lieblingsstimmen mehr weibliche als männliche befinden, vermag ich keine klare Präferenz für die eine oder die andere Gruppe zu entdecken, wenn es um den Wunsch geht, mit meiner eigenen Stimme in ihren Gesang einzustimmen. Die tonale Distanz, die die meisten weiblichen Stimmen von meiner eigenen trennt, wird mich niemals am Mitsingen hindern. Entgegen einem anfänglichen Verdacht scheinen das Geschlecht und dessen stimmliche Konsequenzen keine größere Rolle für das Verhältnis zu einzelnen Singstimmen zu spielen.

Spielt es vielleicht eine Rolle für meine stimmliche Reaktion, ob ich Bilder oder Filme von Edith Piaf, Elvis Presley oder Whitney Houston bei der Darbietung des Liedes sehe, bei dem ich gerne mitsinge? Ich finde Whitney Houston außergewöhnlich schön in den Aufzeichnungen ihrer Bühnen- oder Filmauftritte, an meinen Emotionen und meiner Stimme ändert sich jedoch nichts, wenn ich aus Gründen eines intellektuellen Versuchs meine Augen schließe, während sie »I Will Always Love You« singt, und einstimme. Eine einfache Möglichkeit, diesen Eindruck zu beschreiben, wäre der Hinweis, dass die Art von mystischem Leib, die sich beim Mitsingen mit einer einzelnen Stimme einstellt, ausschließlich aus den beiden beteiligten Stimmen besteht. Die vom Zuhörer gleichzeitig ausgeführten Aktivitäten des Hörens und des Singens sorgen jedoch für eine strukturelle Asymmetrie zwischen seiner Stimme und der von ihm nachgeahmten, da Letztere nicht von einer Selbstbeobachtung begleitet ist, während alle Beteiligten an einem singenden Kollektivkörper dieselben vielfältigen Bewegungen vollziehen. Wir müssen diesen strukturellen Unterschied zwischen einem mystischen Leib als kollektivem Gebilde und als einem Wechselspiel zwischen einzelnen Stimmen berücksichtigen, wenn wir ihre verschiedenen Funktionen erkunden.

Mit der offenkundigen Asymmetrie zwischen (gewöhnlich aufgezeichneten) Singstimmen und der komplexeren körperlichen Beteiligung derjenigen, die sie nachahmen, assoziiere ich einen ausgeprägten Eindruck oder sogar einen Wunsch auf deren Seiten, sich mit ihrer gesamten Existenz in einer anderen Stimme zu verlieren. Die Aktivierung der Stimme von Zuhörenden mag ein physischer Zustand und ein Auftakt für das Gefühl sein, von anderen Stimmen überwältigt zu werden – doch das Spektrum der von Zuhörern empfundenen physischen Resonanz geht weit darüber hinaus. Sind diese Effekte stark genug, um bei diesen den Wunsch oder die Illusion auszulösen, nicht nur im physischen Sinne ein anderer Körper und vielleicht sogar eine andere Person zu werden und zu sein? Bei kulturtheoretischen Fragen dieser Art besteht die Versuchung, sich für die Extremantwort zu entscheiden. Aufgrund meiner eigenen Erfahrung glaube ich jedoch, es wäre eine Übertreibung, wenn man sagte, das Mitsingen mit berühmten einzelnen Stimmen lasse uns von einer vollkommenen Selbstsubstituierung träumen. Wir genießen es, uns zeitweilig mitreißen zu lassen, halten uns jedoch normalerweise einen Weg offen, zu unserem Alltagsleben und unserer Alltagsidentität zurückzukehren.

2006 erhielt ich von der österreichischen Regierung eine Einladung zu einem öffentlichen Vortrag anlässlich der Feiern zum 250. Geburtstag Wolfgang Amadeus Mozarts in Wien, und ich war zu eitel, um die Einladung auszuschlagen, wie ich es mangels Kompetenz auf diesem Gebiet eigentlich hätte tun sollen. Die Sache wurde nur noch schlimmer, als ich auf dem Weg vom Hotel zur Albertina, einem wunderschönen Bau im Stadtzentrum, in dem ich sprechen sollte, Janis Joplins Version von »Me and Bobby McGee« hörte. Wie immer war ich von ihrer Stimme ganz und gar eingenommen und hatte anschließend beträchtliche Schwierigkeiten, mich auf die Gespräche mit meinen Gastgebern und vor allem auf die Anfangsteile meines Vortrags zu konzentrieren. Das Problem war nicht, dass ich mich in eine Mozart sehr fremde musikalische Welt hätte hineinziehen oder zu der Illusion hätte verleiten lassen, Janis Joplin zu verkörpern. Vielmehr hatte ich noch recht lange nach dem Hören des Songs das Gefühl, dass meine Wahrnehmung bezogen auf das Gebäude, in dem ich stand, und das Publikum, vor dem ich stand, ungewöhnlich offen war, und diese Offenheit hatte verheerende Auswirkungen auf meine intellektuelle und rhetorische Konzentration. Eine solche Hinwendung zur Welt, mit diffusen, aber nicht ausschließlich physischen Resonanzeffekten auf verschiedenen Ebenen und der Gefahr einer Zerstreuung, erlebe ich typischerweise immer dann, wenn ich mich zuvor starken Singstimmen ausgesetzt habe.

Wenn überwältigende Stimmen also letztlich für begrenzte Zeit eher einen Zustand allgemeiner Erregbarkeit auslösen als eine Dynamik persönlicher Identifizierung mit der singenden

Stimme, könnte das am Fehlen einer bestimmten Art von Reaktion liegen, wenn wir mit unserer Stimme die aufgezeichnete einer Sängerin oder eines Sängers begleiten, die bereits verstorben sind. Im Prinzip beschränkt sich die Wirkung der Stimme von Verstorbenen auf deren physische Qualitäten. Aufgrund von biographischem oder geschichtlichem Wissen und durch eine ausgeprägte Aufmerksamkeit für den Text oder sogar Details der Aussprache können wir natürlich zu einer Einstellung gelangen, die das Hören einer Stimme aus der Vergangenheit zu einem immersiven Akt werden lässt und den Eindruck heraufbeschwört, mitten in einer anderen Welt zu sein. Zuweilen genieße ich Edith Piafs Chansons als auditive Illustrationen der für den französischen Existenzialismus nach dem Krieg typischen Stimmung oder höre mir frühe Hits von Elvis Presley zur Vergegenwärtigung eines Klimas an, das während des Kalten Krieges in den Vereinigten Staaten herrschte. Und doch bleiben solche Erkundungen von Andersheit am Rande unserer intensivsten Mitsingmomente, deren Wirkung die Distanz zwischen uns und fernen geschichtlichen oder kulturellen Welten eher verringert.

*

Wir sollten die Analyse des Mitsingverhaltens nicht ohne ein paar Gedanken zum Karaoke abschließen, auch wenn diese Praxis streng genommen nicht zu jenen Verwendungsweisen unserer Stimme gehört, die andere Stimmen nachahmen und begleiten. Das japanische Wort »*karaoke*« hat zwei Wurzeln, »*kara*« für »leer« und »*oke*« als Abkürzung für »*okesutora*«, das heißt »Orchester«, und ursprünglich verwendete man den Ausdruck für Situationen in der populären Kultur, in denen die Funktion eines Live-Orchesters in der Begleitung von Singstimmen von Musikaufzeichnungen übernommen wurde, und zwar meist deshalb, weil die Kosten für ein Orchester zu hoch schienen. »Leer« steht also für das Fehlen eines Live-Orchesters. Was vor allem von japanischen Spezialisten und Ingenieuren der Unterhaltungsindustrie ab den 1960er Jahren entwickelt wurde und heute noch als »Karaoke-Maschine« bezeichnet wird, ist dagegen eine Medienumgebung, die aus mehreren Komponenten besteht: aus Aufzeichnungen von Musikstücken, die von Orchestern oder Bands eingespielt wurden und normalerweise einen Song begleiten sollen; aus visuellen Projektionen der zugehörigen Liedtexte; aus akustischen Erinnerungen, die wir bei den zum Mitsingen bereiten Personen voraussetzen müssen; und aus Mikrofonen, die ihnen häufig in der von ihnen übernommenen Rolle der Hauptsingstimme ausgehändigt werden. Diese Komponenten bilden gemeinsam einen Apparat, der das individuelle stimmliche Kopieren bereits existierender Songs verstärkt, ohne dass der Sound dieser Songs zu physischer Realität würde. Die physische »Leere« im Karaoke und in den zugehörigen, oft hochentwickelten »Maschinen« ist in Wirklichkeit die Abwesenheit der zu kopierenden Stimme und nicht mehr die Abwesenheit eines Orchesters.

In rein physischer Hinsicht ersetzen also beim Karaoke Personen Lieder, die nicht als Klangfolgen gegenwärtig werden, auch wenn diese Personen zweifellos mit dem »mitsingen«, was ihnen von dem jetzt abwesenden Lied in Erinnerung geblieben ist. Ein mystischer Leib kann hier schon deshalb unmöglich entstehen, weil nur ein einziger realer Körper im Spiel ist. Aber worin liegt die spezielle Faszination des Karaoke angesichts seines Unterschieds zur begleitenden Nachahmung akustisch präsenter aufgezeichneter Stimmen? Meines Wissens gibt es darauf keine allseits anerkannte Antwort. Eine Spekulation könnte lauten, dass Karaoke-Sänger sich wegen des Fehlens aufgezeichneter Originalstimmen nicht von dem kaum Erinnerten überwältigt fühlen und deshalb mehr Freiheit und Raum besitzen, für kürzere oder längere Zeit und stets von ihrer eigenen Stimme ausgehend andere Personen zu werden, als sie es in ihrem alltäglichen Leben sind. Auf einer anderen Ebene, die nicht unbedingt unvereinbar mit dem angenommenen Effekt einer Verkörperung anderer Persönlichkeiten ist, erreichen Karaoke-Sängerinnen möglicherweise einen Grad körperlicher und mentaler Offenheit für ihre Umgebung, der nicht mehr an andere Stimmen gebunden und deshalb potenziell grenzenlos ist. Wie stark diese Erregbarkeit im Karaoke werden kann, zeigt sich in dem dokumentierten Hang, die Dauer des Mitsingens bis in Marathonformate hinein auszudehnen, aber auch in der nicht gänzlich beherrschbaren Gefahr, dass diese Praxis in Gewalt ausartet.

Als relevant für die Debatte über die Faszination des Karaoke erscheint mir auch der Vergleich zwischen der zentralen Stellung, die Karaoke heute in populären Kulturen Asiens – von Südkorea über China und Taiwan bis nach Japan, mit einem Ausläufer auf den Philippinen – einnimmt, und seiner eher marginalen Bedeutung in westlichen Kontexten. Auch wenn Karaoke in städtischen Verdichtungsgebieten seit dem späten 20. Jahrhundert weltweit verfügbar ist, wirkt dessen regelmäßige Praxis in Europa oder den beiden Amerikas doch wie das Resultat einer idiosynkratischen Wahl. Obwohl die für das Karaoke-Singen nötige Infrastruktur aufgrund des technischen Fortschritts heutzutage kein Vermögen mehr kostet, bleibt Karaoke doch auch mit den »Herrenclubs« verbunden, deren Kunden viel Geld für aktuelle Angebote in der Tradition der Geisha-Kultur ausgeben. Sie genießen eine Unterhaltung durch Spiele, Gesang und Tanzdarbietungen schöner Frauen, und im Widerspruch zu außerasiatischen Vorstellungen wird von solchen Aktivitäten nicht erwartet, dass sie zu sexuellen Kontakten führen – zumindest nicht unmittelbar und nicht immer. Mit Geishas zu spielen, zu singen und zu tanzen, bietet die Möglichkeit, eine Auszeit von der Gemütsverfassung des beruflichen Alltags zu nehmen, und zugleich eine nichttransitive Erregbarkeit bezüglich sinnlicher und spiritueller Reize, die jener Stimmung ähnelt, in die uns das Mitsingen häufig versetzt. Diese Disposition besitzt in den asiatischen Kulturen einen Wert, eine Prominenz und eine Breite, die westliche Beobachter leicht unterschätzen – und dürfte ein Hauptgrund für die ungleiche Verteilung auf einer Weltkarte des Karaoke-Phänomens sein.

Wir haben diese Offenheit für die Welt vor allem mit der Verbindung zwischen einzelnen Stimmen assoziiert sowie mit einer speziellen Art daraus erwachsender Geselligkeit. Ich habe zwar nachdrücklich auf den Unterschied dieser beiden Grundsituationen des Mitsingens zu einem durch Stimmen vermittelten Anschluss an einen kollektiven Körper hingewiesen, doch die zwei Grundsituationen entwickeln sich auch in unmittelbarer Nähe zueinander. Japan ist nicht nur die größte Karaoke-Nation, man findet dort auch eine besonders hochentwickelte Kultur des Mitsingens in Sportstadien, am sichtbarsten in der Baseball-Profiliga des Landes. Das in der Stadt Nishinomiya (zwischen Osaka und Kōbe) gelegene, 1924 erbaute Hanshin-Kōshien-Stadion, in dem die Hanshin Tigers seit 1935 spielen, genießt seine offizielle Stellung als »Heiligtum« des Sports aufgrund eines Repertoires kollektiver Kampfgesänge mit ihren ebenso komplizierten wie die Mannschaften stärkenden Choreografien, die von der Zuschauermenge dort gepflegt werden. Sie sind an die jeweilige Spielsituation angepasst und ziehen wahrscheinlich mehr Zuschauer an als die gewöhnlich mageren sportlichen Erfolge der Tigers. Der Einsatz unserer Stimme, um kollektiv oder einzeln mit anderen mitzusingen, erzeugt und entfaltet ein Gefühl von Intensität in unserem Verhältnis zur Welt, das auf anderem Weg womöglich nicht zu erreichen ist.

4
Stimmen in der Geschichte: Ontologische Diskontinuität durchleben

Was mich an der Vergangenheit – durchaus naiv, wie ich zugebe – am stärksten anzieht, ist die Übung, herausragende Gestalten aus fernen Zeiten vor meinem inneren Auge erstehen zu lassen, nahezu dreidimensional und auf Dokumente gestützt, die ich in meiner Fantasie aktiviere. Die Stimme dieser Gestalten zu »hören« ist Teil dieses Prozesses, auch wenn wir nur selten überzeugende historische Spuren für diese Dimension menschlicher Existenz finden – nicht nur weil es erst im späten 19. Jahrhundert möglich wurde, Töne aufzuzeichnen. Beschreibungen einzelner Stimmen sind erstaunlich selten und in der Mehrzahl unspezifisch. So fand ich für Julius Cäsar, die wohl emblematischste historische Heldengestalt in der westlichen Kultur, nur einen einzigen einschlägigen Satz in Suetons ansonsten farbigem Porträt seines Auftretens auf der politischen und militärischen Bühne: »Beim Vortrage war seine Stimme schrill [*acuta*], seine Körper- und Handbewegungen feurig, ohne gegen die Schönheit zu verstoßen.«[1] Der Hinweis erscheint schon deshalb blass, weil er auf bloßem Hörensagen basiert, aber ich verspüre auch einen Widerwillen, die kräftige männliche Stimme, die Cäsar in meiner Fantasie besitzt, durch den eher unerfreulichen Inhalt eines lateinischen Zitats zu ersetzen.

1 *Sueton's Kaiserbiographien*, übers. von Adolph Stahr, Stuttgart 1864, S. 77 (Übers. leicht modifiziert).

Eine alte Klangvorstellung bezüglich Fürst Otto von Bismarcks, des Schöpfers des deutschen Nationalstaats nach 1871, hat dagegen bei mir eine Veränderung in die entgegengesetzte Richtung erfahren. Obwohl von ungewöhnlich großer und imposanter Statur, erwähnen manche Historiker, wie unglücklich er über seine »Fistelstimme« gewesen sei. 2011 wurde eine frühe Tonaufzeichnung von weniger als einer Minute Länge entdeckt, die Theo Wangemann, ein Assistent Thomas Alva Edinsons, während eines Europabesuchs angefertigt hatte, bei dem er auch Bismarck traf, und dieses Dokument überrascht uns aus zwei Gründen. Erstens, weil der »Eiserne Kanzler«, wie zeitgenössische Bewunderer ihn gern nannten, die Einladung annahm, seine Stimme auf einem Wachszylinder verewigen zu lassen, wobei er prosodische Texte in vier Sprachen rezitierte, darunter mit ausgezeichneter Aussprache ein englisches Gedicht und die ersten Verse der Nationalhymne des französischen Rivalen. Und zweitens, weil Bismarcks Stimme entgegen der genannten biographischen Tradition dort klar, aber keineswegs unangenehm oder gar peinlich klingt – das alles unter einer dicken Schicht von Störgeräuschen, die auf die technische Vorrichtung zurückgehen. Obwohl diese akustische Spur aus der Vergangenheit Grund zu einem sympathischeren Eindruck von Bismarck hätte sein können, blieb meine Klangvorstellung unverändert – ganz wie die der Stimme Julius Cäsars. Warum sollte es überhaupt sinnvoll sein, solche Fantasievorstellungen an das fragile Zeugnis eines auf anderen Zitaten basierenden Sueton-Zitats oder auch an das stärkere Beweismittel einer Tonaufzeichnung anzupassen? Könnte ein akkurateres Wissen über Cäsars oder Bismarcks Stimme unser Verständnis der Rolle verbessern, die sie in ihrer jeweiligen Welt spielten, und könnte es uns helfen, diese Welten insgesamt besser erfassen? Anders gefragt: Warum sollten wir uns für die historische Wahrheit in Bezug auf Stimmen interessieren?

Das ist in der Tat die philosophische oder genauer: die zugleich epistemologische und ontologische Frage, die uns durch dieses Kapitel leiten wird: Gehören Stimmen, insbesondere Stimmen in ihrer physischen Individualität, zu den Phänomenen, die für das als »historisch« bezeichnete Denken von Belang sind? Um zu einer ersten Antwort zu gelangen und ohne die überaus anspruchsvollen Debatten unter Theoretikern der Geschichte über den grundlegenden Begriff ihres Fachgebiets zu verfolgen, werde ich versuchen, die wichtigsten Implikationen seiner allgemeinen intellektuellen und akademischen Verwendung hervorzuheben. Seit der Entstehung des sogenannten historischen Weltbilds um 1800 gehen wir davon aus, dass kein Phänomen seiner rascheren oder langsameren Veränderung unter dem Einfluss der Zeit entgeht. Unter diesen Veränderungen bezeichnen wir jene als »historisch«, die sich nur durch Narrative beschreiben und daher implizit auch erklären lassen. Diese Narrative verbinden wir meist mit menschlichem Handeln und Verhalten. Und normalerweise erwarten wir, dass historische Narrative Phasen umfassen, die irreversibel erscheinen und gemeinsam den Eindruck einer plotähnlichen Plausibilität erzeugen, obwohl es schwierig ist, solche Erwartungen philosophisch zu konzeptualisieren.

Aus dieser Sicht und mit dem Fokus auf die körperliche Komponente innerhalb des »Knotens der Stimme« sollten einschlägige Spuren aus der Vergangenheit natürlich hörbar sein und scheinen deshalb mit Geschichte inkompatibel zu sein, und zwar nicht nur, weil wir für die Zeit vor dem späten 19. Jahrhundert keine Tonaufzeichnungen besitzen. Zugleich erscheint es unwahrscheinlich, dass einzelne Beispiele dessen, was Roland Barthes – wie oben dargestellt – unter die Begriffe der »Rauheit der Stimme« und des »Genogesangs« subsummierte, sich jemals in einem narrativen Entwicklungsverlauf zusammenfassen lassen.[2] Die Annahme basiert auf der selbstevidenten-

2 Roland Barthes, »Le grain de la voix« [1972], in: ders., *L'obvie et l'obtus.*

ten Prämisse, dass irreversible Veränderungen des menschlichen Körpers ausschließlich im Bereich der Evolution und nicht in dem der Geschichte stattfinden. Im fünften Abschnitt seiner *Phänomenologie des Geistes* verweist Hegel auf einen ontologischen Grund für diesen epistemologischen Unterschied. Während der »Weltgeist« in seinen Augen zwischen dem Leben als einem Prinzip und dem individuellen menschlichen Handeln vermittelt, indem er eine Ebene schafft, die den Handlungen in ihrer zeitlichen Folge einen übergreifenden Hintergrund der Regelmäßigkeit und sogar der Logik verleiht, gibt es solch eine vermittelnde Ebene nicht zwischen dem Leben im Allgemeinen und dem einzelnen menschlichen Körper. Ontologisch fern vom Geist, hat das menschliche Leben als körperliche Natur, so schreibt Hegel, »keine Geschichte«. Die »organische Natur [...] fällt von ihrem Allgemeinen, dem Leben, unmittelbar in die Einzelheit des Daseins herunter, und die in dieser Wirklichkeit vereinigten Momente der einfachen Bestimmtheit und der einzelnen Lebendigkeit bringen das Werden nur als die zufällige Bewegung hervor, worin jedes an seinem Teile tätig ist und das Ganze erhalten wird«. Anders gesagt, während die Organe des einzelnen menschlichen Körpers sich in ansonsten historischer Zeit ständig verändern, fehlt es diesen Veränderungen an der umfassenden Dynamik und Richtung, die Hegel mit dem Geist als einer vermittelnden Kraft und mit »Geschichte« assoziiert.[3]

Solange wir die Stimme als Organ des menschlichen Körpers von der Dimension der damit artikulierten Bedeutungen trennen, gehören irreversible Veränderungen meist zur Dimen-

Essaies critiques III, Paris 1982, S. 236-245; dt.: »Die Rauheit der Stimme«, in: ders., *Der entgegenkommende und der stumpfe Sinn*, übers. von Dieter Hornig, Frankfurt/M. 1990, S. 269-278. Siehe dazu auch oben, Kap. 1.

3 Siehe dazu Georg Wilhelm Friedrich Hegel, *Phänomenologie des Geistes*, in: ders., *Werke*, Frankfurt/M. 1970, Bd. 3, S. 178-323 (insbes. S. 222f.).

sion der Evolution, während Unterschiede zwischen Zuständen einzelner Stimmen und einzelne Stimmmomente einen Variationsbereich innerhalb ansonsten historischer Zeit bilden. Nehmen wir die Bedeutung (oder den »propositionalen Gehalt«) jedoch in unsere Überlegungen auf, tritt die Stimme wieder in ein Verhältnis zur Geschichte, weil Bedeutungen fast immer aus menschlichem Handeln hervorgehen, es beschreiben und antizipieren. Unsere Frage nach dem Verhältnis zwischen Stimme und Geschichte konfrontiert uns daher erneut und in besonders komplexer Weise mit der ontologischen Diskontinuität (Körper und Bedeutung) wie auch der epistemologischen Diskontinuität (in diesem Fall Evolution und Geschichte), die sich durch den Knoten der Stimme zieht.

In unserem alltäglichen Leben ist die menschliche Stimme ohne sonderliche Probleme präsent, doch wenn wir sie auf einer begrifflichen Ebene zu erfassen versuchen, können wir ihre ontologische und ihre innere epistemologische Diskontinuität nicht umgehen oder überwinden. Und diese doppelte Diskontinuität führt uns zu zwei Möglichkeiten, das Verhältnis zwischen Stimme und Geschichte zu durchdenken: Wir können uns entweder mit der Stimme als einem Organ im Kontext der Evolution oder als einem Medium befassen, das in der Geschichte Bedeutungen artikuliert. Keine dieser Möglichkeiten wird dem Knoten der Stimme in seiner Komplexität gerecht. Ändern ließe sich das nur um den Preis epistemologischer Inkohärenz, während epistemologische Kohärenz nur erreichbar wäre, wenn man sich auf eine der beiden für die Zeitlichkeit des Phänomens verantwortlichen Dimensionen (entweder Evolution oder Geschichte) konzentrierte. Wenn ich mich in diesem Kapitel für epistemologische (und diskursive) Inkohärenz, also sowohl für Evolution als auch für Geschichte entscheide, so mit dem Ziel, eine große Zahl von Perspektiven und Sichtweisen bezüglich des Knotens der Stimme im Verhältnis zur Vergangenheit zu erzeugen. Schließlich versuche ich in diesem Buch, die Komplexität in unseren verschiedenen Ansätzen zum Phänomen der menschlichen Stimme zu erhöhen, statt eine einzige umfassende Beschreibung mit komplementären Teilen zu entfalten.

Als wäre es nicht schon schwierig genug, die Entscheidung für ontologische Diskontinuität, epistemologische Inkohärenz und deskriptive Komplexität in Bezug auf »Stimmen in der Geschichte« zu begründen, bringt die Entscheidung, sowohl aus einer evolutionären als auch aus einer historischen Perspektive zu schreiben, ein weiteres Problem mit sich. Wenn wir die Stimme innerhalb der Evolution betrachten, werden wir in erster Linie nach einem entscheidenden Unterschied und einer irreversiblen Diskontinuität zwischen Stimmen verschiedener Tierarten und der menschlichen Stimme fragen. Oder genauer, wir werden uns mit der Frage befassen, welche anatomischen Bedingungen die menschliche Fähigkeit zur Entwicklung von Sprache ermöglicht haben mögen. Sind diese Bedingungen identifiziert, werden wir nach einer Zeit suchen, in der die menschliche Sprache sich entwickelte und die zur Geschichte im strengen Sinne des Wortes gehört, für die wir jedoch keine Dokumente besitzen. Es ist nicht sogleich klar, wie wir über diese Zeit schreiben können – die zugleich auch die Zeit gewesen sein muss, in der bestimmte Funktionen der Stimme, die Menschen mit Tieren gemeinsam haben, ihr spezielles Verhältnis zur ausschließlich bedeutungsartikulierenden Funktion der menschlichen Stimme entwickelten. Wir haben bereits gesehen, dass manche Akte der Verwendung unserer Stimme, bei der keine Bedeutung artikuliert wird, einen spezifischen kulturellen Status besitzen und manche Funktionen der menschlichen Stimme vom Unterschied zwischen ihren bedeutungsbezogenen und nicht bedeutungsbezogenen Aufgaben abhängen. Als entscheidende Schicht menschlicher Existenz, deren Frühgeschichte keinerlei dokumentarische Spuren hinterlassen hat, wurde der Ursprung des Unterschieds zwischen bedeutungsbezogenen und nicht bedeutungsbezogenen Funktionen der Stimme schon oft zum Gegenstand der Spekulation und der Mythologisierung, nicht nur in Nietzsches Philosophie, sondern auch in Geschichten über Figuren wie die Sirenen, Orpheus oder die Nymphe Echo.

Hinsichtlich der Kulturgeschichte im üblichen Sinne des Wortes müssen wir fragen, welche ihrer Perspektiven den Knoten der Stimme in seinen verschiedenen Aspekten in den Blick rücken können. Die institutionelle Seite, das heißt die Geschichte der Stimme als Medium der Artikulation von Bedeutung und der zugehörigen Technologien, ist bereits in soliden Büchern und anregenden Aufsatzsammlungen behandelt worden.[4] Ohne den Fokus auf die »Rauheit der Stimme« aufzugeben, werde ich mich dagegen auf jene eher seltenen Situationen samt ihren Voraussetzungen konzentrieren, in denen einzelne Stimmen in ihrem Timbre und ihren individuellen Momenten zum Objekt des Interesses wurden. Das Kapitel wird sich daher auf drei verschiedenen Diskursebenen entfalten: auf der Ebene der evolutionären Entstehung der menschlichen Stimme als eines Knotens besonderer Strukturen und Funktionen vor dem Hintergrund der tierischen Stimme; auf der Ebene der Spekulationen und mythologischen Erzählungen über die Beziehungen zwischen den verschiedenen Strukturen und Funktionen der menschlichen Stimme, wie sie in der nichtdokumentierten Zeit zwischen Evolution und Geschichte entstanden sein müssen; und schließlich auf der Ebene eines kompakten Narrativs über die Aufmerksamkeit, die einzelnen Stimmen in ihrer körperlichen Realität geschenkt wird.

Dieses heterogen wirkende Programm mit Hypothesen über

4 Vor allem Karl-Heinz Göttert, *Geschichte der Stimme*, München 1998, und Friedrich Kittler, Thomas Macho und Sigrid Weigel (Hg.), *Zwischen Rauschen und Offenbarung. Zur Kultur- und Mediengeschichte der Stimme*, Berlin 2002.

die Evolution, Interpretationen grundlegender Texte und kulturgeschichtlichen Überlegungen wird meinen Umgang mit dem Verhältnis zwischen Geschichte und menschlicher Stimme kennzeichnen, einschließlich der Bemühung, die für den Knoten der Stimme charakteristische ontologische und epistemologische Diskontinuität durchzuarbeiten. Durch den Verzicht auf epistemologische Homogenität gewinne ich, wie ich glaube, ein breites Spektrum und ein tiefreichendes Archiv relevanter Sichtweisen, Konzepte und potenzieller Argumente zur menschlichen Stimme ohne einen einheitlichen Fluchtpunkt – ein Spektrum und ein Archiv von Erkenntnissen auch, die zu erlangen mir wertvoll, aber recht schwierig erschien. Letztlich sollen die drei Teile natürlich mehr als nur meine eigene Herangehensweise bei der Durcharbeitung ontologischer und epistemologischer Diskontinuität zeigen. Dieses Kapitel soll sich zu einem Strauß und teilweise auch einer Geschichte von Spuren und Motiven von Denkern der Vergangenheit fügen, die sich – als permanente Herausforderung und in je spezifischer Konzentration auf verschiedene Phänomene der menschlichen Stimme – mit der allgemeinen Diskontinuität zwischen der körperlichen und der spirituellen Dimension unserer Existenz befassten, einer Diskontinuität, mit der wir alle leben. Über sie nachzudenken, ist eine Möglichkeit, mit ihr zu leben. Doch »Lösungen« für die mit dieser Diskontinuität verbundenen Herausforderungen kommen dadurch nicht Sicht.

*

Hinsichtlich des evolutionären Unterschieds zwischen den Stimmen von Säugetieren und der menschlichen Stimme stütze ich mich hauptsächlich auf einen Aufsatz der Primatenforscherin Julia Fischer, der in besonders inspirierender Weise wissenschaftliches Wissen mit einer Reihe von Hypothesen über die frühe Kulturgeschichte verbindet.[5] Fischer betont zunächst das breite Spektrum anatomischer und physiologischer Merkmale, das die lauterzeugenden Organe der Primaten mit denen des Menschen gemeinsam haben. Dieser Ähnlichkeit entsprechen einige gemeinsame Funktionen der Stimmen von Primaten und Menschen. Beide erzeugen räumliche Beziehungen der Distanz und der Nähe und schaffen auf diese Weise die Grundlage für das, was ich als »existenzielle Räume« zu beschreiben versuche. Beide fungieren als Zeichen für wechselnde hormonale Zustände und werden dadurch unverzichtbar für Paarung und Fortpflanzung. Und beide werden als Indikatoren für verschiedene Grade körperlicher Stärke und emotionaler Zustände wahrgenommen, wobei Letzteres oft Anlass zu der Fehldeutung gab, dass Tierstimmen eine »Sprache« artikulierten, wo wir es doch hier in Wirklichkeit mit jenen begrifflich schwer zu fassenden Äußerungen zu tun haben, auf die Wörter wie »schreien« oder »rufen« anspielen. Außerdem hilft die Stimme sowohl Primaten wie auch Menschen dabei, einzelne Körper innerhalb ihrer eigenen Spezies zu identifizieren. Dazu passt die Annahme von Soziologen, dass wir in der Regel ohne besondere Vorbereitung oder Mühe etwa einhundert Stimmen unterscheiden können.

Abweichend von einer Tradition in der Evolutionsforschung und scheinbar im Einklang mit einem aktuellen Trend in ihrem Fachgebiet verweist Fischer nachdrücklich auf funktionale Unterschiede zwischen dem kognitiven Verhalten von Primaten und Menschen, wobei sie diese Unterschiede nicht unbedingt als Zeichen menschlicher Überlegenheit interpretiert. Als Konvergenzpunkt ihrer Beobachtungen zur Sprache als einem spezifisch menschlichen Verhalten stellt sich daher gerade nicht irgendeine besondere Leistung heraus, die wir mit ihr

5 Julia Fischer, »Tierstimmen«, in: Doris Kolesch, Sybille Krämer (Hg.), *Stimme. Annäherung an ein Phänomen*, Frankfurt/M. 2006, S. 171-190.

verbinden mögen, sondern ihre Unabhängigkeit von der unmittelbaren Wahrnehmung, das heißt eine Unabhängigkeit der Sprache und des Verstandes als geschlossener Systeme. Die Signale einer Sprache übermitteln Information, wobei jede Sprache ihr eigenes semantisches Feld besitzt, das zur Verarbeitung von Wahrnehmungen der Welt fähig ist. Das Verhältnis zwischen sprachlichen Signalen und ihren externen Bezugsobjekten ist »willkürlich«, das heißt, was Sprache artikuliert (der propositionale Gehalt), bleibt zeitlich und räumlich unabhängig von ihren Bezugsobjekten. Sprachen besitzen eine Syntax im Sinne verschiedener interner Sets von Regeln für die Verknüpfung von Signalen, mit deren Hilfe eine unendliche Zahl propositionaler Gehalte erzeugt und ausgedrückt werden kann, auch wenn es kein gemeinsames Muster gibt, aus dem verschiedene Formen von Syntax hervorgingen. Und schließlich geben Menschen die Formen und Verwendungsweisen ihrer verschiedenen Sprachen durch Sozialisation und Lehre an jede nachfolgende Generation weiter, statt sich auf Sprache als erbliches Merkmal zu verlassen.

Für Leserinnen und Leser mit elementaren sprachwissenschaftlichen Kenntnissen enthält diese Liste von Kriterien keinerlei Überraschungen. Doch die Unabhängigkeit der Sprache von unmittelbaren Wahrnehmungen und Reaktionen auf die Umwelt verweist als möglicher gemeinsamer Nenner auf ein Maß an Differenzierung in der Artikulation von Sprache, das die Primaten nicht erreichen, und damit auf die Fähigkeit, diese Differenzierung bewusst zu nutzen. Das erklärt, warum der entscheidende anatomische und physiologische Unterschied zwischen Menschen und Primaten hinsichtlich der Entwicklung von Sprache in der Verbindung zwischen Teilen des menschlichen Gehirns, die ganz generell willentliche Körperbewegungen steuern, und den speziellen Neuronen liegen, die in den Stimmorganen und der Zunge am Werk sind. Den Primatenarten fehlt diese Verbindung, weshalb sie nicht in der

Lage sind, ihre Organe für Sprache im menschlichen Sinne zu nutzen.

Da die Primaten bei den Handbewegungen jedoch über ein funktionales Äquivalent zur menschlichen Kontrolle der Stimmorgane verfügen, spekulieren Evolutionsbiologen, dass eine auf Handgesten basierende »sprachliche« Ebene bei Primaten und Menschen der Entwicklung unserer Stimme vorausgegangen sein könnte. Gegen diese Hypothese spricht die Beobachtung, dass von Primaten ausgeführte Handgesten niemals die mit Sprache im spezifischen Sinne verbundenen Kriterien erfüllt haben. Da keinerlei anatomische oder physiologische Hinweise entdeckt wurden, die diese funktionale Beschränkung bei den Handgesten der Primaten erklären würden, gab ihre Distanz zum Sprachstatus Anlass zu Spekulationen. Warum entwickelten Primaten keine Gebärdensprache, obwohl ihr Gehirn bei der Produktion von Handsignalen doch eine hinreichende Differenzierung hätte hervorbringen können? Fischer antwortet auf diese Frage mit der Annahme, dass den Primaten eine »Theorie des Geistes« fehle, das heißt eine Fähigkeit, anderen Angehörigen der eigenen Spezies – und vielleicht auch sich selbst – »Wissen, Intentionen oder Wünsche« zuzuschreiben.[6] Eine derartige Aussage wird natürlich nie über den Status einer plausiblen Hypothese hinausgelangen.

Auf der Ebene empirischer Tatsachen verweist der einzige evolutionäre Unterschied, den wir mit der Entstehung der Sprache in Verbindung bringen können, auf die bereits erwähnte spezielle Beziehung zwischen der menschlichen Stimme und dem Gehirn. Das ermuntert zu der Annahme, dass der »menschliche Verstand« oder das »menschliche Bewusstsein« seinen Ursprung in der Verwendung der Stimme haben muss. Wegen des offenkundigen Fehlens einschlägiger Spuren und Dokumente gibt es keine mögliche Grundlage für ein histori-

6 Ebd., S. 187.

sches Narrativ, das beschriebe, wie die willentliche Verwendung der Stimme zur Sprache führte und dass die Entwicklung der Sprache und die Entwicklung des Geistes untrennbar miteinander verbunden waren. Wenn jedoch die Funktion der menschlichen Stimme im Verhältnis zur Sprache unsere beste und sogar einzige Mutmaßung zur Erklärung der Entwicklung des menschlichen Geistes darstellt, dann erscheint die Stimme auch hier wieder als ein privilegiertes Bezugsobjekt, an dem die ontologische Diskontinuität zwischen unserem Geist und unserem Körper durchdacht und durchgearbeitet werden müsste.

Auch wenn ich Fischers Betonung des Unterschieds zwischen den Gehirnen von Primaten und von Menschen hinsichtlich ihres Stimmapparats als wissenschaftliche Bestätigung und sogar Ermutigung für meine existenziell motivierte Fokussierung auf die Stimme verstehe, resultiert die wahre intellektuelle Herausforderung der Arbeit heutiger Primatologen aus einem weniger geistzentrierten Herangehen an kognitive Leistungen und dem Versuch, Funktionen im tierischen Leben zu beschreiben, die einer anthropozentrischen Sicht verschlossen sind. Die potenziellen Folgen dieser neuen Ausrichtung unseres Verständnisses des »spezifisch Menschlichen« scheinen grenzenlos zu sein. Bislang – und für dieses Buch – führen sie mir vor Augen, dass ein Nachdenken über den Menschen, das sich an das traditionelle Muster einer Diskontinuität zwischen Geist und Körper hält, schon bald als Indiz für intellektuelle Trägheit gelten könnte.

Und trotzdem gehe ich das Risiko ein, in diesem Kapitel über »Stimmen in der Geschichte« nicht die allerneuesten Trends in Forschung und Denken zu verarbeiten. Stattdessen versuche ich, auf einige klassische Ansichten zu den von der Stimme in unserer Existenz besetzten Dimensionen zurückzukommen und sie weiterzuentwickeln. Dazu gehört die besondere Fokussierung auf die Stimme, mit der Charles Darwin in seiner 1872 erschienenen Abhandlung *Der Ausdruck der Ge-*

müthsbewegungen bei dem Menschen und den Thieren den Unterschied zwischen Geist und Körper analysierte.[7] Insbesondere im Vergleich zu heutigen Primatenforschern interessant finde ich, dass er von einer evolutionären Kontinuität auf verschiedenen Ebenen der Beobachtung und der Reflexion ausgeht. Dieses Votum pro Kontinuität umfasst bei Darwin auch die bewusste Kontrolle der Stimmorgane, die in der heutigen Primatenforschung, wie wir gesehen haben, als entscheidender Punkt der Diskontinuität zwischen Tieren und Menschen gilt. Da zu seiner Zeit keinerlei forschungsbasiertes Wissen über die Zusammenhänge zwischen Gehirn und Stimmorganen bei Menschen und anderen Tieren verfügbar waren, beschreibt Darwins Text diese evolutionäre Schwelle allenfalls nebenher und im Höchstfall als einen graduellen Unterschied. Mit Bezug auf alle Tiere schreibt er: »Und es ist wohl möglich, – doch ist dies eine bloße Vermuthung, – dass die grössere oder geringere mechanische Leichtigkeit, mit welcher der schwingende Apparat des menschlichen Kehlkopfes aus einem Schwingungszustand in den andern übergeht, eine der ursprünglichen Ursachen gewesen ist, weshalb verschiedene Reihen von Tönen ein grösseres oder geringeres Vergnügen hervorgerufen haben.« Dass Tiere ihre Stimmorgane in aller Regel willentlich kontrollieren können, daran hatte Darwin nie einen Zweifel.

Noch zentraler und typischer für seine Denkweise sind drei allgemeine Prinzipien, von denen er im Anfangskapitel sagt, dass sie ihm »die meisten Ausdrucksformen und Geberden zu erklären scheinen, die von dem Menschen und den niedern Thieren unter dem Einflusse verschiedener Seelenbewegungen und Gefühle unwillkürlich gebraucht werden«. Dabei

7 Charles Darwin, *The Expression of the Emotions in Man and Animals*, London 1872; dt.: *Der Ausdruck der Gemüthsbewegungen bei dem Menschen und den Thieren*, übers. von J. Viktor Carus, Stuttgart 1872 (Nachdruck Nördlingen 1989).

handelt es sich zum Ersten um das »Princip zweckmässiger associierter Gewohnheiten«, die in dem Maße habitualisiert werden, wie sie bestimmte Funktionen erfüllen; dann zum Zweiten um das (recht überraschende) »Princip des Gegensatzes«, wonach ein zum ersten Prinzip »direct entgegengesetzter Seelenzustand« eine Neigung zur »Ausführung von Bewegungen einer direct entgegengesetzten Natur« auslöst; und schließlich zum Dritten um ein Prinzip, nach dem das »Sensorium«, wenn es »stark erregt wird«, gänzlich »unabhängig vom Willen« Wirkungen hervorbringt, »welche wir als expressiv anerkennen«. Es ist für uns nicht erforderlich, diese Prinzipen aus philosophischer und erst recht aus naturwissenschaftlicher Perspektive einer Kritik zu unterziehen. Sie sind seit langem obsolet. Sie belegen Darwins Wunsch nach einer weitreichenden Kontinuität in der Evolution, und gestützt von seiner Überzeugung, dass langanhaltende Gewohnheiten schließlich erblich würden, ebnen die drei Prinzipen den Weg zur Konklusion des Buchs, der zufolge »der Mensch von irgend einer niedern thierischen Form herstammt«, und untermauern »die Annahme der specifischen oder subspezifischen Identität der verschiedenen Menschenrassen«.

Obwohl zahlreiche Seiten seines Werkes über den Ausdruck der Gemütsbewegungen wie eine Fallstudie wirken, die sein allgemeines Verständnis der Evolution als eines kontinuierlichen Vorgangs bestätigen soll, gibt es doch eine Passage, in der die besondere Konzentration auf die Stimme in eine sehr schöne und vielleicht sogar bewegende Nähe zu philosophischen Vorstellungen seiner Zeit und zur antiken Mythologie gelangt. Musik nicht nur im »Gesang« der Vögel zu finden, sondern auch aufzuzeigen, dass sie dem emotionalen Ausdruck von Primaten und Menschen zugrunde lag, war Darwin sehr wichtig. Als er genügend Material gesammelt hatte, das diese Sicht stützte, brachte ihn das auf die Hypothese, dass der Gesang der menschlichen Fähigkeit zu artikulierter Sprache und damit zur vollen Entfaltung des menschlichen Geistes vorausgegangen sein müsse. »Dass Thiere musikalische Töne hervorbringen, ist eine Jedermann geläufige Thatsache, wie wir es ja täglich im Gesang der Vögel hören. Eine merkwürdigere Thatsache ist die, dass ein Affe, einer der Gibbons, genau eine Octave musikalischer Töne hervorbringt, wobei er die Tonleiter in halben Tönen auf- und abwärts singt, so dass man von diesem Affen sagen kann, dass er ›allein unter den Säugethieren singe‹. Durch diese Thatsache und durch die Analogie mit anderen Thieren bin ich zu der Folgerung geführt worden, dass die Urerzeuger des Menschen wahrscheinlich musikalische Töne ausstiessen ehe sie das Vermögen der articulirten Sprache erlangt hatten.«[8]

*

Blicken wir aus philosophischer Perspektive auf die obigen Überlegungen zur Evolution von Sprache, Geist und Stimme zurück, können wir sagen, Geschichte setzt die Kontrolle des menschlichen Gehirns über die Stimmorgane im Sinne einer evolutionären Diskontinuität voraus, welche die Entwicklung der Sprache und über die Sprache die des menschlichen Geistes erleichtert. Die Geschichte der ersten 20 oder 30 Jahrtausende fällt daher in den Bereich der Fantasie und Spekulation, wie sie in philosophischen Abhandlungen und mythologischen Erzählungen artikuliert wird, die sich mit der gemeinsamen Entstehung der Sprache und des menschlichen Geistes befassen. In diesem Prozess spielte die menschliche Stimme zweifellos eine entscheidende Rolle, und ich will mich nun auf die vor dem Hintergrund der aufkommenden Sprache erfolgende Entwicklung eines neuen Status und neuer Funktionen für die elementaren Schichten der Stimme konzentrieren, die Men-

8 Darwin-Zitate in diesem Abschnitt: ebd., S. 91, 27-29, 375, 88.

schen mit Primaten und anderen Säugetieren gemeinsam haben. Wir können zwar aus rein logischen Gründen annehmen, dass es solche Veränderungen in den akustischen Funktionen der Stimme gab, doch über deren Einzelheiten oder Auswirkungen wissen wir nichts, was unsere fortdauernde Unsicherheit hinsichtlich all jener Effekte der Stimme erklärt, die gleichbedeutend mit der Artikulation von Bedeutung sind. So vermag niemand auf der Grundlage einer kohärenten Theorie vorauszusagen, wie eine bestimmte »Rauheit der Stimme« unseren Eindruck von deren Besitzer beeinflusst, und niemand vermag zu erklären, warum singende Stimmen bei uns stärkere Emotionen auslösen als sprechende.

Mit seiner These über die singende Stimme als Vorläufer der propositionale Gehalte ausdrückenden Stimme eröffnete Charles Darwin womöglich eine lebhafte Diskurstradition, die in vielfältigen Abwandlungen bis heute fortdauert. In »Josefine, die Sängerin oder Das Volk der Mäuse«, der letzten Erzählung, die Franz Kafka vor seinem Tod und gut 60 Jahre nach dem Erscheinen von Darwins *Der Ausdruck der Gemüthsbewegungen bei dem Menschen und den Thieren* schrieb, begegnen wir dem Motiv der archaischen Singstimme in einer sonderbaren Spannungslage zwischen provozierender Absurdität und philosophischer Allegorie. Josefine ist eine Maus, die mit der Behauptung, eine herausragende Sängerin zu sein, andere Mäuse um sich zu scharen vermag, obwohl ihre Stimme, wie der Erzähler immer wieder betont, ebenso klingt wie das für sie alle typische »Pfeifen«. Im gesamten Text bemüht sich der Erzähler um eine Erklärung für diese paradoxe Reaktion zwischen gebannter Faszination und ernüchternder Wahrnehmung, und die einzige Antwort, die er (oder sie) findet, lautet, dass Josefines Publikum trotz einer gemeinsamen »Unmusikalität« eine schwache Erinnerung an Gesang als eine in ferner Vergangenheit existenziell gewesene Schicht besitzt. »Ist es denn überhaupt Gesang? Trotz unserer Unmusikalität haben wir Gesangsüberlieferungen; in den alten Zeiten unseres Volkes gab es Gesang; Sagen erzählen davon, und sogar Lieder sind erhalten, die freilich niemand mehr singen kann. Eine Ahnung, was Gesang ist, haben wir also ...«

Als einen Grund für die Distanz der lebenden Mäuse zum Gesang verweist der Erzähler auf die Tatsache, dass sein Volk gewissermaßen »vorzeitig alt« sei, wobei gelegentlich jedoch durch die pfeifende und flüsternde Sprache etwas von der »armen, kurzen Kindheit«, aber auch vom »tätigen Leben« mit »seiner kleinen, unbegreiflichen und dennoch bestehenden und nicht zu ertötenden Munterkeit« hindurchscheine.[9] Drei Elemente in Kafkas Text sind hier für uns interessant: nochmals der Gedanke, wonach das Singen (in diesem Fall »Pfeifen«) der gesprochenen Sprache vorausging; dann der spezifische Status, den dieser Hintergrund aus der Vergangenheit der sprechende Stimme verleiht (ohne ihn würden ihre Laute nicht wie »Pfeifen« klingen); und schließlich dank der Erinnerung ans Singen die ambivalente Stimmung im Mausleben zwischen Ernst und einstiger »Munterkeit«.

Kurz nach Darwin und vier Jahrzehnte vor Kafka entfaltete Nietzsche den bereits erwähnten Horizont an Hypothesen zur Vorgeschichte der menschlichen Sprache in mehreren Reflexionen und Einwürfen, die zu seinem 1872 erschienenen Buch *Die Geburt der Tragödie aus dem Geiste der Musik* führten. Auch für Nietzsche gab es einen stimmlichen »Tonuntergrund« für die verschiedenen Aufbrüche, in denen die »Geberdensymbolik« als entgegengesetztes Prinzip sich auf den Weg zur Vielfalt der verschiedenen Sprachen machte (der Ausdruck »Geberde« erscheint hier ohne Anspielung auf Hand- oder Körperbewegungen). Ähnlich wie Kafka, aber expliziter assoziiert Nietz-

9 Franz Kafka, »Josefine, die Sängerin oder Das Volk der Mäuse«, in: ders., *Erzählungen*, hg. von Max Brod, Frankfurt/M. 1986, S. 200-216, hier S. 201, 209f.

sche außerdem den stimmlichen »Tonuntergrund« mit einer Stimmung, in der Lust und Unlust nicht geschieden waren.

Aus philosophischer Perspektive ist hier am wichtigsten, dass Nietzsche den »Tonuntergrund« in ein Viereck aus zwei miteinander verbundenen Unterscheidungen einfügt: auf der einen Seite die Unterscheidung zwischen dem nichtsemantischen »Tonuntergrund« und der Sprache als »consonantisch-vokalische[s] Wort«, das aus der »Geberdensymbolik« hervorgeht; auf der anderen Seite die Unterscheidung zwischen dem »Willen« als existenzieller Grundlage (im Sinne Schopenhauers) und »unsere[r] ganze[n] Leiblichkeit« als dessen Artikulation. In beiden Unterscheidungen besetzen »Tonuntergrund« und »Wille« die Ebene der grundlegenden Begriffe, während »Leiblichkeit« und »consonatisch-vokalische[s] Wort« für die greifbare Realität des menschlichen Lebens stehen. Im Gefolge Schopenhauers verstand Nietzsche »Wille« allerdings als die einzig dynamische unter allen Arten der Veränderung und Verwandlung, doch da er auch als »Inhalt« der Musik beschrieben wurde, assoziierte er den Willen mit Musik und Musik mit dem Singen als »Tonuntergrund«. Diese begriffliche Struktur und Bewegung wurde zum Ursprung des für Nietzsche zentralen Begriffs des »Dionysischen«, also der Idee eines Geistes- und Gemütszustands, der im Willen und in Vokalmusik (meist Chormusik) gründet, eines Zustands, der alle Formen einer »Individuation« auslöscht, und so »schließt sich nicht nur der Bund zwischen Mensch und Mensch wieder zusammen: auch die entfremdete, feindliche oder unterjochte Natur feiert wieder ihr Versöhnungsfest mit ihrem verlorenen Sohne, dem Menschen«.[10]

10 Friedrich Nietzsche, *Die Geburt der Tragödie aus dem Geiste der Musik* (1872), in: ders., *Sämtliche Werke. Kritische Studienausgabe*, hg. von Giorgio Colli und Mazzino Montinari, München 1980, Bd. 1: *Die Geburt der Tragödie, Unzeitgemäße Betrachtungen I-IV, Nachgelassene Schriften 1870-1873*, S. 29.

Kein anderer Denker hat das Raster der mit der Stimme verbundenen Begriffe in mehr Richtungen und zu höherer Komplexität entwickelt als Nietzsche. Es gibt kaum ein Motiv in seiner Philosophie, das sich nicht auf diese Konfiguration zurückbeziehen ließe, die sich seiner Fokussierung auf die antike griechische Kultur verdankte, in der die Stimme eine allzu ursprüngliche Stellung einnahm, als dass ein durch Schreiben und durch Bücher im Prozess der Moderne geprägter Kopf sie hätte erfassen und sich vorstellen können. Doch während Nietzsche sich bemühte, all diese aus der Stimme als Musik abgeleiteten Aspekte in die verschiedenen Fassungen seiner »Lebensphilosophie« einzufügen, hatte die Antike selbst die Stimme aus den verschiedensten Perspektiven in vielfältigen mythologischen Erzählungen behandelt, mit einer offensichtlichen Vorliebe für jene Funktionen, die von der Bedeutungsartikulation losgelöst waren. Diese Erzählungen bieten ein inspirierendes Spektrum an Motiven und Bildern für unsere Spekulationen über die undokumentierten Zeiten, in denen der Prozess der Differenzierung zwischen elementaren Verwendungen der Stimme und gesprochener Sprache stattgefunden haben muss.

Die Sirenen, die im 12. Gesang der *Odyssee* erstmals als zwei Figuren ohne eigene Namen und auf zeitgenössischen Vasenbildern nicht unbedingt als Paar auftauchen, sind diejenigen mythologischen Gestalten, die wir wahrscheinlich am ehesten mit der Anziehungskraft und den Gefahren einer nichtsemantischen Stimme verbinden. In der Bildtradition besitzen die Sirenen seltsam hybride Körper, mit dem Haar und dem Gesicht von Frauen, nackten Brüsten und vogelähnlichen Schwänzen und Beinen (die sich später in fischartige Formen ähnlich unserer Vorstellung von Meerjungfrauen verwandelten). Dem physisch hybriden Charakter entsprechen wenigstens zwei existenzielle Ambiguitäten. Als Frauen scheinen die Sirenen erotisches Begehren zu erregen, doch der untere tierische

Teil ihres Körpers verhindert die Erfüllung solch eines Verlangens. Relevanter für uns ist jedoch die Doppelfunktion ihrer Stimme. Sie wenden sich an die Seeleute zunächst mit einschmeichelnden und schlichtweg lügenhaften menschlichen Worten: »Hieher, Odysseus, Ruhm aller Welt, du Stolz der Achaier! Treibe dein Schiff ans Land, denn du mußt unsre Stimmen erst hören! Keiner noch fuhr hier vorbei auf dunklen Schiffen, bevor er Stimmen aus unserem Munde vernommen, die süß sind wie Honig. So einer kehrt dann mit tieferem Wissen beglückt in die Heimat.«[11]

Die Stimme »aus ihrem Munde«, die Stimme, deren unwiderstehlichen Reiz ihre Worte beschreiben, wird jedoch niemanden »mit tieferem Wissen« beglücken, da sie nicht die Formen der menschlichen Sprache verwendet. Vielmehr beschreibt die *Odyssee* sie als »helles Gesinge« ohne jeglichen Inhalt, vor dem die Zauberin und Göttin Kirke den Helden aus Ithaka bereits gewarnt hatte, verbunden mit der Empfehlung, die Ohren der Seeleute mit Wachs zu verschließen und sich selbst an den Mast des Schiffes binden zu lassen.[12] Vor allem ist es eine Stimme, die kein Wort und keine andere Form der Darstellung jemals einzufangen oder zu ersetzen vermöchte. Da niemand der Versuchung dieses wunderschönen, wortlosen und vielleicht vogelähnlichen Gesangs zu widerstehen vermag, bildet auch Odysseus keine Ausnahme: »Zu lauschen drängte das Herz, und ich gab den Gefährten befehlende Win-

11 Homer, *Odyssee*, in: ders., *Odyssee und Homerische Hymnen*, übers. von Anton Weiher, München 1990, S. 241 (12. Gesang, 154-188).

12 Im ersten Band seines monumentalen *Sphären*-Werks von 1998 liest Peter Sloterdijk die Sirenen-Episode (S. 487-542), ohne zwischen ihren Worten und ihrem »hellen Gesinge« zu unterscheiden. Nach ihm liegt die Verführungskraft der Sirenen im schmeichlerischen Hinweis auf den »Ruhm« des Odysseus. Siehe Peter Sloterdijk, *Sphären I. Blasen*, Frankfurt/M. 1998, S. 498-499; siehe auch ebd., S. 506: »lautdeutlicher Ergreifungsanspruch«.

ke, mich zu befrein«, was sie jedoch ablehnten, denn ihr Herr hatte ihnen berichtet, was er von Kirke erfahren hatte: »doch liegen daneben in Mengen auf Haufen faulende Menschen, Knochen und schrumpfende Häute an ihnen«. Anders als die heimtückischen Worte der Sirenen, die den Helden nicht zu einer Änderung seiner Auffassungen bewegen konnten, überwindet das »helle Gesinge« aus ihrem »Munde« unfehlbar jeglichen Widerstand menschlicher Vernunft und bringt den menschlichen Körpern, die ihm verfallen, den Tod. Und auch wenn nicht alle unwiderstehlichen Stimmen und deren Musik eine derart tödliche Wirkung zeigen, besitzen sie doch stets eine ganz spezifische Macht, die anders ist als die der gesprochenen Sprache oder von Wahrnehmungsregimen, welche nicht auf Ohr und Stimme basieren. Das lernen wir aus Vergils Fassung der Erzählung von Orpheus und Eurydike.

Orpheus besitzt eine erstaunliche Macht über Natur, Menschen und sogar Götter, und zwar durch den Gesang seiner Stimme wie auch die Klänge seiner Lyra (in der antiken griechischen Kultur ließ sich Musik kaum von Stimmen trennen). In der Imagination dieser Welt gab es keine größere Herausforderung als den Versuch des Orpheus, seine geliebte Ehefrau Eurydike aus der Unterwelt zurückzuholen, in der sie gefangen war, seit eine Giftschlange sie am Tag ihrer Hochzeit mit Orpheus gebissen und getötet hatte. Wie die Episode der Sirenen besitzt die Erzählung mehrere Phasen, die zeigen, wie die Kraft der Musik immer größere Widerstände zu überwinden vermag. Es beginnt in der Nähe des Ortes, an dem Eurydike den Tod fand, mit dem traurigen Klagelied, mit dem Orpheus eine dort lebende Nymphe zu dem Rat bewegt, in die Unterwelt hinabzusteigen, um dort mit Hades und Persephone, dem König und der Königin der Unterwelt, über die Möglichkeit zu verhandeln, Eurydike zurückzuholen. Im 4. Buch seiner *Georgica* beschreibt Vergil auf wunderschöne Weise, wie der Gesang des Orpheus nach der Nymphe auch die Geister der Toten im Hades, die dort wie Vögel auf einem Baum versammelt sind, in seinen Bann zieht. »Orpheus selbst besang dich, die süße Gattin, indem er die quälende Sehnsucht für sich am einsamen Strand mit der gewölbten Leier zu stillen suchte. [Er] nahte den Totengeistern und dem furchtbaren König, dessen Herz menschliches Flehen nicht kennt. Aber, von seinem Lied gerührt, schwebten luftige Schemen aus den tiefsten Gründen des Erebus herbei, auch Schatten derer, die dem Licht entschwunden waren, so wie Vögel sich zu Tausenden im Laubwerk bergen, wenn Abend oder stürmischer Regen sie von den Bergen scheucht.«

Von Orpheus' Stimme beeindruckt, erlaubt Hades ihm, Eurydike zum Klang seiner Musik auf die Erde zurückzuführen – unter der berühmten Bedingung, dass er sich nicht umdrehen und nach seiner Frau umschauen darf, bevor er nicht das Tageslicht erreicht hat. Bis zu diesem Punkt war Vergil früheren Fassungen des Mythos gefolgt, die zu einem Happyend führten. Der schicksalhafte Moment des Blicks zurück zu seiner geliebten Frau, die noch nicht wieder die Oberfläche der Erde erreicht hatte, ist eine Erfindung des römischen Dichters und beherrscht seither die Überlieferung der Erzählung: »Und schon war Orpheus bei der Rückkehr aller Gefahr entronnen, und die wiedergeschenkte Eurydice stieg, ihm folgend [...], zu den oberen Lüften empor, als plötzlich den Liebenden, bar aller Vorsicht, ein Wahn hinriß, verzeihlich gewiß, könnten Totengeister verzeihen: Er stand still und sah sich, schon an der Schwelle des Lichtes, nach seiner Eurydice um und vergaß, ach, übermannt von Sehnsucht, den Befehl. Da war alle Mühe vertan [...].«[13]

Wie sollen wir diesen Wendepunkt interpretieren, der uns so vertraut ist, während er Vergils zeitgenössische Leserschaft

13 Vergil, *Georgica. Vom Landbau*, lat.-dt., übers. von Otto Schönberger, Stuttgart 1994, S. 137, 139 (4.464-474, 485-492).

überrascht und sogar schockiert haben muss? Was sagt er uns über die Kraft der Musik und des Gesangs? Anders als Homer in der Sirenen-Episode befasst Vergil sich nicht explizit mit dem Gegensatz zwischen gesprochener Sprache und Gesang, sondern mit einer Unverträglichkeit zwischen Klang und Blick in einer Liebesbeziehung. Um ihre Macht zu behalten, scheint Musik eine Exklusivität zu erfordern, die durch jeden visuellen Kontakt zunichtegemacht wird. Unwiderstehliche Klänge haben ihre Voraussetzungen. Während gesprochene Sprache einem wortlosen Lied vorausgehen oder folgen mag, sich jedoch nicht mit ihm überschneidet, erlaubt Liebe, die sich auf die Stimme stützt, keine Störung durch die Augen. Ob solch eine Lesart in Vergils Rom plausibel erschienen wäre, vermag ich nicht zu beurteilen. Sie passt jedoch zu dem Eindruck, dass Gesang eine Tendenz hat, alternative sinnliche und intellektuelle Anziehungskräfte auszuschließen. Der Gesang scheint in der Tat Distanz zu ihnen zu verlangen.

Ein Mangel an Distanz entscheidet dagegen über das Schicksal der Nymphe Echo in einer anderen altgriechischen Erzählung über die Stimme. Als Naturgottheit niederen Rangs gehört Echo zu einer Gruppe von Figuren, die den erotisch freizügigen Göttervater Zeus umgeben. Bei einer der zahlreichen Gelegenheiten, bei denen seine Frau Hera von den irdischen Beziehungen ihres Ehemanns erfährt und vom Olymp herabsteigt, um ihn zur Rede zu stellen, übernimmt Echo eine Spezialaufgabe. Da sie »schwatzhaft« (lat. *garrula*) ist, wie Ovid sie im 3. Buch seiner *Metamorphosen* nennt, lenkt sie die Mutter der Götter in einem langen Gespräch ab, so dass Hera an der Umsetzung ihres Racheplans gehindert wird. Als Hera entdeckt, was in Wirklichkeit hinter Echos Verhalten steckte, belegt sie die Nymphe mit einem Fluch. Fortan sieht die einstmals allzu wortreiche Echo sich darauf beschränkt, nur die eben erst gesprochenen Worte anderer Personen zu wiederholen.

Diese Geschichte handelt nicht vom wortlosen Klang einzelner Stimmen, der Aufmerksamkeit oder erotisches Verlangen weckt, sondern von stimmlich artikulierter Sprache als einem Interaktionsmedium, dessen Themen und Geschichten die Zuhörenden von ihren eigenen Vorhaben und Plänen ablenken können. Hera gab der Verlockung nach, Echos Worte so nah an sich heranzulassen, dass sie ihr Denken mit Beschlag belegten und ihr Handlungsvermögen unterminierten. Die von der Göttin verhängte Strafe wirkt daher wie eine übertriebene Spielart des besonderen Talents der Nymphe. Ihrer Sprache war es gelungen, einen Großteil der Distanz zu Hera zu überwinden, doch der Fluch macht sie nun vollends distanzlos und daher identisch mit den Worten, die irgendjemand vor ihr aussprach. Aufgrund der fehlenden Distanz verliert Echo jedoch jeglichen Reiz. Als sie sich in den selbstversonnenen Narziss verliebt, findet sie keinen Weg, die Distanz herzustellen, die notwendig wäre, um für ihn zum Objekt erotischen Begehrens zu werden, da sie gezwungen ist, nur seine Worte zu wiederholen. Aus der Sicht der Stimme als Metapher für die Ambivalenzen im Verhältnis zwischen dem menschlichen Geist und dem menschlichen Körper ist die Geschichte von Echo eine Warnung vor dem Verlust des körperlichen Reizes bei einer allumfassenden Offenheit und Identifikation mit dem Geist eines anderen. Sprechende Stimmen laufen Gefahr, sich zu verlieren, wenn sie den Geist anderer erobern.

Bei dem Versuch, Ideen und Bilder zu sammeln, die Situationen der Stimme bei der Entstehung von Sprache und Bewusstsein zu illustrieren vermögen, habe ich die Gattungsgrenzen zwischen philosophischen Abhandlungen, modernen fiktionalen Texten und mythologischen Erzählungen weitgehend ignoriert. Als Antwort auf einige explizite oder – nach einer berühmten Darstellung des Mythos[14] – seit Langem ver-

14 Ich verweise hier auf das dritte Kapitel in André Jolles, *Einfache Formen*, Halle 1930.

gessene Fragen glichen sie alle das Fehlen von Dokumenten für die Vor- oder Frühgeschichte aus und boten uns so einige robuste und erstaunlich oft wiederkehrende Motive zu der Stellung und den Funktionen der Stimme in dieser fernen Vergangenheit. Besonders herauszuragen scheint dabei das Motiv einer nicht bedeutungsbezogenen, rein »tonalen« Stimme zu sein, die der stimmlichen Sprache vorausging. Es findet sich ohne erkennbare Verbindungen des Einflusses oder der wechselseitigen Inspiration bei Autoren, die aus so unterschiedlichen Motiven schrieben wie Charles Darwin, Friedrich Nietzsche und Franz Kafka. Die griechische Mythologie neigt eher zu einer Illustration der Unterschiede zwischen der gesprochenen Sprache und der nichtsemantischen tonalen Stimme, wobei sie dieser Stimme eine unwiderstehliche Verführungskraft tödlicher Zerstörung oder liebender Vereinigung zuschreibt. Vergils Version des Mythos von Orpheus und Eurydike macht diese Kraft der musikalischen Stimme jedoch abhängig von einer ungeteilten akustischen Aufmerksamkeit, während die meisterliche Beherrschung der gesprochenen Sprache als Mittel des Gesprächs und der Nähe bei der Nymphe Echo eine göttlichen Bestrafung heraufbeschwört, durch die sie jegliche physische Aufmerksamkeit verliert. Insgesamt führt uns das Fehlen von Materialien zur Bestimmung eines bescheiden »empirischen« Entwicklungswegs der Stimme in den frühesten Zeiten der menschlichen Geschichte zu einem Horizont aus Bildern, Erzählungen und impliziten begrifflichen Unterscheidungen von beträchtlichem inspirierendem Wert für die Reflexion über stimmbezogene Phänomene als Beispiele ontologischer und epistemologischer Diskontinuität in der *conditio humana*.

*

Der dritte und nun vollends »historische« Abschnitt dieses Kapitels befasst sich mit Spuren eines Interesses an spezifischen tonalen Eigenschaften der Stimme, den wechselnden Motiven hinter solchem Interesse und den dadurch ins Spiel gebrachten Beschreibungsebenen. Wie gesagt konfrontiert uns selbst diese Aufgabe mit einer Knappheit und Unbestimmtheit der Quellen, die es uns schwermachen, dem langen Schatten der von Hegel aufgestellten Behauptung zu entkommen, wonach es unmöglich ist, einander folgende Momente der Erfahrung mit Organen des menschlichen Körpers auf einer begrifflich kohärenten Ebene zusammenzubringen. Eine tentative Geschichte der Aufmerksamkeit für individuelle Stimmen könnte mit der Beobachtung beginnen, dass relevante frühe Texte nicht nur aus der griechischen Antike oft unter der Prämisse produziert und gelesen wurden, Ergebnis einer »kondensierten Stimme« zu sein, und zwar in der Hoffnung, deren Reaktivierung als eine Originalquelle der Artikulation zu erleichtern.[15] So erklärten etwa Inschriften auf Grabsteinen oft, sie seien eine Wiederbelebung der Stimme, und versuchten zuweilen, sprachliche Idiosynkrasien der verstorbenen Person nachzuahmen. Wir können unmöglich beurteilen, ob jemals geglaubt wurde, dass solche textimmanente Präsenz der Stimme tatsächlich lebendig würde. Die beiden Homer zugeschriebenen Epen zeigen durchaus eine gewisse Faszination für Szenen stimmlicher Darbietung, beschreiben aber kaum jemals ausführlich die Stimme ihrer Helden. In den hellenistischen Jahrhunderten verwandelte sich dieser Glaube an textimmanente stimmliche Unmittelbarkeit eindeutig in eine Stilkonvention.

15 Irmgard Männlein-Robert, *Stimme, Schrift und Bild. Zum Verhältnis der Künste in der hellenistischen Dichtung*, Heidelberg 2007, S. 9. Bei meinen Bemerkungen über die griechische und römische Antike stütze ich mich hauptsächlich auf die einleitenden Kapitel dieses Werks und auf Melanie Möllers herausragendes Buch *Ciceros Rhetorik als Theorie der Aufmerksamkeit*, Heidelberg 2013.

In der Philosophie des Aristoteles nimmt die Stimme allerdings eine explizite und sogar fundamentale Stellung ein, deren Implikationen und Folgen uns heute zuweilen schwer verständlich sind. Sein Buch *De anima* verbindet die Stimme mit der Seele und fügt einen langen, für uns sehr überraschenden Kommentar hinzu, wonach nicht nur die Stimme des Menschen, sondern auch die von Tieren die Präsenz einer Seele bezeuge. »Die Stimme ist etwas wie der Schall eines beseelten Wesens. Von dem Unbeseelten hat keines Stimme. [...] Viele Tiere haben keine Stimme wie die Blutlosen und von den Bluttieren die Fische. Und dies mit Grund, da der Schall eine Bewegung der Luft ist. [...] So ist Stimme das von der in diesen Körperteilen wohnenden Seele bewirkte Anschlagen der eingeatmeten Luft an die sogenannte Luftröhre.«[16] Ich werde hier nicht den berüchtigt komplizierten philosophischen und hermeneutischen Fragen der genauen Bedeutung des Wortes »Seele« bei Aristoteles nachgehen. Da er der Ansicht ist, dass mehrere Tierarten sowohl eine Stimme als auch eine Seele besitzen, wird man sich vorstellen dürfen, dass diese Bedeutung Ähnlichkeit mit dem hat, was wir als »propositionaler Gehalt« bezeichnen, aber nicht vollständig damit übereinstimmt.

Eine grundlegende Unterscheidung zwischen verschiedenen Arten von Stimmen nach ihren physischen Merkmalen findet sich in Aristoteles' *Rhetorik*. Die Rhetorik »behandelt die Stimme und versucht, wie man sie bei einem jeden Gefühl zu betätigen habe, wann man z. B. laut oder leise oder mittelstark zu sprechen habe, und wie man es mit der Stimmlage zu halten habe, wann man etwa die hohe oder tiefe oder mittlere zu wählen habe, und welcher Klangfolge man sich jedesmal zu bedienen habe. Denn dreierlei ist zu beachten, Fülle, Klang

16 Aristoteles, *Über die Seele*, in: ders., *Werke in deutscher Übersetzung*, Bd. 13, übers. von Willy Theiler, Berlin 1959, S. 40 (Buch II, Kap. 8).

und Folge.«[17] Von diesen drei Ebenen stimmlicher »Qualitäten« eignet sich die zweite, »Klang«, am besten für eine individuelle Differenzierung. Ob man die »hohe oder tiefe oder mittlere« Stimmlage wählt, so schreibt Aristoteles, hängt von individuellen körperlichen Eigenschaften ab, während »Fülle« und »Folge« offen für eine willentliche Modulation durch die Sprechenden sind. Das dürfte der Grund sein, warum er noch am wenigsten Aufmerksamkeit auf Eigenschaften des Klangs verwendet bei seinem Versuch, im Verhältnis zwischen verschiedenen Inhalten und institutionellen Situationen der Rhetorik einerseits und verschiedenen Formen stimmlicher Darbietung andererseits das »Angemessene« zu bestimmen. Stimmliche Darbietung erfolgt jedoch niemals getrennt von nichtakustischen Registern körperlicher Selbstdarstellung, von denen Aristoteles sich detailliert mit dem Gesichtsausdruck und mit manuellen Gesten befasst. Das lateinische Wort *actio* sollte später die rhetorische Kategorie werden, die Stimme und visuellen körperlichen Ausdruck miteinander verbindet.

Beide Begriffe, »*actio*« und »Angemessenheit«, waren von zentraler Bedeutung in dem überlieferten Wissen, das die Praxis öffentlicher Rede bis ins 18. Jahrhundert prägte. Auf einem ähnlichen Abstraktionsniveau dominieren grundlegende epistemologische Unterscheidungen Passagen mit detaillierten Differenzierungen im Text des Aristoteles. So bietet er den Lesern nach der Entfaltung des Begriffs des Angemessenen nur wenige Beispiele für Situationen, in denen das Verhältnis zwischen stimmlicher Darbietung als *actio* und dem Inhalt einer Rede nicht angemessen gewesen war: »Wenn man nun weiche Worte mit spröder Stimme sagt und harte Worte mit weicher Stimme, dann wirkt man nicht überzeugend.« Am deutlichsten unterscheidet ihn bei der Reflexion über Stimme als Teil der Rheto-

17 Aristoteles, *Rhetorik*, hg. und übers. von Paul Gohlke, Paderborn 1959, S. 185 (III.1).

rik von der Mehrzahl seiner Nachfolger letztlich eine durchgängige Skepsis hinsichtlich der Dimension der *actio* und ihren Komponenten, die er kritisch eher mit Theater und Schauspielerei assoziiert als mit ernsthafter politischer Debatte. Denn »Fülle, Klang und Folge [...] bringen im Wettstreit den Sieg ein; und wie heutzutage auf jenem Gebiet die Schauspieler mehr vermögen, als die Dichter, so ist es auch im Wettstreit unseres Gemeindelebens geworden, nur durch Entartung der Verfassungen.«[18] Dieser Tonfall einer grundsätzlichen Kritik hat sich in den Diskursen über Rededarbietungen bis heute gehalten.

Vier Jahrhunderte nach Aristoteles griff Marcus Fabius Quintilianus in seiner Abhandlung *Ausbildung des Redners*, dem wohl einflussreichsten Text aus der antiken rhetorischen Tradition, die Grundarchitektur des Buchs von Aristoteles auf. Quintilian teilte allerdings nicht die Skepsis hinsichtlich der Dimensionen *actio* und Stimme. Vielmehr betonte er die Möglichkeit, die individuelle Leistung innerhalb dieser Dimensionen durch angeleitetes Lernen zu verbessern, während Aristoteles auf die Grenzen von Bemühungen verwies, solch ein, wie er sagte, »Geschenk der Natur« zu erwerben und zu entwickeln. Von ihrer eigenen pädagogischen Mission getrieben, entfaltet die *Ausbildung des Redners* eine umfangreiche, zuweilen verwirrende typologische Differenzierung zwischen physischen Merkmalen der Stimme. »Ja, ich möchte behaupten, daß selbst eine mittelmäßige Rede, die sich durch die mitreißende Kraft des Vortrags empfiehlt, mehr Eindruck hinterlassen wird als die beste, der diese Empfehlung fehlt.« Er illustriert diese Ansicht mit langen Listen meist positiver Prädikate für die Stimme. So eigne sich für den Vortrag am besten »eine leicht ansprechende, große, reiche, schmiegsame, feste, ausdauernde, helle und reine Stimme«, und der Vortrag solle

18 Ebd., S. 201, 185 (III.8, III.1).

»fehlerfrei, deutlich, schmuckvoll und passend« sein«.[19] Letztlich illustriert diese Überfülle der Unterscheidungen lediglich eine typische Struktur ähnlich der bei Aristoteles zu findenden. Denn da rhetorische Abhandlungen als Lehrmittel dienten, mochten sie zwar in ihren Ansichten über die wichtigsten Strategien öffentlicher Rede und im Grad ihrer Detailliertheit voneinander abweichen, ließen sich jedoch niemals auf den konkreten Charakter einzelner Stimmen ein. Wann immer große Redner vergangener oder gegenwärtiger Zeiten in diesen Texten erscheinen, wie das gelegentlich in Quintilians *Ausbildung des Redners* geschieht, haben sie den Status einer Verkörperung, eines lebenden Beweises oder einer Illustration allgemeiner Merkmale besonderer Fähigkeiten.

Nur Ereignisse oder Situationen eines Scheiterns gaben im Diskurs der antiken Rhetorik Anlass, die Aufmerksamkeit kurz auf einzelne Stimmen zu richten. So gab es das Gerücht, dass Sophokles der erste Autor von Tragödien war, der beschloss, sich nicht selbst an deren Aufführung zu beteiligen, weil seine Stimme zu schwach war, und dass er starb, weil er seine Stimme durch das endlose Rezitieren seiner *Antigone* allzu sehr strapaziert hatte.[20] Wahrhaft faszinierend ist Ciceros Erinnerung an eine körperliche Verfassung in seinen jüngeren Jahren, die ihn von den physischen Herausforderungen einer aktiven Redepraxis eigentlich hätte ausschließen sollen: »Zu der Zeit war ich sehr schlank und körperlich schwach, mein Hals war langgestreckt und dünn: Dieser Zustand und diese Gestalt sind, wie man glaubt, Ausweis einer lebensgefährlichen Befindlichkeit, gesetzt den Fall, dass Anstrengung und große Anspan-

19 Marcus Fabius Quintilianus, *Institutionis Oratoriae, Libri XII. Ausbildung des Redners. Zwölf Bücher*, lat. und dt., hg. und übers. von Helmut Rahn, 2 Bde., Darmstadt 1975, Bd. 2, S. 611, 623, 619 (XI.3.5, XI.3.40, XI.3.30).

20 Männlein-Robert, *Stimme, Schrift und Bild*, S. 188.

nung der Lunge hinzukommt. Dies versetzte die Menschen, denen ich am Herzen lag, in umso größere Aufregung, als ich alles ohne Entspannung, ohne Abwechslung, mit der höchsten Anstrengung meiner Stimme und meines ganzen Körpers vortrug. Obwohl mir daher Ärzte und Freunde rieten, von der Prozessführung Abstand zu nehmen, war ich der Meinung, lieber jede beliebige Gefahr auf mich zu nehmen, als vom erhofften Rederuhm lassen zu sollen.«[21]

Solche biographischen und autobiographischen Details mögen unsere Aufmerksamkeit wecken, weil sie die Abstraktionsebene der Typologie hinter sich lassen, doch sie beschreiben keine physischen Unterschiede zwischen einzelnen Stimmen. Viele Leser Ciceros müssen dessen Stimme aus unmittelbarer Erfahrung gekannt haben, und für jene, die nicht über solche Erfahrung verfügten, dürfte das Wissen genügt haben, dass er trotz einer frühen körperlichen Beeinträchtigung zu einem der größten Redner der Zeit geworden war. Wirksamkeit in der öffentlichen Rede zu erlangen, war in der griechischen und römischen Antike eine der Perspektiven und einer der Fluchtpunkte für ein Interesse an der menschlichen Stimme, und diese Perspektive erforderte keine Beschreibung einzelner Stimmen. Konnte der individuelle Erfolg eines Redners unterstellt werden oder sogar als gesichert gelten, wurde der Verweis auf negative Aspekte seiner Stimme dagegen, wie wir in Ciceros Text gesehen haben, gelegentlich zu einem Hintergrund, der die individuelle Leistung besonders hervorhob. Eine Passage im 1. Buch der *Ilias*, in der Odysseus als der größte Redner unter den Helden der Achaier erscheint, obwohl einige seiner Körperbewegungen als Teil seiner *actio* unangemessen wirkten, lässt vermuten, dass dieses Wahrnehmungsmuster der Entstehung der Rhetorik als institutionalisierter Praxis und als Text-

21 Siehe Möller, *Ciceros Rhetorik als Theorie der Aufmerksamkeit*, S. 320f., Fn. 1214.

gattung möglicherwiese vorausging: »Aber wenn nun der vielkluge Odysseus aufsprang, / Stand er da und schaute nach unten, die Augen auf die Erde geheftet, / Und bewegte den Stab nicht rückwärts und nicht vorwärts, / Sondern hielt ihn starr in der Hand, einem linkischen Mann gleichend; / Du hättest sagen mögen, daß er stumpf sei und ganz unverständig. / Doch sobald er die Stimme, die gewaltige, aus der Brust entsandte / Und Worte, Schneeflocken gleichend, winterlichen, / Dann hätte es mit Odysseus kein anderer Sterblicher aufgenommen. / Da verwunderte es uns nicht so sehr, des Odysseus Erscheinung zu sehen.«[22] Die im ersten Kapitel zitierte Sueton-Passage über Julius Cäsar weist eine ähnliche Darstellungsstruktur auf. Die Leser wussten, dass Cäsar ein äußerst wirkmächtiger Redner gewesen war – und das trotz seiner »helltönenden« Stimme. Unwahrscheinliche, aber überwundene Probleme in der Laufbahn eines Redners bildeten in der antiken Rhetorik das einzige Motiv, das Anlass zu einer individualisierenden Beschreibung von Stimmen gab.

Entscheidend für ein Verständnis der institutionell zentralen Stellung menschlicher Stimmen während des Mittelalters[23] sind zwei berühmte Sätze aus dem Johannesevangelium: »Im Anfang war das Wort und das Wort war bei Gott«, gefolgt von: »Und das Wort ist Fleisch geworden und hat unter uns gewohnt und wir haben seine Herrlichkeit geschaut, die Herrlichkeit des einzigen Sohnes vom Vater, voll Gnade und Wahrheit.«[24] »Wort« (im griechischen Original *logos*) steht

22 Homer, *Ilias*, übertr. von Wolfgang Schadewaldt, Frankfurt/M. 1975, S. 51 (III.215-224).

23 Zu einigen wichtigen Aspekten der Stimme im Mittelalter (ohne die kohärente Perspektive einer übergreifenden These) siehe die Beiträge in Irit Ruth Kleiman (Hg.), *Voice and Voicelessness in Medieval Europe*, London 2015.

24 Zitate aus dem Neuen Testament hier und im Folgenden nach der Einheitsübersetzung von 2016. Johannes 1.1 und 1.4.

hier für »Geist«, woraus folgt, dass der Geist, da er »bei Gott« ist, ursprünglich nicht von dieser Welt ist. Soll die Welt Gottes Welt werden, bedarf sie daher einer Inkarnation im Sinne eines ontologischen Übergangs von Geist zu Fleisch, und Jesus Christus, »die Herrlichkeit des einzigen Sohnes vom Vater«, ist die Gestalt, in der Gott als Geist »Fleisch geworden« ist und unter den Menschen »gewohnt« hat. Das Lukasevangelium übersetzt diese abstrakte theologische Konfiguration in die Szene einer fundamentalen Begegnung zwischen dem Engel Gabriel und der Jungfrau Maria, in der das Wort als Geist durch eine Stimme real wird: »Der Name der Jungfrau war Maria. Der Engel trat bei ihr ein und sagte: Sei gegrüßt, du Begnadete, der Herr ist mit dir. Sie erschrak über die Anrede und überlegte, was dieser Gruß zu bedeuten habe. Da sagte der Engel zu ihr: Fürchte dich nicht, Maria; denn du hast bei Gott Gnade gefunden. Siehe, du wirst schwanger werden und einen Sohn wirst du gebären; dem sollst du den Namen Jesus geben. Er wird groß sein und Sohn des Höchsten genannt werden.«[25]

Obwohl diese Sätze aus dem Lukasevangelium stets als Ankündigung der Inkarnation gelesen werden und der Engel tatsächlich in der Zukunftsform spricht, sind seine und Marias Worte in Wirklichkeit keine bloße Ankündigung, sondern der tatsächliche Akt der Empfängnis Mariä von Gott. Denn erleichtert durch die innere Komplexität der Stimme, sind diese Worte zugleich Geist und Substanz der Inkarnation und ermöglichen daher den ontologischen Übergang vom Geist zum Fleisch, von Gott zu den Menschen. Anders als in der Verwendung des Begriffs bei Aristoteles sieht die christliche Theologie in der Stimme streng genommen kein Medium zum Ausdruck der individuellen Seele. Vielmehr bildet die Hervorhebung der Stimme als eines Übergangs und einer Neutralisierung (oder »Erhebung«) des ontologischen Unter-

25 Lukas 1.27-32.

schieds zwischen Geist und Fleisch, zwischen Gott und Welt die Besonderheit des Christentums als einer monotheistischen Religion. Natürlich könnte man sich vorstellen, dass ein so hochabstrakter theologischer Überbau folgenlos für den Status der Welt und für die Stimme im alltäglichen Leben geblieben wäre, doch das galt zweifellos nicht für die mittelalterliche Kultur. Die Regel, die es Mönchen verbot, ihre Stimme außerhalb des Klosters zu benutzen, und, wichtiger noch, die Verwendung des Lateinischen statt der jeweiligen Volkssprache bei der Abendmahlsfeier als dem zentralen religiösen Ritual helfen uns, die mittelalterliche Rolle der menschlichen Stimme zu verstehen.

Während die Theologie behauptete, die Welt sei dank der Fleischwerdung Christi nun durchdrungen vom Geiste Gottes, sollten die in den Klöstern und vor allem den Kirchen vollzogenen Rituale dafür sorgen, dass die Inkarnation in der weltlichen Realität ihr Höchstmaß erreichte. Schon seit den frühchristlichen Jahrhunderten hatten detaillierte und streng befolgte Praktiken in diesem Kontext der Vokalmusik eine unverzichtbare Rolle zugewiesen. Der Gesang war für die Gläubigen die wichtigste körperliche Form ihrer Teilhabe am Ritual der Eucharistie, weil erstens die Musik nach Augustinus als lebendige Verdichtung des göttlichen Universums galt und zweitens Singstimmen den Gläubigen den ontologischen Übergang vom Geist zum Fleisch zugänglich machten. Die Eucharistiefeier gab den Menschen eine Orientierung und die Möglichkeit, das zu werden, was der göttliche Plan von ihnen erwartete. Denn statt lediglich den Geist in lateinischen Texten zum Ausdruck zu bringen, fungierte der Gesang als eine verkörperte Wiederholung der Inkarnation. Es gab keinerlei Spielraum für Alternativen oder gar individuelle Abwandlungen. Im Gregorianischen Choral wurde die Stimme jedes Gläubigen Teil einer gemeinsamen, stets einstimmigen und nicht von Instrumenten begleiteten Darbietung. Daher besaß kein

Teil der körperlichen Existenz des Menschen einen höheren oder heiligeren Status als die Stimme. Der Gesang als Geschehen und als Erneuerung der Fleischwerdung verwandelte individuelle Körper in die Gemeinschaft der Christen, in den »mystischen Leib Christi«.

Weit entfernt von religiösen Ritualen erfolgte die Wiederentdeckung des seit der Aufklärung im Ruf eines »dunklen« Zeitalters stehenden Mittelalters in der frühen Romantik als ein Prozess des Lesens und der Wiederaneignung von Texten der höfischen Kultur. Diese ausschließliche Fokussierung machte es unmöglich, die Lieder und Gedichte der Troubadoure als eine aus aristokratischen Kreisen hervorgegangene Fantasiewelt zu begreifen, die der mittelalterlichen Gesellschaft von der Kirche und ihrem Klerus aufgezwungen wurde. Nicht zufällig feierten die Troubadoure eine ekstatische Form erotischer Begegnung, die ihnen innerhalb der Zwänge der christlichen Ehe ganz unmöglich erschien. Da der menschliche Körper sich in ihren Liedern und Bildern, die wahrscheinlich niemals Teil irgendeiner greifbaren Realität waren, der Kontrolle durch den Klerus entzog, dürfte die Stimme in der höfischen Kultur ihre vorrangig religiöse Funktion verloren haben, die Inkarnation als Geschehen zu wiederholen und als Gedanken zu verkörpern.

Einige der gegenkulturell provokantesten Troubadour-Lieder wurden lange mit dem Namen Wilhelms IX. von Aquitanien verbunden, einem südfranzösischen Aristokraten, der um 1100 lebte und im Alter von 54 Jahren starb. Er wurde von der Kirche wegen seines bewusst exzentrischen Verhaltens zweimal exkommuniziert. Im Widerspruch zu allen konventionellen Interpretationsversuchen geht es in einem der neun ihm zugeschriebenen, in altprovenzalischer Sprache verfassten Texte möglicherweise um eine von jeglicher Bedeutung freie Singstimme – auch wenn das Wort »Stimme« in keiner der acht Strophen auftaucht. Das Lied beginnt mit der expliziten Ankündigung des textinternen Autors und Sängers, dass er ein Lied ohne jeden propositionalen Gehalt singen werde: »Mein Lied wird um rein nichts sich drehn: / Weder um mich noch irgendwen, / Um Liebe nicht noch Jugendwehn, / Noch andern Tand«. Die nächsten beiden Verse stellen eine zweifache Distanz zum menschlichen Geist als Ursprung von Bedeutung her: »Zu Pferd ist und im Schlaf geschehn / Daß ichs erfand.« In der zweiten Strophe lesen wir, dass der Sänger sich in gar keiner Stimmung befindet, »Verspüre weder Lust noch Leid – / Nichts rührt mich an«, und dass es auch gar nicht anders sein könne: »Mich hat die tiefe Nacht gefeit, / Auf Berges Plan.« Danach verfällt das Lied in einen ständigen Wechsel zwischen Wiederholung und Variation. Fünf seiner Strophen streichen verschiedene semantische Felder aus und präsentieren verschiedene Worte für Leere als Zustand (oder Nichtzustand) des Gemüts, während es am Anfang der Schlussstrophe (*tornada*) heißt: »Gefügt das Lied – wovon, woher?« Anschließend löst der Text die genretypische Geste des Absendens an eine geliebte Frau auf, indem er eine ungewisse Reihe von Boten nennt, die an ein ungewisses Ziel geschickt werden.[26]

Nicht nur aus geistesgeschichtlicher Sicht, sondern auch aus streng philosophischen Gründen hat dieses Lied zweifellos nichts mit dem philosophischen »Nihilismus« zu tun, wie einige meiner allzu avancierten Kollegen in der Vergangenheit gemeint haben. Denn die darin zu findenden Negationen beziehen sich ausschließlich auf die Ebene der Bedeutung, während die erste und die letzte Strophe eindeutig feststellen, dass es da ein Lied geben wird beziehungsweise gibt und dass dieses Lied »gefügt« ist. Anders gesagt, das Lied beschreibt sich selbst als ein Ding, und dieses Ding kann nur seine akustische Rea-

26 Wilhelm von Aquitanien, »Mein Lied wird um rein nichts sich drehn«, in: ders., *Gesammelte Lieder*, frz. und dt., hg. und übers. von Werner Dürrson, Zürich 1969, S. 34-37.

lität ohne propositionalen Gehalt sein; es kann nur ein Ding sein, dessen einzige Realität allein in der Stimme liegt, ohne jegliche Beteiligung des Verstandes. Die Idee solch einer ausschließlich stimmlichen Darbietung, von ihrer potenziellen Realität ganz zu schweigen, muss in einem provozierenden Gegensatz zum Gregorianischen Gesang und zum Begriff der Inkarnation als eines Übergangs vom Geist zum Fleisch gestanden haben. Hier kommt es zu einer Trennung (oder sogar Befreiung) der Stimme von ihrer alltäglichen Verbindung zur Bedeutung und von ihrer religiösen Verbindung zum Geist. Unser Lied setzt jedoch auch eine Stimme voraus, die mit keiner anderen Stimme zusammenfindet, es ist die Stimme einer Person, die »zu Pferd« und »auf Berges Plan« ist. Ob diese Provokationen intendiert oder »politisch« waren, wie Literaturhistoriker gerne sagen und dabei unvermeidlich einen Anachronismus riskieren, werden wir niemals wissen. Doch das Lied, das »um rein nichts sich drehn« wird, lässt klar erkennen, dass die mittelalterliche höfische Kultur als eine Gegenkultur in der Lage war, sich eine stimmliche Darbietung ohne propositionalen Gehalt vorzustellen oder sogar zu wünschen. Ob die höfische Kultur tatsächlich so repräsentativ für die mittelalterlichen Gesellschaften war, wie ihre romantischen Bewunderer es gerne hätten, ist eine weitere historische Frage ohne eine mögliche Antwort.

*

Wir haben gesehen, dass menschliche Stimmen in der klassischen Antike und im Mittelalter ganz unterschiedliche Funktionen erfüllten. Auf dem Zustand und wiederholten Geschehen der Inkarnation gründend, wies die mittelalterliche Welt der Stimme die Aufgabe zu, die Gläubigen nach dem Willen Gottes zu einem mystischen Leib Christi zu vereinen, während die antike Rhetorik der Stimme aufgetragen hatte, bei der Verarbeitung offener alltäglicher Probleme Wirkung zu entfalten. Die nachmittelalterlichen Jahrhunderte ermöglichten es dagegen den Menschen zum ersten Mal in der westlichen Geschichte, die Position eines äußeren Beobachters einzunehmen, das heißt, die Welt zu betrachten, ohne in deren Mühsal und die verschiedenen Stände eingebunden zu sein. Für das Erleben der Stimme bedeutete diese äußere Stellung eine wachsende intellektuelle Offenheit, da sie die Prämisse aufgab, dass Stimmen und ihre verschiedenen Eigenschaften vorbestimmte Plätze oder Funktionen in der jeweiligen Weltordnung der Zuhörenden einnehmen mussten. Sie konnten nun endlich – ohne weitere Begründungen und Erklärungen – einfach nur angenehm oder abstoßend klingen.

Während das von »rein nichts« handelnde Troubadour-Lied im Rahmen eines antiklerikalen oder antitheologischen Affekts eine von jeglichem propositionalen Gehalt freie Stimme in Szene setzte, entstand die Oper als neue Form stimmlicher Darbietung ab dem späten 16. Jahrhundert frei von einer polemischen Dynamik dieser Art. Die bahnbrechende Arbeit von Karl Ludwig Pfeiffer[27] macht deutlich, dass die Oper nicht primär dadurch funktionierte – und funktioniert –, dass sie Gefühle und narrative Inhalte besonders intensiv zum Ausdruck brächte, wie ihre Freunde und Freundinnen gerne behaupten, sondern weil sie bestens ausgebildeten individuellen Stimmen einen Rahmen und eine Gelegenheit bietet, sich nahezu unabhängig von der artikulierten Semantik zur Schau zu stellen. Für Operndarbietungen besteht daher keine unbedingte Verpflichtung, den ursprünglichen Text des Librettos in eine dem Publikum bekannte Sprache zu übersetzen, da dieses Publikum sich physisch herausragende Stimmen anhört, ohne dabei an religiöse Rituale, praktische Funktionen und

27 Verdichtet in seinem Beitrag »Operngesang und Medientheorie«, in: Kolesch, Krämer (Hg.), *Stimme*, S. 65-84.

die zugehörigen Bedeutungen zu denken – eben von einer »äußeren Position« aus. Anders als Stimmen in der traditionellen Volksmusik oder in der zeitgenössischen populären Musik verlangen Opernstimmen viele Jahre technischer Ausbildung, da sie individuell die höchsten Klangpotenziale des Stimmorgans zu erreichen versuchen, weshalb sie denn auch wie die Körper professioneller Sportler Teil eines wachsenden Spektrums virtuoser Leistungen geworden sind. Letztlich, so glaubt Pfeiffer, verdanken die Oper als Gattung und ihre virtuosen Stimmen ihr Überleben und ihre gegenwärtige Popularität dem Wunsch, in einer zunehmend durch digitale Codes produzierten Welt eine rein physische, das heißt analoge Dimension menschlicher Existenz zu bewahren und zu erleben. Aus Sicht der Bewahrung und Rettung einer analogen Dimension der Existenz – und zweifellos auf einer recht abstrakten Ebene historischer Vergleiche – besitzen Opernstimmen vielleicht eine gewisse Verwandtschaft mit dem berühmtesten Lied Wilhelms IX. von Aquitanien.

Zeitgleich mit den frühen Phasen der Operngeschichte griffen gelehrte Institutionen und Bildungseinrichtungen die antike rhetorische Tradition mit ihrer Fokussierung auf die Funktionsweisen der Stimme im Kontext der *actio* auf.[28] Zum ersten Mal wurden nun auch die von Abhandlungen zur Rhetorik geprägten Praktiken zum Gegenstand der Reflexion in den Texten von Autoren und Denkern, die nicht unbedingt an der Verbesserung ihrer Leistung als öffentliche Redner interessiert waren. Unter diesen Autoren schenkten die französischen Moralisten des 17. Jahrhunderts nicht nur Stimmen ihre Aufmerk-

28 Reinhart Meyer-Kalkus, *Stimme und Sprechkünste im 20. Jahrhundert*, Berlin 2001, S. 14-16. Das Buch, das sich in erster Linie mit Institutionen für stimmliche Darbietung im letzten Jahrhundert befasst, bietet detailliertes Wissen zu früheren Abhandlungen und Debatten über verschiedene Funktionen der Stimme.

samkeit, die in aristokratischen Formen der Interaktion zum Zuge kamen, sondern entdeckten auch einschlägige Aspekte, mit denen sich die kanonischen Texte aus der Antike wegen ihrer Fokussierung auf Bedingungen des Erfolges oder Scheiterns niemals befasst hatten.

So beginnt François de la Rochefoucauld seine Reflexionen über die Stimme in seinen *Maximen* mit einem Interesse am Ton der Stimme, in dem immer noch antike Beschreibungen und Argumente bezüglich der Rolle des menschlichen Körpers im Kontext der Beredsamkeit nachklangen: »Es liegt nicht weniger Beredsamkeit im Ton der Stimme, im Auge und im Blick [*l'air*] als in der Wahl der Worte.« Der entscheidende Unterschied zur Rhetoriktradition der Antike zeigt sich dann in einem Zusammenhang, den La Rochefoucauld zwischen dem Ton der Stimme und menschlichen Gefühlen herstellt – und nicht zwischen dem Ton und dem propositionalen Gehalt: »Alle Gefühle haben ihre eigene Stimme, ihre Mienen und Gebärden, und ihr Zusammenspiel – gut oder schlecht, angenehm oder unangenehm – entscheidet, ob Menschen uns gefallen oder mißfallen.«[29]

Während La Rochefoucauld sich die Zusammenhänge zwischen Ton und Gefühlen als strukturell ähnlich wie die zwischen einzelnen Worten und einzelnen Bedeutungen oder sogar als analog zu ihnen vorstellt, assoziiert er sie nicht länger mit Akten des Verstehens. Stattdessen betont er Reaktionen (»angenehm oder unangenehm«), die wir heute als »ästhetisch« bezeichnen würden, das heißt als eine Art von Urteil, die sich zur Zeit der französischen Klassik auszubreiten begann. Spezifische philosophische Begriffe für ästhetische Erfahrung, die

29 La Rochefoucauld, *Réflexions ou Sentences et maximes morales*, in: ders., *Œuvres complètes*, hg. von L. Martin-Chauffier, Paris 1964; dt.: *Maximen und Reflexionen*, übers. von Konrad Nußbächer, Ditzingen 1965, S. 38 (Nr. 249 und 255).

an die Stelle von »Geschmack« traten, und, interessanter noch, ein »*Je ne sais quoi*« (Marivaux) als frühe Formen des Bezuges kamen erst später auf. Jenseits traditioneller Denkmuster der Rhetorik, die nun wegen ihres hochgradig institutionellen und deshalb unpersönlichen Status an Ansehen zu verlieren begannen, sorgten Beobachtungen wie die von La Rochefoucauld über den »Ton« von Stimmen im Verhältnis zu Gefühlen für eine Konzentration auf jene Aspekte des Knotens der Stimme, die sich von ihrer Funktion als Medium der Artikulation von Bedeutung unterscheiden.

Obwohl es noch an geeigneten Worten für diese Intuitionen fehlte, nahmen solche Gedanken über den Klang von Stimmen und innere Gefühle spätere Definitionen der ästhetischen Erfahrung als Gleichzeitigkeit physischer Wahrnehmungen und nicht greifbarer intentionaler Objekte in der menschlichen Psyche vorweg. So wurden etwa Schreie als Teil des Schmerzes oder der Freude, auf die sie reagierten, beschrieben – und eben nicht als deren Artikulation. Während wir sagen können, dass Texte auf solche gleichzeitigen Gefühle anzuspielen vermögen, besitzen sie doch keine stabilen Elemente zu deren Darstellung, das heißt »Signifikanten«, die zum Wortschatz unserer Sprache gehören. Statt sie zu verstehen, fühlen wir uns daher angezogen oder abgestoßen von der stimmlichen Seite der Gefühle und damit auch von den Personen, aus deren Mund sie kommen. Vor dem 17. Jahrhundert hatten solche Aspekte der Funktion von Stimmen keinen Bezugspunkt in der Wahrnehmung und Beurteilung menschlichen Verhaltens dargestellt.

Aus einer ähnlichen Perspektive wie bei La Rochefoucauld unternimmt Jean de la Bruyère in seinem Buch *Charaktere oder die Sitten des Jahrhunderts* eine stark antirhetorisch gefärbte, unter einigen der oben genannten protoästhetischen Prämissen stehende Kritik an der zeitgenössischen Predigtpraxis. Der Einsatz der Stimme und anderer Körperteile gemäß den die *actio* betreffenden Instruktionen in der klassischen Redekunst scheinen ihm unvereinbar mit dem Ernst des Evangeliums zu sein: »Die christliche Redekunst ist ein Schauspiel [*spectacle*] geworden. Von der gottesfürchtigen Demut, ja Betrübnis, die ihre Seele ist, bemerkt man nichts mehr: an ihre Stelle traten die Künste des Mienenspiels und der Stimme, die Eleganz der Bewegungen, die Auswahl der Worte.« Dennoch versucht La Bruyère nicht, das Evangelium vor jeglichen stimmlichen Effekten zu schützen. Er sehnt sich vielmehr nach Klängen, deren Schönheit aus einem Eindruck individueller Emotion resultiert, ohne jeden strategischen oder rhetorischen Einsatz der Stimme. Er erklärt, »daß weniger eine wirkliche Beredsamkeit als die Lungenkraft [»*poitrine*«] des Missionars erschüttert und die Bewegung hervorbringt. [...] Er braucht nichts, als eine edle Einfachheit, auf die er freilich warten muß, und das ist eine seltene Gabe, die die Kräfte der gewöhnlichen Menschen übersteigt.« Entscheidend ist auch hier wieder die Untrennbarkeit zwischen wahren Gefühlen und einem »starken Atem« als deren körperlicher Seite. Noch deutlicher als bei La Rochefoucauld können wir hier erkennen, wie sehr La Bruyère deren wechselseitige Verschlingung als Folge eines »seltenen Talents«, ja eines individuellen Talents schätzt, dessen Wirkung sich nicht durch den Erwerb bestimmter Fertigkeiten erzielen lässt.

Letztlich beschreibt La Bruyére solche Augenblicke der Nähe zwischen wahren Emotionen und ihrer körperlichen Objektivierung als eine »schöne Begeisterung«, die in der Lage war, jene zu berühren, die einem guten und, wie wir heute sagen würden, wahrhaft »authentischen« Sprecher zuhören: Er möge sich »die erstaunlichen Gedächtnisleitungen ersparen, die besser zu einer Wette als zu einem ernsten Anlaß passen, die rednerischen Bewegungen zerstören und das Gesicht entstellen. Dafür versuche er seine schöne Begeisterung den Zuhörern mitzuteilen, die Geister zu überzeugen, die Herzen aufzuwühlen.« Im Kapitel »Von den Frauen« finden wir eine Bestätigung für die Hypothese, dass die Schönheit körperlicher Effekte für La Bruyère stets eine individuelle Wirkung darstellt – auch wenn er natürlich keine Frauen namentlich nennt, die solche Schönheit besitzen. »Ein schönes Gesicht ist das schönste von allen Schauspielen; die süßeste Harmonie ist der Klang der Stimme der geliebten Frau.« Auch wenn der zweite Satz den Verdacht erregen könnte, dass die Schönheit der Stimme einer Frau eine subjektive Projektion ihres Geliebten sein könnte, nimmt die im nachfolgenden Satz getroffene Unterscheidung der Schönheit jeglichen bloß relativen Charakter: »Lieblichkeit [»*charme*«] ist willkürlich, Schönheit wirklicher und unabhängiger von Geschmack und Ansicht.«[30]

Die Beobachtung von Stimmen in ihrer Verbindung zu menschlichen Gefühlen und die Betonung ihrer Schönheit als einer dem Einzelnen innewohnenden und von jeglichen funktionsorientierten Strategien unabhängigen Qualität, wie wir sie in den Bemerkungen La Rochefoucaulds und La Bruyères über die zeitgenössische aristokratische Gesellschaft verfolgt haben, motivierten deren Aufstieg zu einem zentralen Thema in den sprachlich oft überschäumenden Debatten über Ästhetik im Zeitalter der Aufklärung. Da rhetorische Reflexionen und Techniken als traditioneller epistemologischer Kontext nun zunehmend als Gegenmittel zu Schönheit und Erhabenheit galten, verwandelte sich eine vermutete Verwandtschaft zwischen tierischer und menschlicher Stimme in einen neuen Grund zur Begeisterung. Denis Diderot sieht im Schrei eine Erfüllung der leidenschaftlichen Natur des Menschen und daher eine für jeden Theaterschriftsteller unverzichtbare Orientierung: »Der tierische Schrei der Leidenschaft hat die Richtung zu weisen, die uns gemäß ist. […] Für uns ist die einfache

30 Jean de la Bruyère, *Caractères* (1688), dt.: *Charaktere oder die Sitten des Jahrhunderts*, hg. und übers. von Otto Flake, Warendorf 2002, S. 413, 423, 427, 65.

Rede, die allen gemeinsame Stimme der Leidenschaft um so unentbehrlicher, je eintöniger, je ausdrucksärmer die Sprache ist. Der tierische Schrei, der Schrei des leidenschaftlichen Menschen gibt sie ihnen.«[31]

Wie so oft bei Diderot entwickelt sich dieses ursprüngliche Interesse an einem aus einer bestimmten Perspektive betrachteten Phänomen, in diesem Fall der Gedanke einer Nähe zwischen menschlicher und tierischer Stimme, zu einer Faszination ohne jede thematische Beschränkung. Rameaus Neffe, wahrscheinlich Diderots farbigster und komplexester Protagonist, dessen Vorbild im realen Leben ein gesellschaftlicher Außenseiter, der Neffe eines berühmten Komponisten, war, beeindruckt Diderots Leser schließlich durch virtuose Stimmdarbietungen und ein Talent, das weit über den Ausdruck elementarer Emotionen hinausreicht: »Er häufte und vermischte dreißig Arien, italienische, französische, tragische, komische, verschiedensten Charakters, bald sang er im Bariton und stieg bis in die Hölle hinab, bald zerriß er mit heiserer Fistelstimme die Höhe der Lüfte, während er den Gang, die Haltung, die Gebärden der verschiedenen Gesangsrollen nachahmte; abwechselnd rasend, besänftigt, gebieterisch, spöttisch.«[32]

Ob der reale Rameau, dem Diderot im Palais Royal, dem damaligen Zentrum des gesellschaftlichen Lebens in Paris, begegnet sein muss, tatsächlich derart erstaunliche und virtuose stimmliche Darbietungen zum Besten gab, werden wir nie erfahren. Jedenfalls ist der Hinweis wichtig, dass diese detaillier-

31 Denis Diderot, *Le Neveu de Rameau* (entst. 1761-1774); dt.: *Rameaus Neffe. Zweite Satire*, in: ders., *Das erzählerische Gesamtwerk*, hg. und übers. von Hans Hinterhäuser, 4 Bde., Frankfurt/M., Berlin 1967, Bd. 4, S. 72-73. Das Motiv des »tierischen Schreis« zieht sich durch das ganze Werk Diderots. Siehe dazu Hélène Cussac, »The Vital Dynamism of the Voice in Diderot«, in: *Etudes Epistémé* 29 (2016), DOI ⟨https://doi.org/10.4000/episteme.1191⟩, letzter Aufruf 24.11.2024.

32 Diderot, *Rameaus Neffe*, S. 69-70.

te Beschreibung einer einzelnen stimmlichen Darbietung eine literarische Figur betrifft, während wir in Texten der nüchternen Art kaum jemals derartige Passagen finden. Insgesamt wurden ästhetische Reflexion und ästhetische Praxis im Verlauf des 18. Jahrhunderts zum neuen vorherrschenden Bezugsrahmen für die menschliche Stimme. Im Gefolge Diderots schenkte Johann Wolfgang von Goethe, der im Banne seiner Bewunderung innerhalb weniger Nächte die erste deutsche Übersetzung des *Neveu de Rameau* niederschrieb, als Leiter des Weimarer Hoftheaters der Stimmausbildung seiner Schauspielerinnen und Schauspieler wie auch ihrer stimmlichen Darbietung besondere Aufmerksamkeit. Er instruierte sie, ihre Stimme bestmöglich an die verkörperten Figuren anzupassen, und förderte zugleich den öffentlichen Vortrag von Texten, die von Poesie bis hin zu philosophischen Überlegungen reichten, betonte dort jedoch die Darbietung der eigenen Stimme als Voraussetzung ästhetischer Erfahrung.[33] Weitgehend dank Goethe besaßen Darbietungen der »Sprechkünste« nicht nur in der deutschen Kultur des 19. Jahrhunderts eine spezielle Präsenz und Aura wie auch ein spezifisches Prestige, die auch die Bedeutung der Stimme als Inspirationsquelle im Werk Charles Darwins und in der Philosophie Friedrich Nietzsches ein kurzes Jahrhundert später erklären mögen.

*

Am 18. Juli 1877, kaum anderthalb Jahre nachdem Alexander Graham Bell sich ein Gerät zur Übertragung von Stimmen als früheste Version des Telefons hatte patentieren lassen, gelang es Thomas Alva Edison, seine eigene Stimme aufzuzeichnen,

33 Zu Goethes Faszination für die Stimme und zu verwandten Aktivitäten siehe Meyer-Kalkus, *Stimme und Sprechkünste im 20. Jahrhundert*, S. 241-243.

als er den neuen Tag mit dem Wort »Hello« begrüßte. Rasch folgten zahlreiche weitere Schritte zur Verbesserung der Funktion und zur komplexeren Ausgestaltung der Technik, die in den ersten Jahrzehnten des 20. Jahrhunderts den Aufstieg des Radios zum ersten wahrhaft »sozialen« Medium ebenso erleichterten wie die Entwicklung des Tonfilms mit einer gleichzeitigen Aufzeichnung visueller und akustischer Wahrnehmungsimpulse,[34] in deren frühen Phasen als besonders attraktiv geltende Stimmen an die Stelle der Schauspieler aus der Stummfilmzeit traten.[35] Doch statt neue intellektuelle und ästhetische Möglichkeiten in der Darbietung der menschlichen Stimme ins Leben zu rufen, hob diese Schwelle in der Geschichte der Tontechnik den Status der Stimme allenfalls unter Prämissen an, die es bereits seit der frühneuzeitlichen Kultur gab. Herausragende literarische Autorinnen und Autoren wie Virginia Woolf und Thomas Mann scheinen größeres Interesse an der Charakterisierung der Stimmen ihrer Figuren gehabt zu haben, während einige frühe Tonfilme zwar seltsam utopische Klanglandschaften darboten, allerdings bald ihre futuristischen Fantasien über akustisch erzeugte ästhetische Effekte aufgaben.

Während die französischen Moralisten, wie wir gesehen haben, auf die Stimme als mögliches Symptom für wechselnde oder dauerhafte Zustände der menschlichen Psyche anspielen, macht Ernst Cassirers Philosophie der symbolischen Formen mit ihrer Fokussierung auf die »Ausdruckswahrnehmung« aus systematischen Gründen den Vorschlag, die »Physiognomie der Stimme« als Verkörperung der »ganzen Person« in ihrer

34 Zu näheren Einzelheiten und einigen aufschlussreichen Interpretationen dieser Periode der Technikgeschichte siehe Thomas Macho, »Stimmen ohne Körper. Anmerkungen zur Technikgeschichte der Stimme«, in: Kolesch, Krämer (Hg.), *Stimme*, S. 130-146.

35 Román Gubern und Katleen M. Vernon, »Soundtrack«, in: Jo Labanyi und Tatjana Pavlovid (Hg.), *A Companion to Spanish Cinema*, Cambridge 2012, S. 370-388.

»Subjektivität« zu interpretieren.[36] Und während Denis Diderot dem »tierische[n] Schrei [...] des leidenschaftlichen Menschen« ästhetischen Wert verliehen hat, schreibt Ernst Jünger den nichtsemantischen Momenten der Stimme in seinem ekstatischen Essay »Lob der Vokale« von 1934 – angeregt durch Rimbauds Gedicht über die Farbe von Vokalen und auf der Grundlage einer Unterscheidung zwischen »Wortsprache und Lautsprache« – einen unübertrefflichen Wahrheitswert zu, der angeblich enthüllt, in welcher Weise die menschliche Existenz in ein kollektives Schicksal eingebettet sei. Obwohl Cassirer und Jünger in ihren Anschauungen bezüglich der Stimme als potenzieller Physiognomie individuellen Charakters oder als etwas, das Wahrheiten über das kollektive Leben enthüllt, kaum unterschiedlicher hätten sein können, messen sie der Stimme doch beide eine Bedeutung bei, wie man sie ihr vor dem Zeitalter der Tonaufzeichnung und Tonübertragung noch nie zugeschrieben hatte, eine Bedeutung, die jedoch noch keinen Fokus auf individuelle stimmliche Profile umfasste.

Als die überragende fatale Entwicklung in der Geschichte des frühen 20. Jahrhunderts gilt der Faschismus als eine phonozentrische[37] Form von Politik. Denn Ideologie und Praxis einer absoluten Führung, die Nationen als kollektive physische Körper anzog, zusammenfügte und »führte«, wie Benito Mussolini sie in Italien nach 1918 erstmals entwarf, basierten auf seiner starken maskulinen Stimme und dem Stil seines körperlichen Auftretens, das heißt auf den beiden Komponenten der *actio* in der klassischen Rhetorik. Doch anders als die antike Rhetorik versuchte die faschistische *actio*, den zu Argumenten geformten propositionalen Gehalt eher zu ersetzen als

36 Zu Cassirers Vorstellungen bezüglich der Stimme siehe Meyer-Kalkus, *Stimme und Sprechkünste im 20. Jahrhundert*, S. 28-30.

37 Siehe Cornelia Epping-Jäger, »Stimmgewalt. Die NSDAP als Rednerpartei«, in: Kolesch, Krämer (Hg.), *Stimme*, S. 147-170.

zu ergänzen. Es gab kein faschistisches Projekt, die »Volksmassen« zu überreden oder gar zu überzeugen, eine politische Position zu verstehen und gutzuheißen, denn statt ein möglicherweise bedrohliches Potenzial politischen Aufruhrs zu sein, wurden diese Massen zu einem eher symbolischen Horizont, der den Eindruck von Authentizität und Autorität vermittelte. Die Stimmen von Mussolini und wenig später von Hitler ernteten Lob und Bewunderung vor allem, weil sie mit ihren Klangprofilen als »mitreißend« empfunden wurden, was es ihren Parteien schwermachte, Einrichtungen zu schaffen, in denen eine allgemeine, auf allgemeinen Prinzipien basierende faschistische Rhetorik hätte gelehrt werden können.

Aus geschichtlicher Perspektive können wir sagen, dass die Stimmen der beiden ersten faschistischen »Führer« sich für Millionen ihrer italienischen und deutschen Mitbürger als unwiderstehlich (und am Ende als verheerend und tödlich) erwiesen – was uns wiederum durchaus an den Gesang der Sirenen in der griechischen Mythologie denken lassen kann. Der europäische Faschismus in der ersten Hälfte des 20. Jahrhunderts stützte sich auf sorgfältig inszenierte stimmliche Darbietungen für ein großes Publikum als Kernritual einer phonozentrischen Politik und griff auf die Techniken der Tonaufzeichnung und des Radios zurück, um die Zahl der Zuhörenden zu vervielfachen. Situationen ohne eine derartige Szenografie oder Interviews mit wichtigen politischen Figuren gehörten nicht zu den kanonisierten Formen des faschistischen Rundfunks. Dass Francisco Franco, der mit militärischer Unterstützung Italiens und Deutschlands den von 1936 bis 1939 tobenden Spanischen Bürgerkrieg gewonnen hatte und zunächst die faschistische Ideologie mit ihren spezifischen Ritualen zu übernehmen schien, letztlich anderen Instrumenten und symbolischen Legitimierungen diktatorischer Herrschaft den Vorzug gab, hing höchstwahrscheinlich mit seiner unattraktiven und oft fragil klingenden Stimme zusammen.

Heute sind die phonozentrischen Rituale zu einer eingekapselten historischen Erinnerung ohne Chance auf Wiederkehr geworden, und das zweifellos eher aufgrund des Übergangs zum neuen globalen Leitmedium Fernsehen als dank höherer ethischer Standards. Die Aufmerksamkeit für menschliche Stimmen hat seither einen tiefgreifenden Wandel erfahren, wie er entgegen den gewaltigen Erwartungen um 1900 nach der Erfindung der Tonaufzeichnung und dem Beginn des Rundfunks nicht eingetreten war. Mit dem unfehlbar intelligenten Opportunismus eines ehemaligen Anhängers des Nationalsozialismus überrascht Ernst Jünger die Leser seines 1949 erschienenen Kriegs- und Nachkriegstagebuchs *Strahlungen* mit einer zugleich überaus genauen und subtil ironischen Beschreibung der Stimme Joseph Goebbels', einer Beschreibung, die mit seinem Essay »Lob der Vokale« von 1934 unvereinbar ist: »Die Stimme des Doktors[38] war nicht plump aggressiv. Sie war fein gezogen, dünndrähtig, diszipliniert. Es war nicht die Stimme der großen Tribunen, die sich ihres Auftrags, ihrer Botschaft vollkommen sicher sind. Der Vortrag hatte ein überlegtes Timbre; er erweckte die Vorstellung sorgfältiger, in asketischen Nachtwachen betriebener Studien. Man findet diese Stimme bei Werbeleitern, ›Verkaufskanonen‹, die kommen, um komplizierte Versicherungen anzupreisen, und deren Besuch meist damit endet, daß man sich in langwierige Abzahlungsgeschäfte verwickelt sieht.«[39]

Auch wenn die politische Wirkung und die ästhetische Wertschätzung nichtvirtuoser Stimmen wahrscheinlich geringer geworden sind, liest sich Jüngers detaillierte Beschreibung

38 Jünger scheint hier auf die Bewunderung zurückzukommen, mit der viele Deutsche Goebbels' akademischen Titel verwendeten, wenn sie von ihm sprachen.

39 Zit. nach Meyer-Kalkus, *Stimme und Sprechkünste im 20. Jahrhundert*, S. 210.

einer historischen Stimme aus dem Gedächtnis eher wie eine Ouvertüre zu bestimmten Einstellungen, die unsere Reaktion auf Stimmen seit der Mitte des 20. Jahrhunderts dominieren. Roland Barthes' Fokus auf der »Rauheit der Stimme« und sein Versuch, die individuelle Baritonstimme Charles Panzéras zu evozieren, gehören in diesen Kontext. Die Aufmerksamkeit und der Widerwille, die der Klang realer Stimmen auszulösen vermag, wurden zusammen mit deren »Singularität«[40] schließlich auch zum Gegenstand philosophischer Debatten, desgleichen das Verschwinden des »Pathos des Ausdrucks«,[41] das Stimmen seit dem Zeitalter der Aufklärung umgeben hatte. Und diese Umgebung bildet natürlich die historische und intellektuelle Voraussetzung meines Buchs. Dennoch sollte man keinesfalls annehmen, dass ihre typischen Einstellungen am Ende einer historischen Entwicklung als endgültige Wahrheit (oder als endgültige Wahrheiten) über das Wesen der Stimme hervortraten.

Jedenfalls interessieren wir uns stärker als jemals zuvor für individuelle Stimmen und körperliche Aspekte des Knotens der Stimme. Die Gründe für diesen Wandel, die einem in den Sinn kommen, wirken heterogen und sämtlich undurchsichtig. Als ersten Auslöser in diese Richtung habe ich die beunruhigende, in der Nachkriegszeit zu beobachtende Ambiguität zwischen einer offiziellen Ablehnung der dominanten Stimmen des Faschismus und einer gewissen Faszination dafür in Erinnerung behalten. Seit vielen Jahrzehnten begleiten nun immer mehr ferne Stimmen mit unsichtbarem oder sichtbarem Körper unser aller Leben am Telefon, in Radio oder Fernsehen und in jüngster Zeit auch in Skype- oder Zoom-Gesprächen, die aufgrund ihrer Allgegenwart inzwischen nicht

40 Dieter Mersch, »Präsenz und Ethizität der Stimme«, in: Kolesch, Krämer (Hg.), *Stimme*, S. 211-236.

41 Bernhard Waldenfels, »Das Lautwerden der Stimme«, in: Kolesch, Krämer (Hg.), *Stimme*, S. 191-210.

mehr so auffällig sein mögen. Andererseits hat die meist stimmlose elektronische Kommunikation wahrscheinlich ein neues Verlangen nach Stimmen als Versprechen einer gewissen Nähe und Unmittelbarkeit hervorgebracht – und vermag in der Tat existierende Stimmen perfekt nachzuahmen und körperlose (und in diesem Sinne fiktive) Stimmen überzeugend zu erschaffen.

All diese teilweise widersprüchlichen Schichten und Dimensionen des Stimmverhaltens in der heutigen Alltagswelt verleihen dem Knoten der Stimme die Dichte eines Syndroms, das sich immer schwerer in Begriffe fassen lässt. Die neue Aufmerksamkeit, die der individuellen Stimme in ihrer physischen Realität ohne ästhetische Leidenschaft oder Pathos entgegengebracht wird, hat sich möglicherweise gemeinsam mit der Erweiterung eines flachen, von Aura oder Ehrgeiz freien Modus der Individualität entwickelt, einer Art von Individualität, die sich in endlosen Kombinationen und Kreuzungen des Lesens, Sehens und Hörens an unseren Computern diversifiziert und verliert. Anders als in der großen Zeit des Fernsehens, als manche beliebten Sendungen in der Lage waren, regelmäßig ganze Gesellschaften zu vereinen, verfolgen heute keine zwei Personen während eines Tages vor ihren Laptops genau dieselben Bilder und Worte. Wir sind in einem nicht zu überbietenden Maße individuell geworden, und auch wenn wir diese Tatsache nicht mit Stolz oder Selbstverherrlichung verbinden, kann sie durchaus unsere Selbstwahrnehmung in Richtung einer größeren Aufmerksamkeit verschoben haben.

*

Unser gegenwärtiges Interesse an einzelnen Stimmen mit ihren tonalen Besonderheiten könnte der letzte jener gemeinsamen Nenner sein, die in der westlichen Kultur das Stimm-Erleben seit zweieinhalb Jahrtausenden prägen. Den Anfang machte die Fokussierung auf Effizienz in der antiken griechischen und römischen Rhetorik; dann folgte im Mittelalter die Stimme als ein Inkarnationsereignis, das zwischen göttlichem Geist und menschlichem Fleisch vermittelte; und seit der frühen Neuzeit wurde die Stimme schließlich zu einem zentralen Gegenstand ästhetischer Erfahrung. Gelegentlich dienten Stimmen auch der Erfüllung des Wunsches nach einer analogen Erfahrung des menschlichen Körpers, ganz unabhängig von Geist und Bedeutung. Doch keine dieser dominierenden Stimmkonfigurationen aus der Vergangenheit sorgte jemals für eine Konzentration auf individuelle physische Merkmale. Das allgemeine Fehlen von Aufmerksamkeit für individuelle Stimmen war möglicherweise eine Folge ihrer Bindung an propositionalen Gehalt, das heißt an Bedeutung. Denn in einer durchschnittlichen Interaktion nehmen wir individuelle Merkmale einer gehörten Stimme nicht mehr wahr, sobald wir die Bedeutung, die sie übertragen soll, erkannt haben. »Ein Gesicht zu lesen« erlaubt uns dagegen niemals eine ähnliche Sicherheit hinsichtlich des möglichen Ausdrucks, weil dieses Lesen sich nicht auf Sprachen mit ihren stabilen semantischen Dimensionen stützt und deshalb ein potenziell unendlicher Prozess ist. Bedeutung drängt also Klangwahrnehmungen in den Hintergrund unseres Erlebens und unserer Erinnerung. Und wenn wir uns Stimmen und ihrem Klang heute mit größerer Sensibilität für ihre Individualität zuwenden, so zeigt sich darin möglicherweise, dass die elektronische Kommunikation sie von der Funktion der Übertragung von Bedeutung befreit hat.

Die vier beschriebenen historischen Phasen der Stimmkonfiguration, also rhetorische Effizienz, theologische Inkarnation, ästhetische Aura und der Fokus auf individuelle Schichten des Klangs, denen Zustände der Stimme im Kontext der Evolution vorausgingen, vereinigen sich nicht zu dem, was man problemlos als »eine Geschichte« bezeichnen würde. Keines dieser Phasenbilder aus der Vergangenheit setzt die jeweils vorangegangene Phase als eine Errungenschaft oder einen Entwicklungsschritt voraus, auf die es sich stützen oder auf denen es aufbauen müsste. Indem ich mich in diesem Kapitel auf die Formen der Aufmerksamkeit konzentriert habe, die Stimmen in der Vergangenheit zuteilgeworden sind, gebe ich sozusagen Hegel Recht. Wir haben keine kontinuierliche Linie menschlichen Handelns gefunden, die den »Geist« und seine Verwandlungen sichtbar macht, wie Hegel gesagt hätte. Als Vergangenheit eines Organs »zerfällt« die Vergangenheit der Stimme in »Singularitäten«, deren Spuren die Tendenz haben, in den Hintergrund unseres Erlebens zu treten. Aus all diesen Gründen ist die Aussage sinnvoll, dass die Stimme keine Geschichte hat.

Dennoch können wir nur schwer dem Drang widerstehen, uns der ontologischen Diskontinuität auszusetzen, die den Knoten der Stimme durchzieht – wahrscheinlich mehr noch in unserem alltäglichen Verhalten als in philosophischen Reflexionen. Man kann die Serie der Reaktionen auf diesen Drang als Prozess des Durcharbeitens einer existenziellen Herausforderung beschreiben, doch diese Formulierung ist nur dann angemessen, wenn wir die Erwartung aufgeben, dass die verschiedenen Phasen des Denkens jemals einen Endpunkt erreichen, der von Klarheit geprägt ist und eine endgültige Erkenntnis darstellt. In ihrer zeitlichen Abfolge erinnern mich die von der Stimme ausgehenden Impulse an Martin Heideggers Begriff der Seinsgeschichte und seine Rede von der »Selbstentbergung des Seins« als deren Kernereignis. »Selbstentbergung des Seins« verweist auf Augenblicke, in denen das Sein, ein von jeder spezifischen menschlichen Perspektive unabhängiger phänomenaler Zustand, sich zeigt und hervortritt vor dem Hintergrund des »Seienden« als Gewebe unseres alltäglichen Lebens, das aus Erfahrung unter verschiedenen einzelnen Perspektiven besteht. Nach Heidegger ist es im menschlichen Leben prinzipiell möglich, in Ereignissen der Selbstentbergung des Seins präsent zu sein, aber wir können es nicht jederzeit erwarten oder herbeiführen. Es muss von allein geschehen, und wir müssen es geschehen lassen, ohne zu versuchen, es herbeizuführen. Das ist die Einstellung, die Heidegger als »Gelassenheit« bezeichnet und in der er eine notwendige Bedingung – nicht jedoch eine Garantie – dafür erblickt, dass es zu einer Selbstentbergung des Seins kommt.

Wie die Konfigurationen und Momente der Stimme in der Vergangenheit vereinigen sich solche Ereignisse der Selbstentbergung des Seins als Augenblicke von Wahrheit nicht zu historischen Entwicklungsgängen. Die andere mögliche Verwandtschaft zwischen der Seinsgeschichte und der Vergangenheit der Stimme ist ungewisser und besitzt ein Potenzial zu größerer existenzieller Bedeutung. Wenn das Wort »Sein« tatsächlich auf eine von Perspektiven freie Realität verweist, deren Enthüllung der Mensch nicht erwarten sollte und nicht herbeizuführen vermag, scheint unser Erleben von Stimmen zuweilen Hoffnung auf vorübergehende Augenblicke greifbarer Wahrheit zu wecken, die sich unmöglich in Begriffe fassen, wiederholen oder gar festhalten lässt. Solche Augenblicke greifbarer Wahrheit können verheerend sein. Der Hinweis in der Sirenen-Geschichte auf die unwiderstehliche Anziehungskraft eines Gesangs, den kein Mensch jemals abzuweisen und zu überleben vermochte, verdeutlicht dessen schaurige Faszination. Ich spüre jedoch auch eine Verwandtschaft zwischen enthülltem Sein und jener individuellen Rauheit in den Stimme bewunderter oder geliebter Anderer, die wir zwar hören, aber niemals voll zu erfassen vermögen.

Den Knoten der Stimme in der Geschichte und in breiter Variation zu durchdenken und durchzuarbeiten, ist eine Möglichkeit, sich mit der ontologischen Diskontinuität auseinanderzusetzen, in der wir als mit Geist ausgestattete Körper leben. Daraus haben sich keine stabilen Begriffe oder neue Schichten des Wissens ergeben. Im besten Fall führt das Durcharbeiten der ontologischen Diskontinuität von Stimmen zu kurzen Eindrücken von existenzieller Evidenz jenseits oder unterhalb unserer Darstellungspraktiken.

5
Stimmen und Imagination: An der Schwelle zum Handlungsvermögen

Was über den Klang der Stimme meines Vaters hinaus eine schmerzhafte Präsenz in Kindheit und Jugend seines einzigen Sohnes besaß, waren dunkle Bilder potenzieller Demütigung, Spannung und Kämpfe in unserem Familienleben, die sie unausweichlich entfesselte. Doch statt stets mit traumatischen oder ästhetisch intensiven Situationen einherzugehen, nimmt die von Stimmen ausgelöste Imagination eine zentrale Stellung in der alltäglichen Kommunikation ein. Denn da wir oft in keinem unmittelbaren sensorischen Kontakt zu den jeweils gemeinten Objekten stehen, müssen wir sie uns vorstellen, um zu wissen, worüber wir reden. Während die vorherrschende alltägliche Funktion der Stimme voraussetzt, dass die produzierten Bilder unter der Kontrolle unseres Verstandes und seiner Intentionen bleiben, können auch durch Klänge oder das Timbre einzelner Stimmen ausgelöste dynamische Vorstellungsströme dem Willen und dem Verständnis entgehen. Das ist einer der Gründe, weshalb wir manche Stimmen als unwiderstehlich attraktiv und andere als unabweisbar abstoßend empfinden, ohne dass wir viel dazu sagen oder daran ändern könnten. Der »tierische Schrei« der Leidenschaft, der Denis Diderot und seine Leser so faszinierte, nimmt unter den mit der Imagination verbundenen Phänomenen im Knoten der Stimme eine Zwischenstellung ein. Denn anders als bei unseren Reaktionen auf den bloßen Klang individueller Stimmen schließen wir einerseits nicht aus, dass jemand, der schreit, eine bestimmte Emotion ausdrücken will, erleben andererseits jedoch, dass solche nichtsprachlichen Äußerungen in unserem Geist Vorstellungen auslösen, von denen wir wissen, dass niemand sie intendiert hat.

Der Klang von Stimmen führt unsere Imagination auf zentrifugale Wege und mehrere Ebenen, doch wir können das Vorstellungsvermögen auch dazu nutzen, uns den Klang individueller Stimmen ins Gedächtnis zu rufen oder Stimmen zu erfinden, die wir niemals wirklich gehört haben. Diese zweite Beziehung zwischen Imagination und Stimmen, die darin besteht, Stimmen als Objekte der Imagination zu evozieren, scheint in einer psychologischen Asymmetrie zu unserer Erfahrung zu stehen, wonach wahrgenommene Stimmen die Imagination aktivieren. Während wir oft Mühe haben, die mächtigen, durch den Klang von Stimmen ausgelösten Vorstellungsströme zu stoppen oder wenigstens zu unterdrücken, erweisen sich Versuche, sich an Stimmen zu erinnern und sie sich im Kopf zurechtzulegen, oft als enttäuschend matt, ganz so, als gelänge es unserem Willen nicht recht, unsere Imagination zu erreichen und arbeiten zu lassen. Und schließlich gibt es auditive Halluzinationen – ohne Zweifel Produkte akustischer Imagination, aber solche, die weder auf den Willen noch auf die Wahrnehmung zurückgehen und meist dem Gebiet psychiatrischer Pathologien zugewiesen werden. Da es aber unmöglich zu sein scheint, auditive Halluzinationen auf einer begrifflichen Ebene von der Stimme eines Gottes zu unterscheiden oder von der Stimme des Gewissens zu trennen, die viele von uns hören, auch wenn sie nicht den Wunsch danach haben, sollten wir auditive Halluzinationen und transzendente Stimmen jedenfalls derselben typologischen Abteilung zuordnen.

Auch in diesen drei Beziehungen zur Imagination erscheint die menschliche Stimme als ein unordentliches Thema. Die drei von mir identifizierten Verbindungen – vom Klang einzelner Stimmen ausgelöste Vorstellungen, einzelne, willentlich in der Imagination heraufbeschworene Stimmen sowie Stimmen, die unabhängig von der Wahrnehmung in der Imagination existieren – sind zugleich voneinander getrennt und auf komplizierte Weise ineinander verschlungen. Erstaunlicherweise – und das macht die Sache noch schwieriger und zwingt dazu, die bislang auch hier verfolgte Verwendung einschlägiger Worte aufzugeben – gibt es nicht das eine philosophisch konsensuelle Konzept, das den verschiedenen Schichten und Funktionen der Imagination im Kern der menschlichen Existenz gerecht würde. Als Schritt in ein weitgehend unerforschtes intellektuelles Gelände wird sich meine Analyse der Beziehung zwischen Stimmen und Imagination deshalb entlang eines Vorgehens geduldiger Selbstbeobachtung entfalten, an deren Beginn die Entwicklung eines grundlegenden Begriffs der Imagination stehen soll, der offen genug ist, um die drei verschiedenen Beziehungen zur Stimme zu behandeln.

Neben einem umfassenden Begriff der »Imagination« benötigen wir außerdem als zweite philosophische Grundlage eine Hypothese über den spezifischen Status der auditiven Imagination im Unterschied zu den auf anderen Sinnen basierenden Modalitäten des Vorstellungsvermögens. Die Erfüllung dieser zwei Aufgaben ist notwendig für ein Verständnis der durch Stimmen ausgelösten Imagination, der durch Vorstellungsakte heraufbeschworenen Stimmen sowie der unabhängig von Wahrnehmung oder Willen vorgestellten Stimmen. Innerhalb dieses komplexen Vorgehens – in dem sich erneut der heterogene Charakter unseres unordentlichen Themas spiegelt – werde ich als wiederkehrenden Aspekt und als potenziellen Konvergenzpunkt in den verschiedenen Interaktionen zwischen Stimmen und Imagination deren Rolle als Herausforderung für die Kontrolle, den Willen und das Handlungsvermögen des Menschen verfolgen.

*

Das Wort »Imagination« verweist auf die Fähigkeit des menschlichen Geistes, ohne eine zeitgleiche Wahrnehmung von Phänomenen außerhalb des Bewusstseins Inhalte zu produzieren. Obwohl alle Inhalte des menschlichen Geistes oder alle »intentionalen Objekte« letztlich auf Wahrnehmungen zurückgehen mögen, befinden wir uns nicht unbedingt auch immer in einem Wahrnehmungsakt, wenn wir intentionale Objekte aktivieren. In diesem Fall haben die intentionalen Objekte den Status des Imaginären. Aus der Perspektive der Ungleichzeitigkeit mit der Wahrnehmung und entgegen einer Implikation in der alltäglichen Verwendung des Begriffs »Imagination«, die ihr eine außergewöhnliche Stellung zuschreibt, haben Akte der Einbildungskraft daher eine recht zentrale Bedeutung in der normalen Funktionsweise unseres Geistes. Natürlich haben wir Vorstellungen von einer sonnigen Landschaft, einem lauten Gesang oder einem trockenen Wein, während wir sie physisch wahrnehmen, doch je mehr menschliche Interaktionen durch Sprache vermittelt werden, desto weniger ist das der Fall – und desto mehr stützen wir uns auf Imagination.

Zweitens, und diesmal abweichend von einem häufigen Missverständnis, das aus dem Wort »Bild« als etymologischer Wurzel von »Einbildung« resultiert, sind visuelle Eindrücke häufig von ihren akustischen, taktilen, geschmacklichen und olfaktorischen Äquivalenten begleitet (auf die komplexe und oft sinnlose Diskussion über die Zahl der menschlichen Sinne brauchen wir hier nicht einzugehen). Wenn drittens die Ungleichzeitigkeit mit aktueller Wahrnehmung das Hauptkriterium für Akte der Imagination darstellt, gehört alles, was wir »Gedächtnis« nennen, zu dieser Dimension, auch wenn die Neigung verbreitet ist, Vorstellungen als zukunftsorientiert zu begreifen und damit von Erinnerungen zu unterscheiden, die ja ihren Ursprung in der Vergangenheit haben. Ein vierter Aspekt in den Diskussionen über die Imagination betrifft den Ursprung der von ihr produzierten Eindrücke. Können wir uns nur das vorstellen, was wir zuvor wahrgenommen haben (was letztlich hieße, dass jede individuelle Vorstellungswelt gleichumfänglich mit einem individuellen Repertoire an Erinnerungen wäre)? Oder vermag Imagination Eindrücke ohne solche Vorläufer zu produzieren? Die vorherrschende Antwort entscheidet sich für die erste Möglichkeit, was erklärt, weshalb Jean-Paul Sartre in seinem Buch *Das Imaginäre* von 1940 (zu diesem Thema wahrscheinlich die einflussreichste Publikation aller Zeiten) feststellt: »Im übrigen aber teilt die Vorstellung nichts mit, gibt nie den Eindruck von Neuem.«[1] Ich stimme mit Sartres Position zwar prinzipiell überein, halte aber die Annahme für plausibel, dass Akte der Vorstellungskraft Elemente aus verschiedenen früheren Wahrnehmungsmomenten zu innovativen, collageähnlichen Ensembles zusammenfassen können. Und schließlich wäre zu erwähnen, dass die Tätigkeit des Vorstellens in erheblichem Umfang in der Ergänzung und Vervollständigung von Vorstellungen besteht, die auf tatsächlichen Wahrnehmungen basieren. Denn auch wenn solche Vorstellungen meist fragmentarisch sind, wie Sartre beobachtet (auf der Grundlage aktueller Wahrnehmung vermögen wir in der Tat jeweils nur eine Seite intentionaler Objekte zu »sehen«), erleben wir sie am Ende normalerweise doch als »dreidimensional« oder »total«, weil die Einbildungskraft die in der aktuellen Wahrnehmung fehlenden Aspekte hinzufügt.

Bislang habe ich die Imagination in fünf verschiedenen Aspekten als zentrale Fähigkeit und Aktivität des menschlichen Geistes beschrieben. Eine andere Perspektive auf das Phänomen, meist im Kontext der Worte *imagery* (Bildwelt, Bildlichkeit) und *imaginary* (imaginär, in der Vorstellung, eingebil-

1 Jean-Paul Sartre, *L'Imaginaire*, Paris 1940; dt: *Das Imaginäre. Phänomenologische Psychologie der Einbildungskraft*, übers. von Hans Schöneberg, Reinbek bei Hamburg 1971, S. 52.

det),[2] lenkt den Blick auf das Reservoir an Eindrücken, die Akte der Imagination zur Verfügung haben und evozieren können. Auf der Grundlage eines Verständnisses erzählender Literatur als eines auf dem Imaginären basierenden Diskurses (im Unterschied zu Diskursen, die behaupten, auf tatsächlicher Wahrnehmung zu basieren) charakterisierte der Literaturtheoretiker Wolfgang Iser ebenjenes Imaginäre wiederholt als ein »eigenschaftsloses und inaktives Potential«.[3] Zur Entfaltung des Prädikats »eigenschaftslos« in diesem Kontext werde ich zunächst auf den von dem dänischen Sprachphilosophen Louis Hjelmslev entwickelten Begriff »Substanz des Inhalts« zurückgreifen.[4] Dank einer komplexeren Fassung des elementaren linguistischen Zeichenbegriffs als Unterscheidung und Verbindung zwischen einem »Signifikanten« (»Ausdruck«) und einem »Signifikat« (»Inhalt«), in der er die aristotelische Un-

2 Ich kenne keine kritische Diskussion mit daraus resultierenden systematischen Vorschlägen zu historischen oder aktuellen Unterscheidungen zwischen den Begriffen »*imagery*« (Bildwelt, Bildlichkeit), »*imaginary*« (das Imaginäre) und »*imagination*« (Imagination, Vorstellung). Während »*imagination*« normalerweise mit einer Fähigkeit des menschlichen Geistes verbunden wird, und zwar im Unterschied zu »*imagery*« oder »*imaginary*«, die auf Eindrücke verweisen, wie sie von der Imagination aktiviert werden können, deckt das Wort »*imagination*« zuweilen beide Dimensionen ab. In Bezug auf »*imagery*« und »*imaginary*« habe ich den Eindruck, dass amerikanische »analytische« Denker eine Präferenz für das erstgenannte Wort besitzen, während »kontinentaleuropäische« Denker (im Gefolge so unterschiedlicher Autoritäten wie Jacques Lacan oder Wolfgang Iser) eher das Letztgenannte verwenden. In diesem Kapitel folge ich der »kontinentaleuropäischen« Tendenz.

3 Wolfgang Iser, *The Fictive and the Imaginary. Charting Literary Anthropology*, Baltimore 1993, S. XVII (dieser Teil des Vorworts zur amerik. Ausgabe ist im dt. Original nicht enthalten); siehe auch ders., *Das Fiktive und das Imaginäre. Perspektiven literarischer Anthropologie*, Frankfurt/M. 1991, S. 402-403.

4 Vor allem entwickelt in seinem Buch *Omkring sprogteoriens grundlaeggelse*, Kopenhagen 1943; dt.: *Prolegomena zu einer Sprachtheorie*, übers. von Rudi Keller, Ursula Scharf und Georg Stötzel, München 1974.

terscheidung zwischen »Form« und »Substanz« auf deren beide Seiten anwendet, ermöglicht uns Hjelmslev, die »Substanz des Inhalts« als eine Dimension in unserem Geist zu denken, in der verschiedene semantische und sensorische Eindrücke koexistieren, und das ohne Formen interner Unterscheidungen und externer Gestalten (darin liegt die Nähe zu Isers »Eigenschaftslosigkeit«). Indem ich das Imaginäre als Substanz des Inhalts verstehe, betone ich dessen Status als ein Potenzial, das gemäß spezifischer Situationen aktiviert und gestaltet werden kann. Zugleich entspricht »Substanz des Inhalts« der Gewissheit, die komplexen einzelnen Töne spezifischer Stimmen in synchroner Weise zu »hören«, ohne sich an die zeitlichen Formen ihrer Darbietung zu erinnern und ohne zwischen ihren verschiedenen internen Ebenen und Dimensionen zu unterscheiden.

Zudem finde ich es wichtig, dass die meisten Reflexionen über das Imaginäre eine existenzielle Nähe zum menschlichen Körper annehmen, diese Intuition aber kaum jemals vollständig explizieren. Solange wir das Imaginäre als ungeformtes Potenzial denken, müsste es sich hier eher um eine Nähe zum menschlichen Körper im Sinne eines elementaren, dem Willen vorausliegenden Rahmens für das Erlebens handeln als um eine Nähe zum Körper im Sinne eines bestimmten Objekts der Erfahrung – um eine Nähe zu jenem Körper also, den Edmund Husserl als »Leib« im Unterschied zum »Körper« bezeichnete. Jacques Lacan bemerkte in seinen Seminaren oft, die Energie für erotisches Verlangen und dessen nicht sichtbare Wirkung auf Organe des Körpers stamme eher aus dem so verstandenen Imaginären als aus der aktuellen Wahrnehmung.[5] Warum sollte solch eine existenzielle Nähe zwi-

5 Spezialisten halten die »Imagination« für das zentrale Konzept von Lacans Frühwerk. Seine bekannteste Verbindung zwischen dem Körper und dem Imaginären verweist ausschließlich auf die visuelle Dimension.

schen dem Imaginären und dem Körper als elementarem Ort des Erlebens bedeutsam sein? Ich denke, diese Intuition passt zu dem Eindruck, dass die Effekte des Imaginären – und insbesondere die des akustischen Imaginären – häufig außerhalb der Reichweite menschlichen Handlungsvermögens und daher vielleicht in Verbindung mit vornehmlich physischen Prozessen menschlicher Existenz stattfinden. Zugleich ist zu betonen, dass nicht alle Aspekte der Imagination und des Imaginären sich der Handlungsmacht des Einzelnen entziehen oder dieser gar widersetzen. Auch wenn Wolfgang Iser betont, das Imaginäre als »eigenschaftsloses Potenzial« erfordere Akte oder Gelegenheiten der Aktivierung, wenn sich daraus in unserem Geist intentionale Objekte als Objekte der Erfahrung ergeben sollen, gehen doch viele dieser Aktivierungen auf individuelle Intentionen zurück. Schriftsteller, Maler und Komponisten versuchen alle ganz bewusst – wenn auch nicht immer erfolgreich –, visuelle, akustische, taktile oder andere Sinneseindrücke in ihrem Geist zu evozieren.

*

Dagegen bemühen wir uns oft erfolglos, die mächtigen und obsessiven Ströme von Eindrücken zu blockieren, die Stimmen in unserer Psyche auslösen. Diese jenseits unserer Kontrolle liegenden, von einzelnen Stimmen ausgelösten Eindrücke sind keineswegs nur akustischer Art. Wie wir alle wissen, führen sowohl intentionale Objekte, die aus der aktuellen Wahrnehmung hervorgehen, als auch solche, die vom Imaginären aktiviert werden, oft zu dem, was wir als »Assoziationen« bezeichnen, das heißt zu manchmal kräftigen, manch-

Danach ersetzt das Imaginäre in der Entwicklungssituation des »Spiegelstadiums« in der Kindheit den Eindruck eines fragmentierten Körpers durch eine Form von Ganzheit.

mal schwer zu fassenden Folgen unterschiedlicher Eindrücke in unserem Geist. Solche Ströme können unabhängig von ihrem ursprünglichen intentionalen Objekt zwischen verschiedenen sensorischen Modalitäten wechseln, was sie zu einem besonders geeigneten Gegenstand für vergleichende Beobachtungen zum spezifischen Status akustischer Eindrücke und innerhalb dieses Fokus zum spezifischen Status von Stimmen macht. Ein Hauptkriterium für die Unterscheidungen zwischen verschiedenen sensorischen Modalitäten liegt in deren Möglichkeit oder sogar Wahrscheinlichkeit, zu anderen Modalitäten überzugehen. Es wäre zwar übertrieben, wenn man sagte, die Regelmäßigkeiten in solchen Übergängen enthüllten eine »Grammatik«, doch ich glaube, dass diese Prozesse bei den meisten Menschen in ähnlicher Weise ablaufen.

Visuelle Eindrücke aus der aktuellen Wahrnehmung oder aus dem Imaginären – hier meist synonym mit »Bildern« im alltäglichen Sinne des Wortes – scheinen die einzigen zu sein, die einen Übergang in alle anderen Modalitäten erlauben. Das Bild eines Körpers kann sehr wohl eine akustische Vorstellung der dazugehörigen Stimme und die taktile Vorstellung eines Handschlags oder einer Umarmung auslösen, und das Foto eines Stücks gebackenen Fischs vermag einen bestimmten Geruchs- oder Geschmackseindruck auszulösen. In der taktilen Modalität mögen dagegen intentionale Objekte zwar visuelle oder geschmackliche Eindrücke herbeiführen, doch es ist unwahrscheinlich oder vielleicht sogar unmöglich, dass sie in olfaktorische oder auditive Eindrücke übergehen (der Braille-Schrift Kundige sind dagegen möglicherweise durchaus in der Lage, durch ihre taktilen Wahrnehmungen sowohl visuelle als auch auditive Eindrücke zu evozieren). Insgesamt besitzen die nichtvisuellen sensorischen Modalitäten unterschiedlich begrenzte Assoziationshorizonte, auch wenn Marcel Prousts sprichwörtliche »Madeleine«-Episode am Anfang von *Auf der Suche nach der verlorenen Zeit* vorführt, dass und wie Geschmackserinnerungen (anders als unmittelbare Geschmacksempfindungen) multisensorische Eindrücke ganzer Welten aus der Vergangenheit heraufbeschwören können.

Verglichen mit den anderen Sinnen bringen intentionale Objekte in der akustischen Modalität besonders häufig visuelle und taktile Eindrücke hervor – die ich oft als besonders lebendig und zuweilen als buchstäblich unwiderstehlich empfinde. Wenn wir einen Körper sehen, stellen wir uns zwar nicht unbedingt eine Stimme vor, doch wir können uns nur schwer ein Telefongespräch vorstellen, bei dem die Stimme am anderen Ende der »Leitung« kein zu ihrem Klang passendes Körperbild evoziert. Und zeigt nicht gerade die verbreitete Sucht nach »erotischen Stimmen«, dass es eine ebenso starke, ja unwiderstehliche Assoziation zwischen stimmlichen und taktilen Eindrücken gibt? Das mag mit der Tatsache zusammenhängen, dass akustische Wahrnehmungen stets unvermeidlich auch taktile Wahrnehmungen sind, weil sie auf Schallwellen basieren, die unseren Körper treffen. Ohne stimmlichen Eindrücken eine herausragende Stellung geben zu wollen, können wir doch spekulieren, dass ihre Lebhaftigkeit und die langen Assoziationsketten, die sie auszulösen vermögen, ein entscheidendes Motiv für die Prägung des Wortes »Stimmung« waren, das auf eine Gleichzeitigkeit multisensorischer Eindrücke von besonderer Intensität und Homogenität verweist, zum Beispiel die Stimmung bei einer festlichen Zusammenkunft oder die einer schönen Landschaft, eines farbenreichen Kunstwerks oder einer kostbaren persönlichen Erinnerung.

Im Rahmen des Vergleichs zwischen akustischen und anderen sensorischen Modalitäten innerhalb des Imaginären möchte ich auf einen weiteren, besonders komplexen Aspekt hinweisen. Akustische Vorstellungen nehmen offensichtlich fast immer die Form dessen an, was man »zeitliche Objekte« nennt, gehören also so gesehen zu denjenigen Phänomenen, die nur in ihrer zeitlichen Entfaltung existieren: sprachliche Darbietungen, Musik oder Bewegungen jeglicher Art. Elemente visueller Vorstellungen können zwar auch über zeitliche Strukturen dieser Art verfügen, tun dies in den meisten Fällen jedoch nicht, und das scheint auch für Berührungs-, Geschmacks- und Geruchsempfindungen zu gelten. Sie bleiben für uns in der Regel Augenblickserscheinungen. Im Bereich aktueller Wahrnehmungen scheinen alle intentionalen Objekte die Fähigkeit zu besitzen, sich gelegentlich in zeitliche Objekte zu verwandeln – doch nur die Wahrnehmung akustischer Objekte erfolgt vornehmlich in dieser Form. Wenn wir einen Wein loben, weil er »gut im Abgang« sei, implizieren wir damit, dass eine Geschmacksempfindung fast schon kontraintuitiv gelegentlich die Form eines zeitlichen Objekts annimmt. Andererseits kann die Vorstellung einer einzelnen Stimme, die wir gehört haben, wie erwähnt und auch hier wieder kontraintuitiv, zu einem einzigen intern komplexen Tonfall zusammengezogen erscheinen, den zu hören wir überzeugt sind, während wir diesen Effekt nicht bei allen Stimmen, an die wir uns erinnern, herbeizuführen vermögen.

Meistens jedoch nehmen wir Stimmen in der Form zeitlicher Objekte wahr und versuchen, sie uns in dieser Form vorzustellen. Dagegen scheint die primäre (nicht die ausschließliche) Form, in der aktivierte Elemente aus dem Bereich unserer Vorstellung sich im Allgemeinen in unserem Geist artikulieren, wie ebenfalls bereits gesagt synthetisch und daher nichtzeitlich zu sein. Wegen dieses Unterschieds zwischen den synthetischen Eindrücken, wie sie im Allgemeinen in der Imagination produziert werden, und den akustischen Wahrnehmungen, die hauptsächlich die Form zeitlicher Objekte aufweisen, finden wir es schwieriger, uns akustische Eindrücke vorzustellen als visuelle, taktile, geschmackliche und olfaktorische. Die Meisterschaft von Komponisten hängt möglicherweise mit der außergewöhnlichen Fähigkeit zusammen, sich Instrumentalmusik oder Lieder als zeitliche Objekte vorzustellen, und das angesichts der

Herausforderung der synthetischen Form als der im Bereich des Imaginären primären Form.

Wahrscheinlich aufgrund einer elementaren Spannung zwischen der allgemeinen Form der Vorstellung und der Grundstruktur der akustischen Wahrnehmung »hören« wir oft komplexe synthetische Töne, wenn es uns gelingt, uns individuelle Stimmen vorzustellen und uns an sie zu erinnern – oder zu bemerken, dass sie stumm bleiben. Seit ich einigermaßen konzentriert über Stimmen nachdenke, versuche ich, Sätzen eine Stimme zu geben, die ich oft von meiner Mutter gehört hatte und an die ich mich in ihrer Form als zeitliche Objekte mit einem stimmlichen Eindruck erinnern konnte. Ich will nicht behaupten, dass diese Versuche vollkommen gescheitert wären, aber in erster Linie bestätigten sie die Erfahrung, wie schwierig es ist, sich einen Klang für Stimmen vorzustellen, die in unserer Erinnerung vor allem stumm sind. Wenn wir in dieser Weise über das Verhältnis zwischen Zeit als primärer Form der Wahrnehmung von Stimmen und der vornehmlich synthetischen Form der Aktivierung von Elementen aus dem Bereich des Imaginären nachdenken, kommen zwei verschiedene, aber miteinander verbundene Grenzen unseres Handlungsvermögens bezüglich der Imagination in den Blick. Wir verstehen, warum wir die von einzelnen Stimmen ausgelösten Ströme von Eindrücken und Assoziationen nicht zu kontrollieren vermögen und warum es uns auf der anderen Seite so schwerfällt, uns Stimmen vorzustellen, die wir nicht direkt »hören«.

*

Nachdem wir die komplementären Begriffe der Imagination und des Imaginären mit ihren vielfältigen Dimensionen durchgegangen sind und geklärt haben, worin die Besonderheiten stimmlicher Eindrücke innerhalb der verschiedenen sensorischen Modalitäten des Imaginären bestehen mögen, liegen nun begriffliche Unterscheidungen, Intuitionen und offene Fragen auf dem Tisch, die uns als Leitlinien für unsere eher analytischen Bemühungen dienen können, zu weiteren relevanten Beobachtungen zu gelangen. Hierzu fokussieren wir den Blick auf drei Schnittbereiche zwischen Stimme und Vorstellung: auf Vorstellungsströme, die durch Stimmen ausgelöst werden, auf Vorstellungsakte, die Stimmen heraufbeschwören, und auf Stimmen, die hinsichtlich der Vorstellung vom menschlichen Willen unabhängig sind. Bezüglich der durch die Wahrnehmung von Stimmen ausgelösten Vorstellungsströme haben wir gesehen, dass sie gewöhnlich mit besonders starken visuellen und taktilen Eindrücken beginnen, dass sie ihren Fortgang oft in Assoziationsketten finden, das heißt potenziell in andere sensorische Modalitäten des Imaginären übergehen, und dass es kompliziert ist, sie zu kontrollieren. Anhand historischer Beispiele, persönlicher Erfahrungen und früheren theoretischen Erkenntnissen werde ich versuchen, das bisher über den Klang einzelner Stimmen und die von ihnen ausgelösten Vorstellungen Gesagte zu illustrieren und zu differenzieren, wobei ich all jene Phänomene außer Acht lassen werde, die Linguisten im Unterschied zum individuellen Klang von Stimmen als Elemente eines Dialekts und/oder eines Idiolekts bezeichnen, da sie offen für bewusste Bemühungen um eine Veränderung sind.

In seinem polemischen Aufsatz von 1778 mit dem Titel »Über Physiognomik; wider die Physiognomen. Zu Beförderung der Menschenliebe und Menschenkenntnis« beschrieb der Naturphilosoph Georg Christoph Lichtenberg einen mit der Stimme zusammenhängenden Selbstversuch mit einer Detailversessenheit und einer persönlichen Leidenschaft, die über die Jahre weit mehr Resonanz bei deutschen Intellektuellen fanden als die eigentliche Argumentation des Textes. Von kleinem, leicht verkrüppeltem Wuchs und sich selbst der Folgen wohl bewusst, die dieser Umstand für ihn hatte, stützte Lichtenberg seine Kritik an der Behauptung zeitgenössischer »Physiognomen«, wonach es möglich sei, das menschliche Gesicht als Ausdruck moralischer Zustände und Qualitäten zu lesen, auf eine breitere Debatte, die zu dem Schluss führte, dass es regelrechte und ethisch relevante Erkenntnisse, die auf diversen Beobachtungen des physischen Lebens basierten, nicht geben konnte. Auch wenn es ihm primär um den Nachweis geht, dass die körperliche Erscheinung eines Menschen eine unzuverlässige Grundlage für Extrapolationen hinsichtlich seines Charakters darstellt, räumt Lichtenberg zugleich mit einigen anderen problematischen Annahmen auf, darunter der Glaube, das Hören einer Stimme erlaube stets die Projektion eines angemessenen Körperbildes.

Innerhalb seiner Argumentation erweisen sich einige implizite Überzeugungen und beiläufige Bemerkungen als besonders wichtig. In seiner Beobachtung, wir seien fast immer überrascht und meist enttäuscht, wenn wir einen Körper, den wir uns im Vertrauen auf die Wahrnehmung der Stimme zuvor nur vorgestellt hatten, schließlich wirklich sehen, scheint Lichtenberg vorauszusetzen, dass wir gar nicht anders könnten, als solche Bilder zu produzieren: »Wer des Nachts auf einer Postkutsche gereiset ist, und im Dunkeln Bekanntschaft mit Leuten gemacht hat, die er nie gesehen hat, wird die Nacht über sich ein Bild von ihnen formiert haben und sich am Morgen [...] betrogen finden.« Zur weiteren Illustration berichtet Lichtenberg von einem Experiment, das er mehrere Jahre vor der Abfassung seines Artikels gegen die Physiognomen unternommen hatte. In seinem Wohnort Göttingen gab es einen Nachtwächter, der ihn viele Jahre lang »aus dem Schlaf hornte und brüllte, um ihm zu sagen wie viel Uhr es sei«. Da er diesen Mann niemals gesehen hatte, versuchte er, ein Bild seines Körpers zu zeichnen. »Seine Stimme erweckte in ihm das Bild eines langen, hagern übrigens aber gesunden Mannes mit länglichem Gesicht, in die Länge herunter gezogener Nase, strackem ungebundenem Haar, und langsamem, säendem, gravitätischem Tritt.« Beim Lesen dieses Satzes sehen wir eine dreidimensionale Erscheinung vor uns,[6] ja sogar die Erscheinung eines ganzen Körpers, und diese Erscheinung bietet sich uns ganz unabhängig von einer bestimmten Perspektive dar.[7]

Als Lichtenberg dem Nachtwächter schließlich begegnete, erkannte er nicht nur, dass das Produkt seiner Vorstellungskraft keineswegs dem tatsächlichen Aussehen des Mannes entsprach; er musste auch feststellen, dass seine Einbildungskraft ein im Verhältnis zu dem eher durchschnittlichen Aussehen des Mannes seltsam exzentrisches Bild entworfen hatte: »Der Mann war der Statur nach unter den Mittelmäßigen, munter und geschwind, selbst sein Haar hatte er in ein wegstehendes Zöpfchen zusammen gedrehet.« Erstaunt über die Diskrepanz zwischen dem realen Nachtwächter und dem Bild, das er sich von ihm gemacht hatte, wie auch über den Hang, ein derart lebendiges Bild zu projizieren, sucht Lichtenberg nach den Gründen und dem Ursprung seiner Reaktionen und findet Antworten in Augenblicken der Wahrnehmung und Imagination in seinem früheren Leben, womit er die Auffassung bestätigt, dass unsere Einbildungskraft nicht wirklich noch nie dagewesene Eindrücke erfindet. Er erinnert sich, dass er in seiner Kindheit einen sehr großen Mann mit einer ebenso tiefen Stimme wie der des Nachtwächters gesehen hat, dass einige Eigenschaften des vorgestellten Gesichts dieses Nachtwächters aus seiner jugendlichen Lektüre antiker griechischer Mythologie stammen und dass er während seines Studiums mit einem Stu-

6 Zur Unvermeidlichkeit von Körperfantasien, die auf der Wahrnehmung von Stimmen basieren, und zu ihrer Dreidimensionalität siehe Meyer-Kalkus, *Stimme und Sprechkünste*, S. 12.

7 Georg Christoph Lichtenberg, »Über Physiognomik; wider die Physiognomen. Zu Beförderung der Menschenliebe und Menschenkenntnis« (1778), in: ders., *Schriften und Briefe*, hg. von Wolfgang Promies, 4 Bde., München 1992, Bd. 3, S. 256-308, hier S. 284.

denten befreundet gewesen ist, dessen bedächtigen Gang er in seiner Fantasie auf den Nachtwächter übertragen hat.

Zusammen mit der dreidimensionalen Lebendigkeit des vorgestellten Bildes stimmen sowohl Lichtenbergs unter dem Eindruck der Stimme gewonnene Überzeugungen hinsichtlich der Unvermeidlichkeit bildlicher Vorstellungen eines nicht sichtbaren Körpers als auch seine Gedanken zum Ursprung solcher Bilder in früheren Wahrnehmungen mit einigen unserer abstrakteren Spekulationen über Stimmen und Imagination überein. Besonders faszinierte ihn dabei offensichtlich die Unzuverlässigkeit solcher stimmbasierter Projektionen, in seinem Fall die ernüchternde Erfahrung, dass er das reale Gesicht und die reale Erscheinung derart beträchtlich verfehlt hatte: »schlechterdings nichts war getroffen«. Folgt daraus, dass auf der Wahrnehmung menschlicher Stimmen basierende Vorstellungen niemals irgendeinen Realitätswert besitzen? Eine mögliche Antwort auf diese Frage greift auf das zurück, was ich bereits über unsere Reaktionen auf erotisch reizvolle Stimmen (und *per analogiam* auf abstoßende Stimmen) gesagt habe, und erfordert, dass wir im Blick auf ein Realitätskriterium von der Entsprechung zwischen projiziertem Bild und wirklicher Erscheinung hin zu einem möglichen Konsens in den Reaktionen auf einzelne Stimmen wechseln.

Auch wenn es immer Ausnahmen gibt, dürften die meisten Menschen in der Einschätzung bestimmter Stimmen – als angenehm oder abstoßend – übereinstimmen. Wie lässt sich diese Konsensneigung erklären? Wenn die Annahme stimmt, dass Stimmwahrnehmungen primäre Reaktionen in der visuellen wie auch der taktilen Modalität des Imaginären auslösen, scheint es auf der Hand zu liegen, dass wir Stimmen – anders als bei Lichtenbergs Mutmaßungen über das Aussehen des Nachtwächters – auf der Grundlage taktiler Vorstellungen attraktiv oder abstoßend finden. Wir können uns vorstellen, wie es sich anfühlt, den Körper eines Menschen zu umarmen, dessen Stimme wir hören, wie sich ein Handschlag anfühlen dürfte oder ob wir über längere Zeit ein Gespräch mit ihm und seiner Stimme führen möchten. Vor allem das dritte Beispiel macht deutlich, was ich bereits sagte: dass die Wahrnehmung einer Stimme anders als die visuelle Wahrnehmung unausweichlich unsere taktile Wahrnehmung aktiviert, weil Klänge im Unterschied zu visuellen Wahrnehmungen die Oberfläche unseres Körpers treffen.

Wir stellen uns nicht nur vor, was eine akustische Wahrnehmung hinsichtlich der taktilen Modalität ankündigen mag, vielmehr kommt es zugleich zu einer taktilen Wahrnehmung auf unserer Haut und in unserem Ohr. Und obwohl die Reaktionen auf dieses reale Gefühl unterschiedlich ausfallen mögen, erzeugen sie einen größeren Konsens, als wir dies bei der visuellen Modalität gewöhnt sind. Das gilt offensichtlich auch für unangenehme Stimmen. So habe ich nie gehört oder gelesen, dass sich irgendjemand an Martin Heideggers angestrengte und leicht piepsige Stimme als angenehm erinnert hätte, ganz zu schweigen von seinen erfolglosen und deshalb peinlichen Bemühungen, den südwestdeutschen Akzent in seiner Aussprache zu unterdrücken. Dennoch besuchten in seinen frühen Jahren als Universitätslehrer zahlreiche Studenten seine Vorlesungen und bewunderten ihn als den »König der Philosophie« – und das im vollen Bewusstsein seiner unangenehmen Stimme.

Um ein letztes Mal auf die Stimme meines Vaters zurückzukommen: Sie war keineswegs physisch unangenehm, vielmehr fehlte ihr der maskuline Reiz, und dieser Eindruck eines Mangels entfesselte in meiner Vorstellung Ströme beunruhigender Bilder. Diese Bilder waren damals und sind heute noch voller zuvor »aufgezeichneter« Elemente. Ich sah, dass meine Mutter mit anderen Männern, meist Freunden oder Kollegen meines Vaters, ausging. Ich erinnere mich, dass sie einmal hastig die englischen Worte *I love you* auf eine Postkarte schrieb und ein rotes Herz darum herum zeichnete. Und ich durchlebte ganze Albträume längerer Szenen, die ich niemals wirklich erlebt hatte, etwa wie mein Vater von Kollegen ausgelacht oder vom Leiter der Abteilung, in der er als Arzt arbeitete, gedemütigt wurde oder wie er bei einem der Wochenendfußballspiele, die er so liebte, einen Strafstoß verschoss. Welche Form hatten die Ketten von Eindrücken in meiner Vorstellung, und wie waren sie mit der allgegenwärtigen Erinnerung an die Stimme meines Vaters verbunden? Wie gesagt konnten diese Eindrücke sich in dynamischen Strömen und Assoziationen entfalten, die sich nie zu einer vorgestellten und vielleicht sogar wahren Geschichte vereinigten. Meist waren sie jedoch präsent als ein synthetisches Ensemble, als ein Potenzial instabiler Gleichzeitigkeit, als eine Substanz des Inhalts, wobei der Tonfall der Stimme meines Vaters den einzigen Brennpunkt darstellte, in dem alle Elemente zusammentrafen. Dieser Tonfall war zugleich innerlich komplex und dicht. Da ich diesen Tonfall und das dadurch zusammengefügte Vorstellungsensemble als eine bedrohliche Irritation fürchtete, bemühte ich mich nach Kräften, sie von mir fernzuhalten, was mir jedoch nicht gelang.

Mehr noch als andere sensorische Modalitäten und deren intentionale Objekte besitzt der Tonfall individueller Stimmen möglicherweise die Fähigkeit, als ein Katalysator zu wirken, der heterogene Elemente aus unserer Vorstellungswelt und unserem Gedächtnis zusammenfügt. Solche Ensembles mit einer Stimme aus der Vergangenheit in ihrem Zentrum können verschiedene und keineswegs immer schmerzhafte Rollen spielen. Einige berühmte Stimmen aus der Vergangenheit – natürlich solche aus Zeiten, in denen Tonaufzeichnungen möglich waren – funktionieren für mich wie Verdichtungen historischer Perioden und ihrer vorgestellten Atmosphäre. Das gilt etwa für die Stimme des unvergleichlichen Operntenors Enrico Caruso aus dem frühen 20. Jahrhundert, die Stimme des

Tangosängers Carlos Gardel aus den glorreichen 1920er und 1930er Jahren in Buenos Aires, die Stimme Edith Piafs aus der Zeit nach dem Zweiten Weltkrieg oder die Stimme Elvis Presleys aus den US-amerikanischen 1960er Jahren. Sie alle lassen historische Augenblicke in ihren vielfältigen Dimensionen gegenwärtig erscheinen, als hätten sie viele substanzielle Momente dieser Augenblicke absorbiert. Vorstellbar wäre jedoch auch, dass Stimmen und die von ihnen ausgelösten Effekte recht unabhängig von ihrem individuellen Klang als Katalysatoren der Verdichtung von Elementen in unserem Gedächtnis wirken – und dass wir solche mit ihrem Klang zusammenhängende Elemente erst im Nachhinein assoziieren. So zitieren einige Lieder von Piaf – fast schon allzu direkt – Motive des französischen Existenzialismus (*Non, je ne regrette rien*), doch sie erinnern mich auch an gewagtere Horizonte im Denken ihrer Zeit, zusammen mit Schwarz-Weiß-Fotografien von Paris, mit den berühmten Gesichtern einiger Nachkriegsphilosophen, mit Plaketten in den Straßen von Paris, die an Opfer der deutschen Besatzung erinnern, mit ihrer »Résistance« und durch visuelle Assoziation aufgrund der speziellen Form einer Flasche und dem zugehörigen Etikett sogar mit dem Geschmack von Pernod, den ich zu lieben vorgab.

Letztlich gibt es nicht viel neues oder gar subtiles und die Erkenntnis erweiterndes Wissen in solchen Ensembles. Sie umfassen und aktivieren Elemente, die lange in meinen Gedächtnis präsent waren, und dennoch vermitteln mir die Stimmen von Edith Piaf, Elvis Presley, Carlos Gardel und Enrico Caruso eine Beziehung zu ihrer jeweiligen Vergangenheit, deren Intensität und Lebendigkeit sich selbst durch die Lektüre entsprechender geschichtswissenschaftlicher Meisterwerke nicht herstellen lässt. Was tun Stimmen nun eigentlich in diesen Fällen? Meine Antwort stützt sich auch hier wieder auf die Verbindung der akustischen Wahrnehmung mit visuellen und taktilen Eindrücken in unserer Vorstellung. Carlos Gardels

Stimme lässt Bilder seines Gesichts und einiger historischer Orte aufsteigen, die ich in Buenos Aires gesehen habe, vor allem einige meiner liebsten Fußballstadien, deren Architektur auf den Höhepunkt der argentinischen Kultur um 1930 zurückgeht. Als aufgezeichneter taktiler Eindruck und daher als Einwirkung auf meinen Körper bietet Gardels Stimme zugleich auch diesen Bildern einen Raum und damit eine Anregung, sie in ihrer dreidimensionalen Substanz zu erleben. Konservierte Stimmen aus der Vergangenheit geben mir so einen Augenblick lang das Gefühl, ich könnte in Carusos Neapel und Carusos New York, in Gardels Buenos Aires und Gardels Montevideo, in Piafs Paris und in Elvis Presleys Memphis und Las Vegas sein.

Solche Ganzkörpereffekte, die das Wechselspiel zwischen unserer Wahrnehmung von Stimmen und der Aktivität der dadurch ausgelösten Vorstellungen auf so vielfältige Weise produzieren können, finden regelmäßig eine Konkretisierung im Eindruck rezitierter Poesie, die einige der darin artikulierten Inhalte »heraufbeschwört«, das heißt greifbar macht. Wer gerne Gedichte hört oder sie selbst gerne laut liest, kennt das Gefühl, physisch in den von ihnen evozierten Räumen präsent zu sein und diese Räume mit den dort erwähnten Personen zu teilen. Das ergibt sich aus dem Status der Prosodie, aus der poetischen Form oder der poetischen Sprache als Lösung für das Problem, wie zeitliche Objekte eine Form haben können. Als im permanenten Wandel befindliche Phänomene scheinen zeitliche Objekte auf den ersten Blick unvereinbar mit unserer Erwartung zu sein, dass Formen stabile Beziehungen zwischen Selbstbezug (zum Beispiel ein Kreis, der auf sich selbst verweist) und Außenbezug (ein Kreis, der sich von der umgebenden Welt absetzt) sind. Rhythmus als Wiederholung ist in der Tat die praktische Lösung der Prosodie im Umgang mit diesem Problem. Denn während Gedichte durch einen permanenten Wandel auf den verschiedenen Ebenen der Sprache und der stimmlichen Artikulation voranschreiten, wiederholen sich die Strukturen, in denen dieser Wandel erfolgt. Genau diese Wiederholung suspendiert die üblichen Effekte der Zeit, das Wesen der Zeit beim Voranschreiten von einer Vergangenheit in eine von ihr verschiedene Zukunft. Denn in einem Gedicht wird die Zukunft eines Augenblicks eher so ähnlich sein wie seine Vergangenheit, ja strukturell sogar identisch mit dieser. Deshalb vermag die Rezitation eines Gedichts dank des Rhythmus[8] in ihrer eigenen Gegenwart zu existieren und zu verharren, sich von der laufenden Zeit außerhalb ihrer selbst abzusetzen und auch die Spannung zwischen der an Zeit gebundenen akustischen Wahrnehmung und den synthetischen Projektionen unserer Imagination zu überwinden.

Anders gesagt und metonymisch gesprochen: Die Rezitation eines Gedichts bietet dem Imaginären den Stillstand – ja, den »Raum« –, den es als synthetische Projektion unseres Geistes benötigt. Nun als eine Art von Kommunikation, die auf der Wiederholung von Rhythmen statt auf permanentem Wandel basiert, verringert die Rezitation eines Gedichts auch die Aufmerksamkeitsspannung für die Rezitierenden wie für die Zuhörenden. Aufgrund der geringeren Aufmerksamkeit und innerhalb ihrer rhythmischen Gegenwart oder ihres »Raums« scheinen Gedichte jedoch oft die Möglichkeit zu eröffnen, dass die visuelle und die taktile Modalität unseres Imaginären dort miteinander verschmelzen, wo das, was wir zu sehen glauben, gleichfalls greifbar zu werden scheint. Auf dieser Grundlage sind Gedichte und Lieder besonders stark darin, in den vergangenen Welten, denen sie angehören, zu wohnen und diese Vergangenheit als Eindruck von Raum mit den von ihnen evozierten Dingen und Körpern zu teilen.

8 Siehe meinen Aufsatz »Rhythmus und Sinn« in: Hans Ulrich Gumbrecht und Karl Ludwig Pfeiffer (Hg.), *Materialität der Kommunikation*, Frankfurt/M. 1988, S. 714-729.

Es kann kaum überraschen, dass die Fähigkeit des Gedichts, Dinge heraufzubeschwören, als die auffälligste Wirkung rezitierter Poesie niemals vollständig gesichert oder kontrolliert werden kann. Unabhängig von der Qualität des Gedichts oder der Rezitation überwältigt uns gelegentlich die Dreidimensionalität mit der Lebendigkeit einer physischen Kraft – während sie bei anderer Gelegenheit stumm bleibt. Aufgrund ihrer assoziationsbedingten Verbindung zu verschiedenen sensorischen Modalitäten des Imaginären können Stimmen in unserer Erinnerung als ein Brennpunkt wirken, der schwer zu kontrollierende Ensembles aus der Substanz des Inhalts zusammenbringt. Der Kern jedoch, die typischste Struktur der durch Stimmen ausgelösten Vorstellungen, liegt in der dynamischen Koexistenz visueller und taktiler Eindrücke. Er durchdringt normalerweise unbemerkt sämtliche Dimensionen unseres Lebens, bis er von außen aktiviert wird und nachhaltigen Schmerz oder kurze intensive Freude auslöst.

Begrifflich gesprochen, mag der Schritt von Stimmen, die Vorstellungen auslösen, hin zur willentlichen Vorstellung von Stimmen wie eine einfache Umkehrung erscheinen, doch das beide Themen umfassende Phänomen konfrontiert uns mit grundverschiedenen Formen von Verhalten und den damit verbundenen intellektuellen Problemen. Bereits hingewiesen habe ich auf die Asymmetrie zwischen der dynamischen, hochgradig zentrifugalen Wirkung, die die Wahrnehmung von Stimmen auf unseren Geist auszuüben vermag, und der Schwierigkeit, um nicht zu sagen dem Widerstand, die wir oft erleben, wenn wir Stimmen zu »hören« versuchen, indem wir die akustische Modalität unserer Imagination aktivieren. Der Versuch, uns an den Klang von Stimmen zu erinnern, die wir in der Vergangenheit gehört haben, ist die häufigste Form dieser Übung, wenn wir Erinnerungen für eine umfangreiche Dimension innerhalb unseres Imaginären halten.

Im Allgemeinen erscheinen Erinnerungen an Personen, denen wir in der Vergangenheit begegnet sind und mit denen wir interagiert haben, nicht als unvollständig oder mit einem Mangel behaftet, wenn sie ohne individuelle Klangeindrücke daherkommen. An etwas, das jemand gesagt hat, können wir uns wörtlich erinnern, ohne dabei in unserem Geist eine bestimmte Stimme zu hören. Falls es überhaupt Personen gibt, an die wir uns immer mit dem Klang ihrer Stimme erinnern, muss ihre Zahl gering sein. Die einzige offenkundige Schwelle für eine aktive Stimmvorstellung liegt vielmehr zwischen jenen Protagonisten aus unserer Vergangenheit, deren Stimmen wir evozieren können, falls wir das wollen, und jenen, deren Stimme trotz intensivster Bemühungen stets klanglos bleibt. Für mich jedenfalls ist dieser Unterschied eindeutig und tatsächlich mit dem (zuweilen täuschenden) Eindruck verbunden, Stimmen, deren Klang ich höre, nachahmen zu können. Wenn mir solch ein Klang in den Sinn kommt, besitzt er normalerweise nicht die primäre Form eines zeitlichen Objekts, sondern wahrscheinlich aufgrund der vornehmlich synthetischen Funktionsweise des Imaginären die Form eines intern komplexen Tonfalls, der gleichzeitig verschiedene, zu einer individuellen Stimme gehörende Klangelemente enthält, wie auch die eines Potenzials zu tatsächlichem Sprechen. Wie gesagt umfassen diese synthetischen Eindrücke oft einen Drang, sie mit einer Artikulation in meiner eigenen Stimme einzulösen.

Lässt sich ein Kriterium finden, das es uns erlaubt, jene Stimmen, deren Klang wir unter allen Umständen aktivieren können, zu unterscheiden und vorauszusagen? Statt einer umfassenden Antwort ergeben sich aus meiner Selbstbeobachtung einige Kriterien, die von unterschiedlichen situativen Umständen abhängen. Vor allem neige ich dazu, mich an Stimmen zu erinnern, die von spezifischen Dialekten oder Idiolekten geprägt sind, also von Ebenen stimmlichen Ausdrucks, die, wie bereits dargelegt, nicht vollständig in den Bereich individueller Klangqualitäten fallen. Immer wenn ich an meinen verstorbenen Freund Karl Heinz Bohrer denke, höre ich den fröhlichen und leicht singenden Tonfall seines Kölner Akzents, der selbst dann dominierte, wenn er in einer Fremdsprache redete. Josef Fick, der inspirierendste Lehrer meiner Gymnasialzeit, kehrte von einem einjährigen Aufenthalt in Philadelphia mit einem, wie ich und meine Klassenkameraden meinten, amerikanischen Akzent in seinem ansonsten süddeutsch klingenden Deutsch zurück, und dieser Tonfall verband sich in meiner Erinnerung ganz untrennbar mit ihm.

Wegen der Stimme meines Vaters besitze ich eine besondere Sensibilität für das Weibliche in männlichen Stimmen. Niklas Luhmann, einer der provokativsten Denker in der zweiten Hälfte des 20. Jahrhunderts, erinnerte mich in dieser Hinsicht so stark an meinen Vater, dass ich fast schon gewohnheitsmäßig seine soziologischen Ausführungen von Vorstellungsströmen isolieren musste, die aus früheren Phasen meiner Existenz stammten. Am eindeutigsten stärkten dagegen meine stimmliche Imagination und Erinnerung die Stimmen einiger Mentoren und Freunde, die meine berufliche Laufbahn mit Verständnis und Fürsorge begleitet haben. An sie denke ich in starken räumlichen Konnotationen, die wahrscheinlich aus der Verbindung zwischen akustischen und taktilen Modalitäten in der Imagination stammen. Jean-François Lyotard ist mir oft so präsent, als säße er vor mir und spräche. Ich höre die warme Stimme Hans-Georg Gadamers, die die Situation und die Geselligkeit eines Gesprächs suggeriert. Und immer wenn mir die wunderbar tiefe Stimme von Henry-Louis Gates jr. in den Sinn kommt, mit dem ich mich seit Jahrzehnten nicht mehr getroffen habe, habe ich das Gefühl, ich fragte ihn sogleich nach den Autoren aus der afroamerikanischen Kultur, die er so gut kennt.

Es gibt erstaunlich wenige weitere Stimmen, die ich in meiner Vorstellung zu aktivieren vermag. Der frappierend nasale

Tonfall meines Großonkels Franz und die Gespräche über die in sibirischer Kriegsgefangenschaft verlorene Freiheit gehen mir bis heute nach. Gelegentlich höre ich in meiner Vorstellung die Stimme meiner Jugendfreundin Claudia, zusammen mit verblassten Versprechen erotischer Abenteuer, zu denen es niemals kam. Irgendwelche spezifischen individuellen Gründe für derart lebendige und leicht obsessive Stimmerinnerungen finde ich allerdings nicht. Die meisten von ihnen haben die Personen, zu denen sie gehörten, inzwischen überlebt, und einige wenige gründen in jüngeren Begegnungen.

Mehr als die verstreuten, in meiner Erinnerung lebendigen Stimmen beeindruckt mich die Hartnäckigkeit, mit der meine Imagination sich weigert, mir Klänge jener Personen zu liefern, die wirklich von überragender Bedeutung für mich waren. So höre ich tatsächlich niemals die Stimme meiner Mutter, obwohl ich paradoxerweise über Begriffe verfüge, mit denen ich sie beschreiben kann. Ich erinnere mich irgendwie abstrakt an den südwestdeutschen Akzent meines wichtigsten akademischen Beraters, die Intonation Wolfgang Isers, eines weithin bewunderten Literaturtheoretikers, der in der Nähe von Chemnitz geboren war, oder an die bayerische Weichheit in den Worten Brigitte Schlieben-Langes, von der ich vor ihrem vorzeitigen Tod so viel über die Geschichte der romanischen Sprachen lernte. Wenn ich aber versuche, die Gespräche mit ihnen, an die ich mich erinnere, mit Klang zu erfüllen, bin ich ebenso erfolglos, wie wenn ich mich bemühe, die Stimmen von Hilde und Edi zu hören, meinen geliebten Schwiegereltern, die vor fast zwei Jahrzehnten starben. Irgendwann beschloss ich, derartige Frustrationen durch ein Training meiner auf Stimmen bezogenen Vorstellungskraft zu vermeiden – und musste mich schon bald der Einsicht fügen, dass dies unser Handlungsvermögen übersteigt.

Erzählende Literatur kämpft mit ähnlichen Beschränkungen. Selbst bei Autoren, denen es gelingt, nichtexistente Welten und deren Personal in den kraftvollsten Details zu evozieren, finden wir selten Beschreibungen von Stimmen, die sich auf Klangeindrücke konzentrieren. Während die berühmte Szene des Besuchs von Emma und Charles Bovary in der Oper von Rouen um die Erscheinung verschiedener Sängerinnen und Sänger auf der Bühne herum aufgebaut ist, gibt Gustave Flaubert den Lesern keinerlei Hinweis auf den Klang der einzelnen Stimmen. Er charakterisiert die von ihnen gesungenen Arien in der abstrakten Terminologie der Partituren, erwähnt nebenher das »schöne Organ« Edgar Lagardys, Lieblingsbariton des Publikums, und konzentriert sich dann auf die intensiven Gefühle, die die Stimmen der Singenden in Madame Bovarys Imagination auslösen, ohne jedoch die Klänge zu beschreiben, die seine Heldin tatsächlich gehört haben muss: »Sie füllte ihr Herz mit den melodischen Klängen, die, von den Baßgeigen begleitet, wie die Schreie Schiffbrüchiger im Getöse eines Sturms dahinzogen. In ihnen erkannte sie alle Trunkenheiten und alle Ängste wieder, an denen sie fast gestorben war. Die Stimme der Sängerin schien ihr nichts anderes zu sein als das Echo ihres eigenen Bewußtseins und das Bühnengeschehen, das sie bezauberte, Teil ihres eigenen Lebens.«[9] Offenbar ist es für erzählende Literatur leichter – und konventioneller –, Stimmen des Bewusstseins zu charakterisieren, als sich die Stimmen einzelner Figuren vorzustellen und zu evozieren.

Marcel Prousts *Auf der Suche nach der verlorenen Zeit* entfaltet zwar ein breites Spektrum von Stimmen, an die der Erzähler sich erinnert, legt den Fokus jedoch nur selten auf deren Klang. In den berühmten Szenen aus der Kindheit des Erzählers, in denen seine Mutter ihm literarische Texte vorliest,

9 Gustave Flaubert, *Madame Bovary*, übers. von Maria Dessauer, Frankfurt/M. 1998, S. 266, 267.

bleibt die Beschreibung ihrer Stimme auf der Ebene allgemeiner Begriffe, die eher auf ihre pädagogischen Absichten als auf das Ziel verweisen, uns eine Vorstellung davon zu geben, wie sie geklungen haben mag: »[S]ie legte all die natürliche Zärtlichkeit, die unendliche Sanftheit, die sie verlangten, in diese Sätze hinein, die für ihre Stimme geschrieben schienen und die, wie man sagen könnte, vom Register ihres Empfindungsvermögens völlig erfaßt wurden. Um sie im richtigen Ton anzustimmen, fand sie zu jenem herzlichen Klang zurück, der vor ihnen da ist, der ihre Form bestimmt hat, den die Wörter aber nicht angeben«.[10] Im gesamten Roman findet sich nur eine einzige Ausnahme,[11] und zwar als der Erzähler darüber nachdenkt, warum er von Albertine so fasziniert ist: »Beim Sprechen hielt Albertine den Kopf unbeweglich still, spannte die Nasenflügel und machte einen spitzen Mund. Daraus ergab sich ein schleppender, nasaler Tonfall, bei dem vielleicht eine ererbte provinzielle Gewohnheit, jugendliches, geziertes Nachahmen des britischen Phlegmas, der Unterricht einer Erzieherin aus dem Ausland und eine hypertrophe Schwellung der Nasenschleimhaut eine Rolle spielen mochten.«[12] Wir wissen, dass die Details dieser Passage auf Prousts Erinnerungen an einen jungen Mann zurückgehen – und es muss eine Erinnerung in der vollen Entfaltung des akustischen Gedächtnisses gewesen sein. Dagegen wird es immer unklar bleiben, ob und, wenn ja, wie er die Stimme seiner Mutter hörte. Nicht

10 Marcel Proust, *Unterwegs zu Swann. Auf der Suche nach der verlorenen Zeit 1*, in: ders., *Werke*, hg. von Luzius Keller, übers von Eva Rechel-Mertens, Frankfurt/M. 1994, Bd. II.1, S. 64.

11 In dieser Passage stütze ich mich auf die Fachkunde meines Freundes und Stanford-Kollegen Joshua Landy, eines der führenden Proust-Experten unserer Zeit.

12 Marcel Proust, *Im Schatten junger Mädchenblüte. Auf der Suche nach der verlorenen Zeit 2*, in: ders., *Werke*, Bd. II.2, S. 649.

einmal Marcel Proust hatte den Umgang seiner Imagination mit Stimmen unter Kontrolle.

*

Während Wille und Handlungsvermögen in der Imagination niemals die volle Verfügung über Stimmen haben, sollen die Stimmen und sonstigen akustischen Eindrücke im Kopf des Menschen, die von Psychologen als »auditive Halluzinationen« bezeichnet werden, vollkommen unabhängig von der Handlungsmacht des Individuums und dessen Willen sein. »Gar keine im Unterschied zu begrenzter Kontrolle über akustische Effekte« lautet eine Formulierung, die den Unterschied zwischen auditiven Halluzinationen und allen übrigen Stimmen als intentionalen Objekten in unserer Vorstellung benennt. Wie jene Formen des Imaginären, die Stimmen durch Assoziationen zu aktivieren vermögen, gibt es in allen sensorischen Modalitäten Halluzinationen, doch im Unterschied zum aktivierten Imaginären dominiert unter den Halluzinationen eindeutig die auditive Modalität, wobei der größte Teil der stimmlichen Halluzinationen mit Sprache verbunden ist. Dennoch hat die Frage, warum Halluzinationen vor allem akustisch und mit Stimme sowie Sprache verbunden sind, noch keine überzeugende Antwort gefunden.

Nicht nur im allgemeinen Sprachgebrauch werden auditive Halluzinationen mit psychiatrisch pathologischen Zuständen assoziiert. Auch wenn fortgeschrittene Debatten über die einschlägigen Begriffe ein komplexeres Bild zeichnen mögen, scheint die Annahme berechtigt, dass Personen, bei denen Schizophrenie oder Paranoia diagnostiziert wurde, in ihrem Kopf Stimmen hören, denen sie nicht entkommen können und unter deren Auftreten wie auch Inhalt sie leiden. Auf der Grundlage unserer bisherigen begrifflichen Bemühungen dürften hier allerdings zwei Differenzierungen angebracht sein.

Erstens sollten nicht alle auditiven Halluzinationen dem Bereich der Pathologien zugeordnet werden, und zweitens stehen sie den Stimmen in unserer Vorstellung näher, als wir gemeinhin annehmen. Hinsichtlich des Status ihres Inhalts können wir tatsächlich nur schwer zwischen Halluzinationen und dem Imaginären unterscheiden. Beide finden sich in allen sensorischen Modalitäten, beide wechseln zwischen Zuständen der Substanz ohne innere oder äußere Form und Zuständen der Form und Artikulation, und beide stehen Funktionen des menschlichen Körpers besonders nahe. Hinsichtlich ihres Ursprungs können wir nicht ausschließen, dass Stimmen, die im Zustand der Schizophrenie oder der Paranoia gehört werden, auf Erinnerungen an reale Stimmen zurückgehen, wie es auch bei Stimmen in unserer Imagination in aller Regel der Fall ist. Und schließlich fordern sowohl Halluzinationen als auch Stimmen in der Imagination das Handlungsvermögen heraus. Psychiatrische Therapien und manche religiöse Praktiken versuchen, die scheinbare Absolutheit auditiver Halluzinationen abzumildern, und zugleich kämpfen persönliche Praktiken, wie wir gesehen haben, oft erfolglos mit ähnlichen Effekten, die aus dem Wechselspiel zwischen Stimmen und Imagination resultieren.

Ich habe nicht die Absicht, den Unterschied zwischen auditiven Halluzinationen und Stimmen in der Imagination hier vollkommen zu verwischen. Doch durch den Aufweis, dass sie einander näher sind als gemeinhin angenommen, gewinnen wir ein Argument gegen die bedingungslose Zuordnung der auditiven Halluzinationen zu den Pathologien. Die im nächsten Kapitel behandelten Phänomene, zum Beispiel »Stimmen der Transzendenz«, also die zu Menschen redende Stimme von Göttern und auch die Stimme des Gewissens, entsprechen weitgehend dem Begriff der auditiven Halluzination – ohne pathologisch zu sein. Wenn wir bestimmten, vom menschlichen Willen unabhängigen Stimmen in der Imagination solch einen epistemologischen Platz zuweisen, können wir versuchen, ihren spezifischen Status und ihre Funktion innerhalb der Kulturgeschichte zu verstehen. Genau dieser Aufgabe stellte sich der amerikanische Psychologe Julian Jaynes in seinem hochgradig spekulativen, exzentrischen und deshalb inspirierenden Buch *Der Ursprung des Bewußtseins durch den Zusammenbruch der bikameralen Psyche.*[13]

Statt nach einer möglichen Grundlegung in den Details zeitgenössischer Hirnforschung zu suchen, ging Jaynes von der schlichten Feststellung aus, dass es unabhängig von der kulturellen Umgebung solche Halluzinationen gibt. »Für Halluzinationen muß es eine angeborene Basis im Nervensystem geben. Das zeigt sich ganz klar, wenn man das Phänomen an Menschen untersucht, die von Geburt an oder seit frühester Kindheit taub sind.« Vor diesem Hintergrund und allein im Blick auf auditive Halluzinationen formuliert er dann zwei Positionen, die zu einigen meiner Überlegungen in diesem Kapitel passen. Jaynes ist ebenfalls der Auffassung, dass sich weder durch Stimmwahrnehmungen ausgelöste Vorstellungen noch Versuche, sich Stimmen vorzustellen, vollständig unter die Herrschaft des menschlichen Willens bringen lassen. Er hebt die besondere Stellung des Gehörs in diesem Zusammenhang hervor: »Von allen Sinnesmodalitäten ist das Gehör die am wenigsten willkürlich beherrschbare.« Und er gelangt zu dem Schluss, dass aus diesem Grund die Stimme als Medium der Sprache entscheidende Bedeutung für die menschliche Evolution erlangte. Mit dem Hinweis auf spezifische Eigenschaften des Klangs und der Stimme im Vergleich zu den übrigen sensorischen Modalitäten formuliert Jaynes dann eine

13 Julian Jaynes, *The Origin of Consciousness in the Breakdown of the Bicamaral Mind*, Boston 1976; dt.: *Der Ursprung des Bewußtseins durch den Zusammenbruch der bikameralen Psyche*, übers. von Kurt Neff, Reinbek bei Hamburg 1988.

weitere Hypothese, in der ich einige meiner Überlegungen zu den Funktionen der Stimme in verdichteter Form wiederfinde und die implizit auch darlegt, warum Halluzinationen vorwiegend klangbezogen sind. Klangmedien besitzen ihm zufolge eine besondere Autorität, ein Gedanke, den er im Blick auf die Stimmen von Göttern und auf die Stimmen der Schizophrenie illustriert: »Die Stimmen, die der Patient hört, sind für ihn wirklicher als selbst die Stimme seines Arztes.«[14] Wenn Gläubige das Gefühl haben, die Götter erreichten sie vor allem über Stimmen, spiegelt sich darin möglicherweise ein menschlicher Wunsch, dass ihre Botschaften bindend seien.

Unbeherrschbarkeit und Autorität als zwei komplementäre Haupteigenschaften der Stimme werden zum Leitmotiv einer gewagten Spekulation über die Evolution des menschlichen Bewusstseins. In einer zugegeben radikalen Lesart der *Ilias* trennt Jaynes die griechischen und trojanischen Krieger, die ausschließlich handeln, von den Göttern, die ausschließlich sprechen, und interpretiert diese Trennung und Simultanität als eine frühe »bikamerale« Form des menschlichen Geistes, wobei er das Bewusstsein als das nachfolgende Stadium eines Schnittbereichs zwischen den beiden Seiten von Handeln und Sprechen innerhalb eines einzigen Systems beschreibt. Es hat natürlich keinen Sinn, diesen Gedankengang mit den Maßstäben des wissenschaftlichen oder zumindest historischen Realismus zu erörtern. Der intellektuelle Wert von Jaynes' Buch liegt in der experimentellen Konfiguration von Konzepten, die ernst zu nehmen es uns ermuntert. Was die verschiedenen, oben identifizierten Arten von Spannungen zwischen Stimmen, dem Imaginären und dem Handlungsvermögen betrifft, haben wir einen Grund, mit der Idee zu spielen, dass Klang und Stimme als die beiden nach Jaynes »am wenigsten willkürlich beherrschbaren« und »gebieterischsten« aller Sinnes-

14 Ebd., S. 117, 124, 122.

modalitäten entscheidende Bedeutung für die Entstehung des Bewusstseins als Ort des menschlichen Willens erlangten. Wir könnten sogar so weit gehen und uns den Willen und das Handlungsvermögen als einen Schnittbereich zwischen der unbeherrschbaren Energie der Stimme und ihrer beherrschenden Autorität vorzustellen.

Begriffe wie »Handlungsvermögen«, »Autorität«, »Energie« oder »Wille« werfen gemeinsam die für aktuelle Debatten unter Geisteswissenschaftlern unvermeidliche Frage nach dem Verhältnis zwischen Macht und verschiedenen Formen stimmlicher Darbietung auf. Ausgehend von den nahezu unendlich vielen, weitreichenden und tatsächlich metonymischen Definitionen, die das Phänomen der Macht hervorgebracht hat, bin ich geneigt, eine stärker auf die körperliche Dimension der Existenz zielende Bedeutung von Macht zu favorisieren und damit deren Gründung auf Gewalt im Sinne eines rein physischen Prozesses zu betonen. Wenn wir unter »Gewalt« jedes Verhalten verstehen, das Räume mit Körpern und gegen den Widerstand anderer Körper zu besetzen versucht, darunter auch individuelle grausame Akte wie Vergewaltigen oder Töten, ist es plausibel, »Macht« als Gewaltpotenzial zu verstehen – und nicht nur als Bestandteil tatsächlich ausgeübter Gewalt.

Aus dieser Perspektive können wir sagen, dass stimmliche Darbietungen in ihrer Abhängigkeit vom Einsatz bestimmter Körperorgane und auf der anderen Seite Macht als bloßes Gewaltpotenzial ontologisch getrennten Lebensbereichen angehören. Damit verschiebt sich unsere Frage weg von der Macht und hin zu möglichen Verbindungen zwischen Stimme und Gewalt auf der Ebene der physischen Existenz – ohne dass sich daraus eindeutige Beobachtungen oder Thesen ergäben. Wie die meisten anderen Formen aggressiven Verhaltens gehen Gewaltakte oft (aber nicht notwendig) mit stimmlicher Tonproduktion einher – und die Menschen teilen diese Gewohnheit mit den meisten anderen Säugetieren. »Kampfgesänge« in Mannschaftssportarten oder Soldatenlieder gehören zu den kulturell entwickelten Formen. Stimmliche Darbietung und Gewalt sind hier eng, aber auf unspezifische Weise in der Materialität der menschlichen Existenz miteinander verbunden, aber interessanter sind möglicherweise solche Fälle einer Konvergenz, in denen stimmliche Effekte paradoxerweise bewusst von der Gewaltausübung ausgeschlossen werden. In mehreren Reden, die Heinrich Himmler nach der förmlichen Entscheidung für die »Ausrottung« der Juden auf der Wannseekonferenz vom Januar 1942 hielt, erwähnte er seine Sorge um die »Anständigkeit« der Mitglieder seiner SS angesichts ihrer Gewaltakte und der dadurch geschaffenen Berge ermordeter Körper. Die Lösung, auf die er anspielte, bestand in Schweigen, mit der wahrscheinlichen Folge, dass der Verzicht auf Worte – als Attitüde einer »Anständigkeit« der SS – die Operation der industriellen Tötung entpersönlichen und dadurch den Schrecken bei möglichen Opfern und Zeugen noch verstärken würde.

Himmlers seltsam vage Assoziation führt uns von der Gewaltausübung zurück zum Phänomen und Begriff der Macht. Macht entfaltet möglicherweise ihre stärkste Wirkung, wenn sie das bloße Wissen um ein Potenzial bleibt, ohne jeden Übergang in die reale Semantik oder die physischen Effekte stimmlicher Darbietung. Es wäre zwar allzu optimistisch, wenn man der stimmlichen Darbietung die Wirkung zuschriebe, die durch Macht ausgeübte Kontrolle und den von ihr zugefügten Schmerz zu untergraben, doch die Wahrnehmung von Stimmen kann nicht dazu beitragen, individuelle Impulse in unserer Imagination auszulösen, die möglicherweise außerhalb der Reichweite des Willens und der Macht anderer Personen liegen.

*

Genau in diesem Sinne, das heißt aufgrund der Beteiligung der Imagination, ähnelt die Beziehung zwischen stimmlicher Darbietung und Macht den verschiedenen Aspekten, unter denen die Stimme das Handlungsvermögen herauszufordern vermag. Unter »Handlungsvermögen« verstehe ich die menschliche Fähigkeit, individuelle und kollektive Formen des Verhaltens mit der Absicht und der Wirkung zu versehen, unseren Ideen über zukünftige Situationen Realität zu verleihen, so groß oder klein diese Ideen auch sein mögen. Verschiedene Herausforderungen des so verstandenen Handlungsvermögens sind die Fluchtpunkte unserer Versuche, in diesem Kapitel drei Formen des Wechselspiels zwischen Stimme und Imagination zu durchdenken. Wir haben gesehen, wie schwierig es sein kann, durch Stimmwahrnehmungen im Imaginären ausgelöste Prozesse zu kontrollieren, den Klang einzelner Stimmen in der Imagination heraufzubeschwören und mit der Wirkung von Stimmen aus auditiven Halluzinationen umzugehen. All diese Verhaltensarten bewegen sich am Rande des Handlungsvermögens. Doch angesichts des Unterschieds oder gar der Diskontinuität zwischen den in den vorigen Abschnitten behandelten Phänomenen ist alles andere als klar, warum gerade diese drei Verbindungen uns am Ende mit Herausforderungen an das Handlungsvermögen konfrontierten.

Der elementarste Grund für diese Konvergenz resultiert meines Erachtens aus bestimmten Ambiguitäten, die sowohl der Stimme als auch der Imagination im Verhältnis zum Handlungsvermögen eigen sind und die für ein beträchtliches Maß an Komplexität in deren Interaktionen und Unterschieden sorgen. Als Medium der Artikulation eines propositionalen Gehalts unterliegt die Stimme dem menschlichen Handlungsvermögen, doch unser intentionales Verhalten hat kaum Einfluss auf die durch ihre individuellen Tonlagen produzierten Effekte. Ebenso kann man das Sich-etwas-Vorstellen durchaus als einen intentionalen Akt denken, bei dem in unserem Geist bestimmte sensorische Effekte produziert werden, auch wenn der Erfolg und die Konsequenzen solcher Akte sich weitgehend unserem Handlungsvermögen entziehen. Mit anderen Worten: Die Aktivierung von Formen des Wechselspiels zwischen dem Klang von Stimmen und dem Imaginären sorgt oft für beträchtliche Verwirrung.

Als einen zweiten Ansatz zum Vergleich und Verständnis der verschiedenen Beziehungen zwischen Stimme, Imagination und Handlungsvermögen werde ich die in der Tradition der Philosophischen Anthropologie entwickelte Frage nach den Vorzügen und Nachteilen einsetzen, mit denen eine derartige Struktur der Phänomene in den verschiedenen Phasen der menschlichen Evolution verbunden gewesen sein mag. Die Erfahrung, dass der Klang von Stimmen aus Körpern, die wir nicht sehen können, in der Vorstellung normalerweise besonders lebendige und intensive Wirkungen entfaltet, geht möglicherweise auf das Erfordernis früher, noch ohne entsprechende Institutionen lebende Menschen zurück, sich vor unsichtbaren Gefahren zu schützen. Es ist durchaus denkbar, dass das Wechselspiel zwischen wahrgenommenen Stimmen und Imagination als ein effizientes Warnsystem fungierte, das wir geerbt haben und nun, da seine ursprüngliche Funktion nicht mehr benötigt wird, genießen oder zum Schweigen zu bringen versuchen.

Für die Bemühung und die Schwierigkeit, den Klang einzelner Stimmen in unserer Vorstellung heraufzubeschwören, sehe ich dagegen keinen vergleichbaren evolutionären Kontext. Zwar ist es gewiss eine Freude, eine geliebte Stimme in unserer Imagination zu hören, und das besondere Talent von Komponisten besteht vielleicht wirklich in der Fähigkeit, sich die Aufführung einer von ihnen erfundenen Symphonie oder Arie vorzustellen, doch diese Fähigkeit besitzt keine sonderliche Bedeutung für das Überleben oder den Fortschritt der Menschheit. Das erklärt vielleicht die zuweilen frustrierende und äußerst erstaunliche Erkenntnis, dass die Macht unserer Imagination begrenzt bleibt, wenn es darum geht, einzelne Stimmen zu evozieren. Die nichtpathologischen Formen auditiver Halluzinationen, also die Stimmen von Göttern und die Stimme des Gewissens, werfen letztlich eine andere, eher historische als evolutionäre Frage auf. Zweifellos gibt es zahlreiche Theorien über die Funktionen der Religion in den frühen Phasen der Menschheit. Verglichen mit den vorherrschenden Erwartungen hinsichtlich des Verschwindens der Götter im westlichen Prozess der Moderne, finde ich es allerdings bemerkenswert, wie viele Menschen in unserer ansonsten gänzlich säkularen Gegenwart weiterhin deutlich göttliche Stimmen als Stimmen der Autorität und gelegentlich auch der persönlichen Unterstützung hören. Lebendig erhalten wird diese Erscheinung höchstwahrscheinlich von einer eher existenziellen als evolutionären Kraft, die jenseits des Handlungsvermögens liegt und zu dessen Aufgabe drängt.

Julian Jaynes' Spekulation über die Evolution des Bewusstseins stützt eine dritte Möglichkeit, über Stimmen, Imagination und die Grenzen des Handlungsvermögens nachzudenken. Wenn wir seinen Gedanken hinsichtlich des Übergangs von der aus einem imaginären Horizont stammenden gebieterischen Stimme der Transzendenz hin zum menschlichen Geist als dem entscheidenden Schritt bei der Herausbildung des Bewusstseins aufgreifen, können wir daraus schließen, dass die – vormalige – Stimme der Transzendenz in der Folge die – neue – Rolle und Funktion des Willens als Kern des Handlungsvermögens übernommen haben muss, das heißt als die Macht und Energie, die für die Verwandlung der Visionen (oder Motive) in Realität notwendig ist. Neben der Verknüpfung zwischen der Autorität einer transzendenten Stimme und der Energie des Willens beschreibt Jaynes Töne und Stimmen außerdem als die »am wenigsten willkürlich beherrschbaren« Sinnesmodalitäten im Imaginären. Deshalb erscheint das Verhältnis zwischen Handlungsvermögen und vorgestellten Stimmen als eine Beziehung zwischen den früher transzendenten, nun in Willen umgewandelten Stimmen und den weiterhin widerspenstigen, im Imaginären präsenten Stimmen. Man könnte diese strukturelle Spannung zwischen zwei entgegengesetzten Seiten ein und desselben Phänomens, also ihrer zielgerichteten Energie und ihrer Widerspenstigkeit, als ein Paradoxon oder als eine dem Leben imaginierter Stimmen innewohnende »dialektische Beziehung« beschreiben – wenn denn der Begriff »Dialektik« jemals mehr Klarheit als Verwirrung stiftete.

6
Stimmen von neutraler Vollkommenheit: Die Ansprache transzendenter Autorität

Moses ist keineswegs der erste Mensch, zu dem der Gott des Alten Testaments[1] spricht, doch erst mit ihrer im Buch Exodus geschilderten Begegnung beginnt die ontologische Diskontinuität zwischen der göttlichen Stimme und der menschlichen Wahrnehmung zu einem Problem und zu einem gelegentlichen Thema für den Text zu werden. Moses, Sohn jüdischer Vorfahren im Exil und unter dem Schutz der Tochter des Pharao aufgewachsen, hatte einen Ägypter getötet, weil er gesehen hatte, dass der »einen hebräischen Mann« schlug, und war ins Land der Midianiter, entfernter Verwandter des Volks Israel, geflohen, wo er eine Tochter des Priesters Jethro heiratete.[2] Dieses Leben weit entfernt von seinem Herkunftsvolk mag erklären, warum Gott es als notwendig empfand, sich Moses in einer ganz bestimmten Weise zu nähern, als dieser das Vieh seines Schwiegervaters in der Nähe jenes Berges hütete, der zu Israels heiligem Berg Sinai werden sollte.

Statt sich direkt an Moses zu wenden, lässt Gott zunächst einen Engel schweigend »in einer Feuerflamme mitten aus dem Dornbusch« erscheinen. »Und er sah ⟨hin⟩, und siehe, der

1 Wenn ich den Text der Torah hier das »Alte Testament« nenne, folge ich dem vorherrschenden, (wenngleich nicht ausschließlichen) Sprachgebrauch heutiger Akademiker in Israel.

2 Die Zitate aus dem Alten Testament hier und im Folgenden aus der Elberfelder Bibel.

Dornbusch brannte im Feuer, und der Dornbusch wurde nicht verzehrt.« Als Gott sicher ist, dass Moses sich ganz auf diesen Anblick konzentriert, tritt er an die Stelle des Engels, um sein Geschöpf mit seiner eigenen Stimme anzusprechen. Er rief ihm »mitten aus dem Dornbusch zu: Mose, Mose!« Und Moses »antwortete: Hier bin ich.« Dann warnt Gott Moses, noch näher zu kommen, befiehlt ihm, seine Schuhe abzulegen, weil er auf heiligem Boden stehe, und gibt sich schließlich zu erkennen: »Ich bin der Gott deines Vaters, der Gott Abrahams, der Gott Isaaks und der Gott Jakobs.« Da Moses nun mit absoluter Sicherheit weiß, wen er da vor sich hat, fürchtet er sich und verhüllt sein Gesicht. All diese Schritte, mit denen die Bedingungen dafür geschaffen werden, dass die göttliche Stimme von menschlichen Ohren gehört werden kann, gehen einem Austausch von Worten voraus, in dem Gott Moses den Auftrag zu geben versucht, das Volk Israel aus der ägyptischen Gefangenschaft herauszuführen, während Moses sich diesem Auftrag mit dem Hinweis zu entziehen versucht, dass er nicht die nötige Beredsamkeit besitze. Trotz der offenkundigen Hierarchie zwischen Gott und Moses gelingt es der Stimme Gottes nicht, unverzüglich Wirkung zu erzielen.[3]

Nicht nur aus den Schriften des Judentums und des Christentums sind wir vertraut mit Szenen, in denen Götter ihre Stimme mehr als jedes andere Kommunikationsmittel in ihrer Interaktion mit Menschen einsetzen, und wir erwarten, dass diese Stimme in jeder vorstellbaren Dimension perfekt klingt. So gibt es 16 kanonische Qualitäten, die der Stimme Brahmas, des Hauptgottes des Hinduismus, zugeschrieben werden, von »fließend, klug und süß« bis hin zu »vernehmbar, beständig und tief«, während die Stimme des Buddha mit einer Überfülle von 60 Adjektiven assoziiert wird. Derart breite Begriffshorizonte verleihen der Ansprache von Göttern regelmäßig ei-

3 2. Mose 3.1-11.

nen unmittelbaren Eindruck überlegener Autorität. Die altgriechische Tradition sagt uns dagegen weniger über die Stimmen einzelner Gottheiten (nur die von Zeus klingt meist »donnernd«), sondern verdichtet die Symbolik von Zeichen und Klängen in den Musen als Göttinnen der Inspiration. Unter ihnen zeichnet sich Kalliope als eine Allegorie der Singstimme aus, von der es im ersten Gesang des *Purgatorio* in Dantes *Divina Commedia* heißt, sie sei ziemlich hoch. Aoide, eine weitere, seltener erwähnte und gleichfalls mit »Stimme« und »Gesang« assoziierte Muse zeichnet das exzentrische Bild einer Gottheit, die vollkommen identisch mit ihren Stimmorganen ist.

Solche Variationen der Perfektion und Vollständigkeit verleihen unserem Eindruck von göttlichen Stimmen einen Flair von Neutralität. Da sie alle erdenklichen positiven Eigenschaften besitzen sollen, mangelt es ihnen an Individualität, und ihr Klang vermöchte niemals so etwas wie »Rauheit« (Barthes) zu besitzen. Und da göttliche Stimmen keine »Rauheit« besitzen, entsprechen sie auch nicht unserer Beschreibung, wonach menschliche Stimmen »Leben« haben und einen »Knoten« darstellen, in dem die von ihnen artikulierten Bedeutungen mit Effekten des Imaginären interferieren, die durch einen individuellen Klang ausgelöst werden. Aus einer rein logischen Perspektive sind göttliche Stimmen in einer ganz anderen Weise dazu bestimmt, die Funktion der Artikulation von Bedeutung mit einem für Menschen unerreichbaren Status absoluter Autorität, Effizienz und Handlungsfähigkeit zu verbinden. Wenn jedoch das allgemeine Verständnis der menschlichen Stimme sich nicht leicht mit unseren elementaren Vorstellungen von transzendenten Wesen und ihren Stimmen vereinbaren lässt, stellt sich die etwas überraschende Frage, warum Götter und Stimmen so häufig miteinander in Verbindung gebracht werden. Das ist die Hauptfrage, der ich in diesem Kapitel nachgehen werde.

Eine direkte Antwort scheint sich aus dem vorigen Kapitel zu ergeben, in dem ich, ermutigt von Julian Jaynes und seinem Buch über die »bikamerale Psyche«, der menschlichen Stimme und dem Gehör als der zugehörigen Sinnesmodalität eine überlegene Autorität und Lebendigkeit unter den Sinnen zugeschrieben hatte. Allerdings hatte ich dort ebenfalls behauptet, dass diese Eigenschaften aus der Fähigkeit der Stimme hervorgehen, das menschliche Handlungsvermögen und die menschliche Kontrolle herauszufordern, eine Fähigkeit, die auf der inspirierenden Wirkung individueller Formen des Klangs beruht – und deshalb auf die Vorstellung göttlicher Stimmen nicht zutrifft. Zusammenfassend gesagt: Wenn gezeigt wurde, dass die Frage nach den Gründen für die so oft zwischen Göttern und Stimmen hergestellte Verbindung Relevanz besitzt, kann die Antwort, die wir zunächst – das heißt oben – auf sie gegeben haben, nicht als zutreffend angesehen werden, da sie allein für menschliche Stimmen gilt.

Gerade diese Schwierigkeit verleiht den Stimmen der Transzendenz einen intellektuell vielversprechenden Status, da sie auf eine Kluft zwischen den Diskursen, mit denen wir diese Stimmen zu beschreiben versuchen, und unserem Wissen über die menschliche Stimme verweist. Ich werde mehrere historische Beispiele für die Evokation transzendenter Stimmen untersuchen, weil ich glaube, dass dieses Thema die Chance zu Erkenntnissen über die Funktionen der menschlichen Stimmen bietet, die wir bislang noch nicht gewonnen haben und die wir auch nicht auf irgendeinem anderen Wege erlangen könnten. Anders gesagt, ich werde mich mit einem vornehmlich religiösen Repertoire an Texten, Motiven und Phänomenen in der Erwartung befassen, dadurch gewisse Erkenntnisse von eindeutig weltlichem Wert ans Licht zu befördern. Meine Interpretationen von Diskursen und Narrativen über transzendente Stimmen werde ich hinsichtlich ihres Erfolges oder Scheiterns, ihrer Effizienz und ihrer Probleme, Menschen zu erreichen, aus der Perspektive der kulturellen Phänomenologie beurteilen, das heißt unter der Prämisse, dass die sogenannten Götter als Produkte der menschlichen Imagination angesehen werden können, die bestimmte soziale und psychische Funktionen erfüllen – während ich nicht daran interessiert bin, die Existenz transzendenter Realitäten zu bestreiten.

In diesem Sinne bezieht sich der Ausdruck »transzendente Autorität« im Titel dieses Kapitels nicht nur auf die kulturellen Phänomene, die wir in der Umgangssprache als »Götter« bezeichnen und mit unterschiedlichen Graden der Überlegenheit gegenüber Menschen assoziieren. Dazu gehören auch Formen menschlichen Verhaltens und Handelns, die vorgeblich, und wie auch viele von uns glauben, durch göttliche Eingebung inspiriert sind, zum Beispiel die Stimmen von Propheten oder das »in Zungen Sprechen« als der plötzlich vorhandenen Fähigkeit einzelner Menschen, in Sprachen zu reden, die sie niemals erlernt haben.[4] Und schließlich macht der häufig benutzte Ausdruck »Stimme des Gewissens« deutlich, dass das sogenannte »Gewissen« strukturell am Status der Transzendenz teilhat. Normalerweise »hören« wir das Gewissen als eine Bewegung in unserem Geist, die das individuelle Handlungsvermögen oder den individuellen Willen transzendiert – und deshalb recht oft, wenn auch nicht immer und zwingend mit einem göttlichen Eingriff gleichgesetzt wird.

Die Reihenfolge, in der ich Stimmen behandeln werde, die Göttern, göttlich inspirierten Menschen und dem Gewissen als einer unabhängigen Funktion innerhalb des menschlichen Geistes zugeschrieben werden, ist auf einer elementaren Ebene chronologisch. Beginnen werde ich mit Kommentaren zu verschiedenen Passagen im Alten Testament und dabei versuchen, ein Verständnis für den erstaunlich prekären Charakter zu entwickeln, der dort der Autorität der göttlichen Stim-

4 Siehe dazu auch oben, Kap. 1, S. 29.

me und ihrer Reichweite zugeschrieben wird. Für die Evangelien und die christliche Überlieferung werde ich erneut die Modalität der »Inkarnation« als Prämisse des Denkens und Verhaltens hervorheben, die eine erfolgreiche Übertragung der mit göttlichen Stimmen assoziierten Macht auf menschliche Stimmen erlaubt. Danach werde ich den Islam als die einzige monotheistische Religion in den Blick nehmen, deren Gottesvorstellung Sprechfunktionen oder stimmliche Artikulationen konsequent meidet und damit beweist, dass die Assoziation von Göttern mit Stimmen keine allgemeine theologische Notwendigkeit darstellt. Meine abschließenden Überlegungen gelten dann der »Stimme des Gewissens« als Beispiel für die Verbindung zwischen Transzendenz und Stimme in einer vorherrschend säkularen Gegenwart, als ein Beispiel auch, das uns einem allgemeinen Verständnis der Gründe für die häufig gezogene Verbindung zwischen Transzendenz und Stimmen näherbringt und dadurch die Komplexität unseres Denkens über all jene Stimmen erhöhen kann, mit denen wir es tagtäglich zu tun haben.

*

Die Erschaffung der Welt durch Gott, mit der das Alte Testament in einer sowohl monumentalen als auch überraschenden Geste beginnt, erfolgt nicht als Schöpfung aus dem Nichts. Die Erde war bereits da, »wüst und leer«, und »Finsternis lag über der Urflut« – eine formlose Leere, der Gott Form verleiht. Folgen wir dem Text Satz für Satz, sehen wir, dass Gott zumindest in den ersten fünf Tagen der Schöpfung nicht seine Hände einsetzt, sondern seine Stimme – auch wenn der Text dieses Wort nicht explizit verwendet. »Und Gott sprach: Es werde Licht! Und es wurde Licht.« Ohne jede Verbindung mit einem bestimmten Klang übt die Stimme Gottes eine bedingungslose Macht über die formlose Leere und die Finsternis aus. Was den zweiten Tag betrifft, ist es möglich, Gottes Rede als eine Ankündigung seines Plans zu lesen, denn auf den Satz: »Es werde eine Wölbung mitten im Wasser, und es sei eine Scheidung zwischen dem Wasser und dem Wasser!« folgt ein expliziter Bezug auf eine formgebende Tätigkeit: »Und Gott machte die Wölbung und schied das Wasser, das unterhalb der Wölbung, von dem Wasser, das oberhalb der Wölbung war.« Nachdem Gott die Wölbung »Himmel« genannt hat, gleichfalls ein Tun, das wir uns als mit der Stimme verbunden vorstellen, kehrt der Text der Genesis am dritten Tag zum Muster einer unmittelbaren Einwirkung der göttlichen Stimme zurück, einer Einwirkung auf die Materie, die wir in den Sprachen der Moderne als »magisch« bezeichnen. »Und Gott sprach: Es soll sich das Wasser unterhalb des Himmels an einem Ort sammeln, und es werde das Trockene sichtbar! Und es geschah so.«[5]

Nur die Erschaffung des Menschen »als unser [Gottes] Bild, uns ähnlich« am siebten Tag weicht deutlich von diesem Modell ab. Statt die Erfüllung seines Willens zu bestätigen, folgen der Darlegung des göttlichen Plans für die Schöpfung und der kosmologischen Rolle der Menschen darin die Worte: »Und Gott schuf den Menschen als sein Bild, als Bild Gottes«, und später dann detailliertere Beschreibungen der Schöpfung des »Menschen ⟨aus⟩ Staub vom Erdboden« und der weiblichen Form aus einer »Rippe, die er von dem Menschen genommen hatte«. Doch schon vor dieser letzten Phase seiner Schöpfung, die im Erscheinen der Frau bestand, hatte Gott den Menschen in den Garten Eden gesetzt und ihm in Worten, die sich direkt an ihn wandten, gesagt: »Von jedem Baum des Gartens darfst du essen; aber vom Baum der Erkenntnis des Guten und Bösen, davon darfst du nicht essen; denn an dem Tag, da du davon isst, musst du sterben!«[6]

5 1. Mose 1.
6 1. Mose 2.

Es ist verlockend, die nachfolgende Geschichte vom Sündenfall als eine Geschichte über die Grenzen der Macht von Gottes Stimme gegenüber dem Menschen zu lesen. Im Unterschied zur Neutralität ihrer göttlichen Perfektion lässt der erste Vers von Genesis 3 für die Worte der Schlange eine gewisse Verführungskraft erahnen, heißt es dort doch, dass sie »listiger als alle Tiere des Feldes« sei. Außerdem können wir eine zumindest partielle Wahrheit in der Stimme der Schlange erkennen, wenn sie, an die Frau gerichtet, der göttlichen Warnung widerspricht, der Mensch werde sterben, wenn er vom Baum der Erkenntnis esse. »Keineswegs werdet ihr sterben! Sondern Gott weiß, dass an dem Tag, da ihr davon esst, eure Augen aufgetan werden und ihr sein werdet wie Gott, erkennend Gutes und Böses.« Hatte Gottes Stimme seine Geschöpfe belogen, als sie sie vor Neugier warnte und dabei die möglichen Folgen übertrieb – wie zahlreiche menschliche Eltern dies tun? Schließlich starben der Mann und die Frau nicht durch den Genuss der Früchte dieses Baumes: »Da wurden ihrer beider Augen aufgetan, und sie erkannten, dass sie nackt waren.« Auch wenn die Frage des Wahrheitswerts und des offenkundigen Scheiterns der göttlichen Warnung für eine theologische oder mythologische Interpretation nur von geringer Bedeutung sein mag, bildet sie doch einen Kontrast, der uns eine andere Funktion der göttlichen Rede erkennen lässt, und zwar in dem Moment, in dem ein spezifisches Wort für »Stimme« erstmals in diesem Text auftaucht.

Noch während die Frau und der Mann eilig »Feigenblätter« zusammenheften und sich »Schurze« machen, um ihre nun peinliche Nacktheit zu bedecken, hören sie »die Stimme des HERRN, Gottes, der im Garten wandelte bei der Kühle des Tages«. Sie wollen sich ihrem Schöpfer entziehen, was aber nicht gelingt. »Und der HERR, Gott, rief den Menschen und sprach zu ihm: Wo bist du? Da sagte er: Ich hörte deine Stimme im Garten, und ich fürchtete mich, weil ich nackt bin, und ich versteckte mich.« Hier spricht Gott nicht mehr neutral. Hinter dem Substantiv, das hier mit »Stimme« übersetzt wurde und das in diesen Versen zweimal erscheint, steckt das hebräische Wort »*kol*«, das heute so viel wie »Stimme«, »Klang« oder »Schall« bedeutet.[7] Mit dem Wort »*kol*« und seiner spezifischen Semantik erlangt die Stimme Gottes greifbare physische Qualität, und diese Qualität bewirkt, dass der Mann und die Frau sich nicht vor ihm verbergen können. Wir können also festhalten, dass aufgrund der Verwendung des Wortes für »Stimme« in seiner speziellen Bedeutung Gottes Rede größere Kraft innerhalb der Erzählung erlangt. Dagegen scheint Gott eine andere und weniger gebieterische göttliche Rolle in jenen Passagen der Genesis zu spielen, die nur darauf verweisen, dass er spricht, ohne seine Stimme explizit zu erwähnen. Ich werde diesem Unterschied weiter nachgehen, weil er eine unterschiedliche Beurteilung des jeweils der Stimme Gottes zugeschriebenen Erfolgs oder Misserfolgs anzuzeigen scheint.

*

Von Genesis 3 gehen wir dazu in der Erzählung weiter und kommen noch einmal auf Exodus 3 zurück, wo Moses den Auftrag erhält, sein Volk aus dem ägyptischen Exil zu führen. Nach »430 Jahren« Gefangenschaft und mehreren Begegnungen zwischen Moses und dem Pharao, den Moses trotz aller göttlichen Unterstützung nicht zu bewegen vermag, die Israeliten ziehen zu lassen, »erschlug der HERR alle Erstgeburt im Land Ägypten« und erleichterte so den Auszug von »etwa 600 000 Mann«, Frauen und Kinder nicht eingerechnet.[8] Nach drei

7 Diese philologische Erkenntnis verdanke ich Etan Hirsh, der an meinem Seminar über »Leben der Stimme« im Mai 2023 an der Hebrew University in Jerusalem teilnahm.

8 2. Mose 12.

Monaten erreichen sie »die Wüste Sinai«, wo Gott bereits mit Moses gesprochen hatte. Dort steigt Moses nun »hinauf zu Gott«. Hier beginnt der für das Judentum als Institution substanziellste Teil des Alten Testaments mit der an Moses gerichteten Erinnerung Gottes an das, »was ich den Ägyptern angetan [...] habe«, und vor allem mit dem Versprechen: »Und nun, wenn ihr willig auf meine Stimme hören und meinen Bund halten werdet, dann sollt ihr aus allen Völkern mein Eigentum sein; denn mir gehört die ganze Erde. Und ihr sollt mir ein Königreich von Priestern und eine heilige Nation sein. Das sind die Worte, die du zu den Söhnen Israel reden sollst.«[9]

Von nun an wird Moses als Vermittler der Stimme Gottes fungieren. Bei allen weiteren Besuchen auf dem Berg zeigt sich allerdings weiterhin die Asymmetrie zwischen Gott und ihm, verwandelt sich jedoch zunehmend aus einer furchteinflößenden Hierarchie in die beginnende Sicherheit eines Rituals. Teil des Rituals ist eine räumliche Distanz, die der Gott der »Donner und Blitze« zwischen seiner Stimme und seinem Volk schafft, eine Distanz, die auch die Israeliten aufrechterhalten möchten, sagen sie doch zu Moses: »Rede du mit uns, dann wollen wir hören! Aber Gott soll nicht mit uns reden, damit wir nicht sterben.«[10] Als Moses zum zweiten Mal auf den Berg steigt, diesmal in Begleitung seines Bruders Aaron, redet Gott »alle diese Worte« der Zehn Gebote und der Regeln des Bundes im neutralen Gestus oberster Autorität, nachdem er sich selbst identifiziert hat: »Ich bin der HERR, dein Gott [...]. Du sollst keine andern Götter haben neben mir.«[11] Und während Moses »alle Worte des HERRN« aufschreibt und »dem Volk« mitteilt, ruft Gott ihn erneut zu sich: »Steig zu

9 2. Mose 19.5-6.
10 2. Mose 20.19.
11 2. Mose 20.2-3.

mir herauf auf den Berg und sei dort, damit ich dir die steinernen Tafeln, das Gesetz und das Gebot gebe, das ich geschrieben habe, um sie zu unterweisen!«[12] Weshalb bedarf es dieser Tafeln zusätzlich zur Macht der Stimme Gottes und jenseits der von Moses ausgeübten Rolle als sprechender und schreibender Mittler? Nach zahlreichen weiteren Anweisungen an die Israeliten lesen wir: »Und als er auf dem Berg Sinai mit Mose zu Ende geredet hatte, gab er ihm die zwei Tafeln des Zeugnisses, steinerne Tafeln, beschrieben mit dem Finger Gottes.«[13] Während wir uns an die dramatische weitere Entwicklung der Erzählung erinnern, finden sich nur wenige Hinweise auf eine Deutung der nachfolgenden Ereignisse. Als Moses vom Berg herabsteigt, »die beiden Tafeln des Zeugnisses in seiner Hand, Tafeln, beschrieben auf ihren beiden Seiten«, hört und sieht er schließlich das Volk in seinem »Lager« um ein »Kalb« tanzen, und »da entbrannte der Zorn Moses, und er warf die Tafeln aus seinen Händen und zerschmetterte sie unten am Berg. Dann nahm er das Kalb, das sie gemacht hatten, verbrannte es im Feuer und zermalmte es, bis ⟨es⟩ feiner ⟨Staub⟩ war, streute es auf die Oberfläche des Wassers und gab es den Söhnen Israel zu trinken.«[14]

Die Stimme Gottes hat sein Volk nicht davon abhalten können, »wie wild« um das Kalb zu tanzen, statt sich an den Bund zu halten, den er und Moses schriftlich fixiert hatten. Und während die Stimme Gottes nicht weit genug reicht, verliert Moses seine Beherrschung und zerbricht in seinem Zorn die Tafeln, die als schriftliche Fassung das Scheitern der göttlichen Stimme hätten kompensieren können. Weder die Stimme Gottes allein noch die Tafeln allein sind stark und wirkungsvoll genug, um die Einhaltung des Vertrags zu gewährleisten, was

12 2. Mose 24.12.
13 2. Mose 31.18.
14 2. Mose 32.19f.

wiederum erklärt, warum Moses es nach mehreren Bestrafungen der Israeliten wagt, Gott, wie wir sagen könnten, eine weitere Chance zu geben, und warum Gott bereit ist, das zu tun, was Moses als nun bestätigter Mittler vorschlägt, »denn du hast Gunst gefunden in meinen Augen, und ich kenne dich mit Namen«.[15] Diesmal wählt Gott jedoch eine andere Strategie. Statt Moses die Zehn Gebote auszuhändigen, befiehlt er ihm: »Haue dir zwei steinerne Tafeln wie die ersten zurecht! Dann werde ich auf die Tafeln die Worte schreiben, die auf den ersten Tafeln standen, die du zerschmettert hast.«[16] Gott befiehlt außerdem, die neuen Tafeln in die »Lade« zu legen, die Moses »gemacht« hatte, damit sie das Volk Gottes auf seinem Zug begleiteten und schließlich ihren Platz in seinem Tempel in Jerusalem fanden.[17] Die Interaktion zwischen Gott und Moses mit ihrem Wechsel zwischen der Stimme Gottes und den »mit dem Finger Gottes« beschriebenen Tafeln hilft uns letztlich zu verstehen, warum das Judentum seit Jahrhunderten »im Dualismus eines geschriebenen Texts und seiner durch Talmud und Mischna vermittelten mündlichen Präsenz« existiert.[18] Und selbst in diesem komplementären Dualismus sollten Reichweite und Autorität der Stimme Gottes stets prekär bleiben.

*

Zahlreiche Episoden aus dem Alten Testament illustrieren diesen Zustand im Kontakt zwischen Gott und verschiedenen Repräsentanten seines Volkes, einen Zustand, der überraschend

15 2. Mose 33.17.

16 2. Mose 34.1.

17 5. Mose 10.2 und 5.

18 Ich zitiere hier aus Etan Hirshs hervorragendem Paper für mein Seminar über »Leben der Stimme« an der Hebrew University.

für Beobachter sein mag, die mit der Praxis des Judentums als Religion nicht vertraut sind. Wir können einen tiefen und nachhaltigen Wunsch nach Zeichen und Ereignissen spüren, die die Gegenwart einer transzendenten Macht bestätigen und Klarheit hinsichtlich der Richtung ihrer Orientierung schenken. Gideon, später ein Feldherr, der die Israeliten zu einem bedeutsamen Sieg über das weitaus größere Heer der Midianiter führen wird, verlangt mehrere Beweise von Gott, bevor er bereit ist, der Botschaft zu trauen, »dass du [Gott] Israel durch meine Hand retten wirst, wie du geredet hast«.[19] Gideon wagt es, zunächst zu verlangen, dass auf dem Boden ausgelegte Wolle am Morgen von Tau bedeckt sei, obwohl der übrige Boden vollkommen trocken ist. Am nächsten Morgen drückt er »die Wolle aus und presste Tau aus der Wolle, eine ⟨ganze⟩ Schale voll Wasser«. Er fühlt sich jedoch immer noch nicht sicher genug und möchte nun, dass die Wolle auf einem mit Tau bedeckten Boden gänzlich trocken geblieben sei. »Und Gott machte es so in jener Nacht.« Erst jetzt ist Gideon bereit, mit seinen Soldaten in die Schlacht zu ziehen.

Selbst der Klang der Stimme Gottes und ihre expliziten Ankündigungen führen zuweilen zu Verwirrung. Wir lesen: »Und das Wort des HERRN war selten in jenen Tagen«, in den Zeiten des jungen Samuel, der später zur Gründung des Königreichs Israel beitragen wird. Samuel hat sich schlafen gelegt, »im Tempel des HERRN, wo die Lade Gottes war. Und der HERR rief Samuel«, ohne sich beim Namen zu nennen. »Aber Samuel kannte den HERRN noch nicht« und glaubt, der betagte Priester Eli habe ihn gerufen. Der »lag an seinem Ort, und seine Augen fingen an, schwach zu werden, sodass er nicht mehr sehen konnte«. Drei Mal läuft Samuel zu Eli und sagt: »Siehe, hier bin ich! Du hast mich gerufen.« Und jedes Mal erhält er zur Antwort: »Ich habe nicht gerufen, mein

19 Richter 6.37-40.

Sohn; geh wieder hin und lege dich schlafen.« Schließlich merkt Eli, »dass der HERR den Knaben rief«. Und sagt zu Samuel, wenn er gerufen werde, solle er antworten: »Rede, HERR, denn dein Knecht hört.« Doch was Samuel schließlich von Gott hört, verstärkt nur seine Ratlosigkeit, denn Gott sagt, er werde über Elis »Haus für immer richten [...] um der Schuld willen, dass er wusste, wie seine Söhne sich schändlich verhielten, und hat ihnen nicht gewehrt«. Erst mit den Jahren wird Samuel genügend Offenheit für die oft rätselhaften Inhalte der Stimme Gottes entwickeln und so zum »Prophet des HERRN« werden.[20]

Doch nicht einmal die Rolle des Propheten ist von den Unsicherheiten in der Kommunikation zwischen Gott und Israel ausgenommen. So muss Jeremias seine Autorität nutzen, um die Gläubigen im Namen des Herrn vor anderen Propheten zu warnen: »Siehe, ich will an die Propheten, spricht der HERR, die ihre ⟨eigene⟩ Zunge nehmen und sprechen: Ausspruch ⟨des HERRN⟩. Siehe, ich will an die, die Lügenträume weissagen, spricht der HERR, und die sie erzählen und mein Volk irreführen mit ihren Lügen und mit ihrer Flunkerei!«[21] Inmitten all der Zweifel und lautstarken Streitigkeiten, von denen das Alte Testament berichtet, entdecken wir Passagen, in denen Gott in unerwarteten Tonfällen spricht, um das Ohr der Gläubigen zu erreichen und seiner Stimme Authentizität zu verleihen. Als der Prophet Elia auf eine Botschaft Gottes wartet, die ihn vor seinen israelitischen Landsleuten, welche danach trachten, ihm »das Leben zu nehmen«, schützen könnte, hört er einen Wind, »der HERR ⟨aber⟩ war nicht in dem Wind«. Danach kam ein großes Erdbeben, »der HERR ⟨aber⟩ war nicht in dem Erdbeben«. Und nach dem Erdbeben ein Feuer, »der HERR ⟨aber⟩ war nicht in dem Feuer«. Paradoxer-

20 1. Samuel 3.
21 Jeremia 23.30-32.

weise äußert sich Gott schließlich stumm im »Ton eines leisen Wehens«: »Und siehe, eine Stimme geschah zu ihm: Was tust du hier, Elia?«[22] Verzichtet die Stimme Gottes hier auf die Objektivität ihres physischen Klangs, um größere Wirkung zu erzielen?

Mehr als die Trägerin klarer Botschaften und Anweisungen zu sein, dient die Stimme Gottes im Alten Testament als Bezugspunkt des Verlangens nach Augenblicken einer direkten Ansprache von der Seite der Transzendenz. Wir mögen dieses Verlangen mit einer in der jüdischen Kultur vielleicht immer noch entfernt lebendigen Vorstellung einer Stimme von unwiderstehlich physischer Unmittelbarkeit assoziieren, einer Stimme, die es einst möglicherweise gab, aber inzwischen verlorengegangen ist. Das Nebeneinander von Stimme als Bedeutung und Stimme als Klang, das in der gegenwärtigen Verwendung des hebräischen *kol* aufscheint, könnte die Spur eines »Stimm-Dings« als einer substanziellen, nicht dualistischen Vereinigung von Bedeutung und Klang sein – oder die Projektion einer kollektiven Sehnsucht danach. Diese Spekulation über *kol* als das »Stimm-Ding«[23] zeigt möglicherweise, dass

22 1. Könige 19.10-13.

23 Mit diesem Konzept folge ich ebenfalls Etan Hirshs Seminarpapier. Im Sinne des Fluchtpunkts einer philologischen Argumentation zeigt er, dass in der Talmud-Tradition einzelne Worte für religiöse oder göttliche Stimmereignisse manchmal zu »zwei Dingen, Bedeutung und Körperlichkeit«, führten – was wiederum zeigt, dass die orale Präsenz der Torah »nur als Dualismus oder als eine Stimme verstehen konnte, was ursprünglich eins oder ein Stimm-Ding war«. Die Beobachtung könnte uns auch zu verstehen helfen, warum Talmud-Debatten recht regelmäßig auf »*kol*« als »*bat kol*« verweisen, das heißt als »Tochter der Stimme«. – In 1. Mose 4.10f. erscheint »*kol*« dagegen als ein Wort, mit dem Gott auf die Stimme des Bluts von Abel hinweist, der von seinem Bruder Kain getötet worden war: »Was hast du getan! Horch! Das Blut deines Bruders schreit zu mir vom Ackerboden her. Und nun, verflucht seist du von dem Ackerboden hinweg, der seinen Mund aufgerissen hat, das Blut deines Bruders von deiner Hand zu empfangen!« Der Hinweis auf den

der im Alten Testament erkennbar prekäre Charakter der Reichweite und Verarbeitung der Stimme Gottes ein Verlangen speiste und immer noch speist, ihr eine epistemologische Ausnahmestellung zuzuschreiben.

*

Um den gänzlich anderen Status zu verstehen, den die göttliche Stimme im Christentum entwickelt hat, müssen wir uns den breiteren Bedingungsrahmen ansehen, in dem die neue Religion aus dem Judentum hervorging. Die heutige Wissenschaft lässt keinen Zweifel an der Existenz Jesu als einer historischen Gestalt. Im Norden des heutigen Israel geboren und unter der Autorität der römischen Besatzung gekreuzigt, war er höchstwahrscheinlich ein auf Reformen drängender Rabbi, den eine Gruppe von Anhängern zu seinen Lebzeiten als Propheten verehrte. Die theologisch eigenartige Rolle Jesu als »Gottessohn« innerhalb der zutiefst paradoxen christlichen Konzeption eines dreifaltigen Monotheismus muss aus der hauptsächlich mit Paulus verbundenen Initiative hervorgegangen sein, die Gruppe seiner einstigen Schüler und nach seinem Tod hinzugekommenen Bewunderer für die nichtjüdischen »Heiden« des Römischen Reiches zu öffnen. Wenn sie an Jesus Christus als eine vom Judentum weitestgehend unabhängige Gestalt glauben wollten, müssen die meisten der von seinen Worten angezogenen Juden dahin tendiert haben, in ihm die Erfüllung messianischer Prophezeiungen aus ihrer eigenen Religion zu erblicken. Und tatsächlich wurde das Wort »Christus« ursprünglich als griechische Übersetzung für das hebräische Wort »Messias« im Sinne von »Gesalbter« verwendet.

»Mund« des Ackerbodens scheint das Verständnis von »*kol*« als »Stimm-Ding« zu stützen. (Diese Beobachtung verdanke ich meinem Freund Amir Eshel.)

Dadurch wird zwar verständlich, warum die Juden unter den Anhängern Jesu ihn als »Messias« und »Sohn« Gottes bezeichneten, doch dieser Status und das Konzept eines »Sohnes« wurden zugleich Bestandteil des dreifaltigen und dennoch monotheistischen Gottes, den die neue, noch in Entstehung begriffene Theologie den Heiden präsentierte. Einen entscheidenden Beitrag zu der erstaunlichen Resonanz, die die Dreifaltigkeit als eine logisch prekäre Lösung für das Problem einer Vermittlung zwischen zwei religiös verschiedenen Gruppen von Gläubigen fand, leistete die Rolle, die darin dem Begriff der Inkarnation zufiel. Dieser erlaubte es Christen, Erinnerungen an den historischen Jesus mit der transzendenten Stellung zu versöhnen, die er gewissermaßen vom Gott des Alten Testaments geerbt hatte. Und als Problemlösung wurde der durch Inkarnation ermöglichte Begriff der Dreifaltigkeit zum Versprechen eines neuartigen Wegs, auf die Stimme Gottes zu reagieren, der in späteren institutionellen Kontexten die Möglichkeit eröffnete, ihre Wirksamkeit an menschliche Stimmen zu delegieren.

Die biografischen Erzählungen der Evangelien stellen die Taufe Jesu als eine Ouvertüre zur Entstehung der Dreifaltigkeit und der Inkarnation als neue und entscheidende theologische Ideen dar. Während christliche Kommentare aufgrund des widersprüchlichen Charakters der Taufe eines Protagonisten, der angeblich Gottes Sohn ist (»Kriterium der Verlegenheit«), gewöhnlich hervorheben, dass die Episode in einem historisch existierenden Ritual gründen müsse, schreibt der im Text zu findende Bezug auf die Stimme des göttlichen Vaters dem getauften Jesus schon früh in den Texten von Matthäus, Markus und Lukas eine spezifische Rolle zu: »Es geschah aber, dass sich zusammen mit dem ganzen Volk auch Jesus taufen ließ. Und während er betete, öffnete sich der Himmel und der Heilige Geist kam sichtbar in Gestalt einer Taube auf ihn herab und eine Stimme aus dem Himmel sprach: Du bist mein geliebter

Sohn, an dir habe ich Wohlgefallen gefunden.«[24] Das Erscheinen einer Taube als Darstellung transzendenter Autorität reicht weit in die mesopotamische und dann auch jüdische Überlieferung zurück, doch besonders bemerkenswert finde ich hier die Betonung der »körperlichen Form« der Taube und die explizite Verwendung des Wortes »Stimme«. Die Anwesenheit des göttlichen Vaters besitzt hier eine physische Stofflichkeit, die sie im Alten Testament so gut wie nie erreicht.

Vor diesem Hintergrund erlangte die als »Verwandlung« oder auch »Verklärung« bezeichnete Szene entscheidende Bedeutung für das theologische Verständnis Jesu als »fleischgewordener Gott«. Etwa in der Mitte des Matthäusevangeliums und wenige Tage, nachdem der Apostel Petrus erstmals das Wort »Christus« zur Bezeichnung seines Herrn benutzt hatte, »nahm Jesus Petrus, Jakobus und dessen Bruder Johannes zu sich und führte sie auf einen hohen Berg. Und er wurde vor ihnen verwandelt.« Die Verwandlung ist zugleich visueller und sozialer Art: »[S]ein Gesicht leuchtete wie die Sonne und seine Kleider wurden weiß wie das Licht. Und siehe, es erschienen ihnen Mose und Elija und redeten mit Jesus.« Petrus meint darauf: »Herr, es ist gut, dass wir hier sind.« Und er schlägt vor, dieser Situation Dauer zu verleihen: »Wenn du willst, werde ich hier drei Hütten bauen, eine für dich, eine für Mose und eine für Elija.« Doch eine Stimme unterbricht ihn: »Noch während er redete, siehe, eine leuchtende Wolke überschattete sie und siehe, eine Stimme erscholl aus der Wolke.« Und diese Stimme wiederholt, was Gott bei der Taufe Jesu gesagt hatte: »Dieser ist mein geliebter Sohn, an dem ich Wohlgefallen gefunden habe; auf ihn sollt ihr hören.« Die Worte »auf ihn sollt ihr hören« verleihen Jesus größere Autorität, und die Reaktion der Apostel auf die Stimme Gottes erinnert uns an Moses bei

24 Lukas 3.21f.

seiner ersten Begegnung mit dem Gott des Alten Testaments: »Als die Jünger das hörten, warfen sie sich mit dem Gesicht zu Boden und fürchteten sich sehr.«[25]

Mit den nachfolgenden Szenen wird aus der »Verwandlung« jedoch eine Inkarnation. »Jesus aber trat zu ihnen, rührte sie an und sprach: Steht auf und fürchtet euch nicht! Als sie aber ihre Augen aufhoben, sahen sie niemand als Jesus allein.« Die »lichte Wolke«, aus der Gott gesprochen hatte, ist nicht mehr da. Wenn die Apostel nun »niemand als Jesus allein« sehen, heißt das, seine physische Präsenz als Mensch, wie sie sich in seiner Berührung und seinen Worten manifestiert, ist an die Stelle der physischen Präsenz der Stimme des göttlichen Vaters getreten, der eben gesagt hat, Jesus sei sein »geliebter Sohn«. Die Inkarnation erfolgt also in demselben Augenblick, in dem der verwandelte Körper Jesu, den »allein« die Apostel sehen, seine Präsenz der Stimme des göttlichen Vaters als Bezugspunkt leiht. In der christlichen Lesart des Texts wird Jesus genau in dieser Passage zu Christus und eins mit dem Gott des Alten Testaments. Sie gibt dem Ereignis der »Verwandlung« einen herausragenden Status als die erste Erscheinung der bereits existierenden Einheit des dreifaltigen Gottes. Wie wir sehen, verbindet das Evangelium hier die Dreifaltigkeit mit der Inkarnation durch die Stimme als Urmedium ihres gemeinsamen physischen Charakters. Der individuelle Körper Jesu verleiht der Stimme Gottes physische Substanz – ohne jedoch die Stimme Gottes in eine Stimme mit einem individuellen Klang zu verwandeln.

Ein Teil der göttlichen Dreifaltigkeit zu werden, befreit Jesus allerdings nicht von der Möglichkeit menschlicher Schwäche. Im Johannesevangelium spielen die Kapitel über die Passion diese Ambiguität des leibhaftigen Jesus in Szenen aus, welche

25 Matthäus 17.1-6.

die Verwirrung unterstreichen, die seine Existenz auszulösen vermochte. Als menschliches Wesen hat Jesus Angst vor dem körperlichen Leid, das ihm, wie er weiß, bevorsteht. »Jetzt ist meine Seele erschüttert. Was soll ich sagen: Vater, rette mich aus dieser Stunde?« Obwohl Jesus die Antwort auf seine Frage gewusst haben muss, bittet er Gott, von dem er selbst ein Teil ist, um eine Bestätigung: »Aber deshalb bin ich in diese Stunde gekommen. Vater, verherrliche deinen Namen! Da kam eine Stimme vom Himmel: Ich habe ihn schon verherrlicht und werde ihn wieder verherrlichen.« Und während die göttliche Stimme auf die menschliche Schwäche reagierte, unterschätzte die Menge, »die dabeistand«, die göttliche Stimme und »sagte: Es hat gedonnert. Andere sagten: Ein Engel hat zu ihm geredet.«

Nach dem hier unterstellten Konzept der Dreifaltigkeit kann jedoch eine Stimme, die für Gott Vater spricht, sich unmöglich an Jesus Christus wenden, der eine Dimension desselben Gottes darstellt. Deshalb korrigiert Jesus die Menge: »Nicht mir galt diese Stimme, sondern euch«, und fügt weitere Worte über seinen baldigen Tod und die Zeit hinzu, »wenn ich über die Erde erhöht bin«, womit er jedoch nur weitere Verwirrung bei jenen stiftete, die sich mit dem jüdischen Gesetz auskannten. »Die Menge jedoch hielt ihm entgegen: Wir haben aus dem Gesetz gehört, dass der Christus bis in Ewigkeit bleiben wird. Wie kannst du sagen, der Menschensohn müsse erhöht werden? Wer ist dieser Menschensohn?« Diese aus der Menge kommende Frage beantwortet Jesus nicht mehr, sondern wechselt in eine andere diskursive Tonlage: »Nur noch kurze Zeit ist das Licht bei euch. Geht euren Weg, solange ihr das Licht habt, damit euch nicht die Finsternis überrascht!« Im Text des Evangeliums heißt es nun weiter, aufgrund der fehlenden Bereitschaft der Juden, die »vielen Zeichen« zu verstehen, die Jesus ihnen gegeben habe, und durch ihre Weigerung, an ihn »zu glauben«, »sollte sich das Wort erfüllen, das der Prophet Jesaja gesprochen hat«.[26] Da wir wissen, dass die Abfassung des Johannesevangeliums in die Zeit nach den Paulusbriefen mit ihrer Distanzierung vom Judentum fiel, können wir die dort zu spürende Ambiguität gegenüber der Stimme Jesu – die Juden glauben nicht an Jesus, doch das Alte Testament sagte seine Mission voraus – in der Weise interpretieren, dass sie dem Programm der neuen Religion entsprach: Sie wollte offen für Juden bleiben, ohne das Judentum zu einer Voraussetzung für das Christsein zu machen.

Die abschließenden Worte, die Jesus dem Evangelium zufolge spricht, verdeutlichen erneut seine menschliche Natur. Nur hier erscheint ein Adjektiv (»laut«) zur Beschreibung des Tons eines einzelnen Augenblicks im Klang seiner Stimme, und nur hier zitiert und übersetzt das Matthäusevangelium, was der historische Jesus in seiner Muttersprache Aramäisch gesagt haben soll: »Von der sechsten Stunde an war Finsternis über dem ganzen Land bis zur neunten Stunde. Um die neunte Stunde schreit Jesus mit lauter Stimme: Eli, Eli, lema sabachtani? – das heißt: Mein Gott, mein Gott, warum hast du mich verlassen?« Vielleicht wegen des »Eli« als des aramäischen Worts für »mein Gott« kommt es zu einem weiteren Missverständnis: »Einige von denen, die dabeistanden und es hörten, sagten: Er ruft nach Elija. [...] Die anderen aber sagten: Lass, wir wollen sehen, ob Elija kommt und ihm hilft.« Der letzte Satz, der sich auf das physische Leben Jesu bezieht, erwähnt gleichfalls die Stimme: »Jesus aber schrie noch einmal mit lauter Stimme. Dann hauchte er den Geist aus. Und siehe, der Vorhang riss im Tempel von oben bis unten entzwei. Die Erde bebte und die Felsen spalteten sich.«[27]

*

26 Johannes 12.27-38.
27 Matthäus 27.45-51.

Was die auf die Stimme Gottes verweisenden Passagen im Alten und im Neuen Testament tatsächlich voneinander unterscheidet, betrifft eher ihren theologischen Status als ihre beschreibende Semantik. In fortwährender Erwartung des Messias waren Bedeutung und Erfolg von Botschaften des sprechenden Gottes für das Judentum stets prekär. Das Christentum dagegen, das die Rolle des Messias Jesus zuschrieb und dessen Beziehung zu Gott Vater innerhalb der Dreifaltigkeit als durch Inkarnation vermittelt dachte, gab die Prämisse einer Distanz zwischen Gott und den Menschen auf und schrieb der Stimme Jesu daher eine zumindest theologisch unbegrenzte Zugänglichkeit, Transparenz und Wirksamkeit zu – eine Direktheit der Ansprache, die auch die Rolle der Menschen veränderte: von ihrem Bemühen, Gott zu verstehen, hin zu einer Offenheit für seine Offenbarungen als Wegweiser für ihr eigenes Leben. Während Jesus und seine Stimme in den Schlusspassagen der Erzählung in den Evangelien jedoch immer noch zwischen inkarnierter Vollkommenheit und menschlicher Schwäche oszillieren, lässt sich mithilfe der Apostelgeschichte verstehen, wie die christliche Religion sich schrittweise auf der Grundlage der Inkarnation als eines Prinzips etablierte, das es erlaubte, göttliche Macht an menschliche Stimmen zu delegieren.

Die Erzählung der höchstwahrscheinlich von demselben Autor wie das Lukasevangelium stammenden Apostelgeschichte beginnt mit einem Satz, der auf einen neuen Zustand unzweideutiger Klarheit in der Gegenwart und den gelegentlichen Botschaften Jesu während der begrenzten Zeit seines leibhaften Lebens nach der Kreuzigung anspielt: »Ihnen [den Aposteln] hat er nach seinem Leiden durch viele Beweise gezeigt, dass er lebt; vierzig Tage hindurch ist er ihnen erschienen und hat vom Reich Gottes gesprochen.« Während die Jünger immer noch erwarten, dass Jesus die innerjüdischen Prophezeiungen im Zusammenhang mit der Gestalt des Messias erfüllt (»Herr, stellst du in dieser Zeit das Reich für Israel wieder her?«), weigert Jesus sich mit Worten, die weder diesen Prophezeiungen noch dem Konzept der Dreifaltigkeit widersprechen, ihre Frage nach der unmittelbaren Zukunft zu beantworten. Er kündigt an, dass »der Heilige Geist auf euch herabkommen wird«, dann »wurde er vor ihren Augen emporgehoben und eine Wolke nahm ihn auf und entzog ihn ihren Blicken«.[28] Während das Ereignis der Himmelfahrt die leibhafte Gegenwart Jesu auf Erden zu einem Ende bringt, bewahrt seine Stimme, wie wir sehen werden, nach theologischem Verständnis die Kraft, in menschliche Zeit einzugreifen.

Vielleicht als Zeichen von Ungewissheit unter den Jüngern hinsichtlich der Gegenwart Jesu erscheint sein Name nicht in der Erzählung über das Pfingstfest und das dortige Geschehen, obwohl diese Passage als Erfüllung seiner Prophezeiung über den Heiligen Geist fungiert, die er unmittelbar vor der Himmelfahrt gemacht hatte. Beginnend mit Zeichen, die im Alten Testament oft das Erscheinen Gottes ankündigen, betont dann die spezifische Symbolik der Pfingstszene die Wirkung des Geistes auf das Sprachvermögen der Apostel: »Da kam plötzlich vom Himmel her ein Brausen, wie wenn ein heftiger Sturm daherfährt, und erfüllte das ganze Haus, in dem sie saßen. Und es erschienen ihnen Zungen wie von Feuer, die sich verteilten; auf jeden von ihnen ließ sich eine nieder. Und alle wurden vom Heiligen Geist erfüllt und begannen, in anderen Sprachen zu reden, wie es der Geist ihnen eingab.«[29]

In physischer Abwesenheit des leibhaftigen Jesus ist es nun der Heilige Geist, der als dritte Person des dreifaltigen Gottes den Aposteln eine neue sprachliche Fähigkeit verleiht, die sich streng genommen nicht im Klang ihrer Stimmen manifestieren muss. Dennoch bestehen sie auf der Realität ihres Vermögens, in Sprachen zu predigen, die sie niemals erlernt haben,

28 Apostelgeschichte 1.3-9.
29 Apostelgeschichte 2.2-4.

und weisen den Verdacht jener in Jerusalem versammelten Juden von sich, die glauben, sie wären »vom süßen Wein betrunken« und sprächen deshalb im Rausch. Ihnen entgegnet Petrus: »Diese Männer sind nicht betrunken, wie ihr meint; es ist ja erst die dritte Stunde am Tag.«[30] Vor allem aber verwenden die Apostel ihre Fremdsprachen an diesem Punkt der Erzählung immer noch ausschließlich gegenüber Juden und interpretieren die neue Ehrfurcht, die alle überkam – »Alle wurden von Furcht ergriffen; und durch die Apostel geschahen viele Wunder und Zeichen« –, weiterhin ausschließlich im Rahmen jüdischer Prophezeiungen. So heben sie denn Jesus niemals vollständig und definitiv auf eine diskursive und theologische Ebene, die ihn mit Gott vereint: »Jesus, den Nazoräer, einen Mann, den Gott vor euch beglaubigt hat durch Machttaten, Wunder und Zeichen, die er durch ihn in eurer Mitte getan hat, wie ihr selbst wisst – ihn, der nach Gottes beschlossenem Willen und Vorauswissen hingegeben wurde, habt ihr durch die Hand von Gesetzlosen ans Kreuz geschlagen und umgebracht. Gott aber hat ihn von den Wehen des Todes befreit und auferweckt; denn es war unmöglich, dass er vom Tod festgehalten wurde.«[31]

Das theologisch aufgeladene Wort »Stimme« und der Name Jesu tauchen in der Apostelgeschichte erst wieder bei der Bekehrung des Saulus auf, der als Paulus und als historische Gestalt die innerjüdische Bewegung um die Apostel und deren Glauben an einen Messias für Nichtjuden öffnen wird. Da dieses Ereignis in die Zeit nach der Himmelfahrt Christi fällt, nimmt es das Potenzial seiner leibhaftigen Stimme, in anderen menschlichen Körpern präsent zu sein, vorweg und inauguriert es. Saulus erscheint zum ersten Mal in einer Szene um den christlichen Märtyrer Stephanus, der bekannte: »Siehe, ich sehe den

30 Apostelgeschichte 2.13-15.
31 Apostelgeschichte 2.22-24.

Himmel offen und den Menschensohn zur Rechten Gottes stehen.« Da trieben ihn die Leute »zur Stadt hinaus und steinigten ihn. Die Zeugen legten ihre Kleider zu Füßen eines jungen Mannes nieder, der Saulus hieß.« – »Saulus aber war mit seiner Ermordung einverstanden.«[32] Tatsächlich hat Saulus bis dahin alles getan, um zu verhindern, dass die neue jüdische Sekte, die sich als aktive Taufbewegung in der gesamten antiken Welt ausbreitet, zu einer eigenständigen Religion wird. Er wütet weiterhin »mit Drohung und Mord gegen die Jünger des Herrn«, doch dann, auf dem Weg nach Damaskus, wohin er geht, »um die Anhänger des Weges Jesu, Männer und Frauen, die er dort finde, zu fesseln und nach Jerusalem zu bringen«, geschieht es, »dass ihn plötzlich ein Licht vom Himmel umstrahlt[]«. Die stimmliche Ansprache, die auf diesen visuellen Eindruck im Stil göttlicher Erscheinungen im Alten Testament folgt, weicht indessen von der Tradition ab. Denn ihre Wirkung rührt von einer Stimme her, die ganz spezifisch Gottes Sohn und dessen Schicksal unter den Menschen verkörpert. Saulus »stürzte zu Boden und hörte, wie eine Stimme zu ihm sagte: Saul, Saul, warum verfolgst du mich?« Sogleich erkennt Saulus, dass dies nicht der jüdische Gott sein kann, in dessen Namen er zu handeln glaubt, und er fragt: »Wer bist du, Herr? Dieser sagte: Ich bin Jesus, den du verfolgst. Steh auf und geh in die Stadt; dort wird dir gesagt werden, was du tun sollst!«[33]

Nachdem Jesus mit seiner Stimme ganz buchstäblich zur Erde zurückgekehrt ist, hält er sich mit seiner Botschaft und ihrer weiteren physischen Wirkung auf Saulus zurück, denn: »Obwohl seine Augen offen waren, sah er nichts.« Zum ersten Mal jetzt und wahrscheinlich, weil seine körperliche Präsenz unter Menschen beendet ist, wird Jesus die Macht seiner Stimme an menschliche Stimmen delegieren, und zwar verständ-

32 Apostelgeschichte 7.55-60; 8.1.

33 Apostelgeschichte 9.1-6.

licherweise an die Stimme eines Mannes, der zu seinen Gläubigen gehört. »In Damaskus lebte ein Jünger namens Hananias. Zu ihm sagte der Herr in einer Vision: Hananias! Er antwortete: Siehe, hier bin ich, Herr. Der Herr sagte zu ihm: Steh auf und geh zu der Straße, die man Die Gerade nennt, und frag im Haus des Judas nach einem Mann namens Saulus aus Tarsus!« Ganz ähnlich wie Moses beim Auszug aus Ägypten versucht Ananias zunächst, diesem Auftrag zu entgehen, und verweist darauf, dass er gehört habe, »wie viel Böses« dieser Mann den »Heiligen in Jerusalem angetan hat«. Doch als Ananias schließlich gehorcht, befreit er Saulus von seiner Blindheit, indem er seine Stimme und seine Hände in derselben magischen Weise einsetzt, die bis dahin ein Privileg Jesu gewesen ist. Er legt dem Saulus seine Hände auf und sagt: »Bruder Saul, der Herr hat mich gesandt, Jesus, der dir auf dem Weg, den du gekommen bist, erschienen ist; du sollst wieder sehen und mit dem Heiligen Geist erfüllt werden. Sofort fiel es wie Schuppen von seinen Augen und er sah wieder; er stand auf und ließ sich taufen.«[34] Die menschliche Berührung durch Ananias und seine menschliche Stimme hatten göttliche Macht ausgeübt. Obwohl dieser Aspekt nur selten erwähnt wird, können wir die Rolle des Ananias bei Sauls Bekehrung als grundlegende Vorwegnahme des christlichen oder genauer des katholischen Priestertums interpretieren.

Der performatorische und theologische Kern dieser Szene liegt in ihrer strukturellen Analogie zur Delegation der magischen[35] Macht, Brot und Wein in das Fleisch und Blut Jesu zu verwandeln, und das durch die menschliche Stimme eines Priesters, der die Worte wiederholt, die der Gottessohn beim

34 Apostelgeschichte 9.10-18.

35 Höchstwahrscheinlich wegen der nichttheologischen Konnotationen, die das Wort »magisch« normalerweise evoziert, scheut sich die katholische Theologie, es in selbstreferenziellen Kontexten zu benutzen.

letzten Abendmahl gesprochen hatte. Eine angeblich ähnlich »reale« Wirkung entfaltet die Stimme des Priesters, wenn er am Ende der Beichte die Absolution erteilt und wenn er den Segen spendet. Wir können sagen, in den Sakramenten vollzieht die priesterliche Ordination höchst spezifisch die Delegation der Stimme Jesu an Ananias nach, und diese Delegation basiert auf Inkarnation als Voraussetzung dafür, dass menschliche Körper göttliche Akte zu vollbringen vermögen. Nach katholischem Verständnis ist die Stimme des Priesters in der Lage, die materielle Präsenz und Macht des dreifaltigen Gottes in menschlicher Zeit heraufzubeschwören. Um zum »Knoten der Stimme« zurückzukehren: Die physische Stimme des inkarnierten Gottes delegiert ihre beschwörende Kraft an den Klang der priesterlichen Stimme.

Diese Konfiguration zwischen der göttlichen und einer menschlichen Stimme gibt es im theologischen und institutionellen Verständnis des Protestantismus nicht. Martin Luther interpretierte die Eucharistie als ein Ritual zum Gedenken an das letzte Abendmahl – und gab damit dessen Funktion auf, den ursprünglichen Akt der Transsubstantiation zu wiederholen und präsent zu machen. Die Stimme des protestantischen Pastors geht auf Distanz zu der mit Ananias beginnenden Genealogie der Delegation und wird wieder zu einer normalen menschlichen Stimme. Als Luther 1521 auf dem Reichstag in Worms die neue Exegese der Evangelien und deren theologische Folgen zu rechtfertigen versuchte, verwies er auf die letztlich weltliche und individuelle Instanz seines »Gewissens«, das »in den Worten Gottes gefangen« sei – und keineswegs auf seine eigene Stimme als priesterliche Inkarnation göttlicher Macht. Der Glaube an die Möglichkeit, Funktionen der göttlichen Stimme an eine menschliche Stimme zu delegieren, war in seinen Augen geschwunden.

*

Der Islam ist die einzige monotheistische Religion, in deren Texten Gott nicht zu Menschen spricht – und da er damit die Berechtigung unserer Frage nach dem spezifischen Impuls bestätigt, der andere Kulturen so obsessiv transzendente Autoritäten mit Stimmen verknüpfen lässt, werde ich die islamische Gottesvorstellung vor allem als kontrastierenden Hintergrund für die Entwicklung weiterer Argumente und Antworten in den Blick nehmen. Aus theologischer Perspektive hat die Abweichung des Islam von Judentum und Christentum mit der größeren Distanz Allahs gegenüber der irdischen Welt zu tun, einer Distanz, die eine für Menschen unvorstellbare Vollkommenheit unterstreicht. Tatsächlich ist Vollkommenheit, und nicht Spiritualität, das in islamischen Bezügen auf Gott dominierende Prädikat. Statt das Fehlen göttlicher Rede mit einem Raum zwischen Gott und den Menschen zu assoziieren, der allzu groß wäre, als dass er sich überbrücken ließe, gehört das Schweigen Allahs für den Islam zu einem Grad von Göttlichkeit, der keine Anthropomorphismen erlaubt. Ein Gott, der zu Menschen spräche, so können wir schließen, würde die Muslime allzu sehr an ihr eigenes Leben erinnern. Wenn Allahs Distanz bereits mit den prekären Kommunikationsversuchen unvereinbar zu sein scheint, die wir als typisch für den Gott des Alten Testaments erkannt haben, müsste die Anwendung einer christlichen Inkarnationsvorstellung auf den islamischen Gott wahrscheinlich als Gotteslästerung gelten. Denn nach der reinsten Interpretation besitzt der Gott des Islam keine Organe, keine Stimme, keine Worte – streng genommen nicht einmal Gedanken. Aus dieser Perspektive ist er eine Leere, ein schwarzes Loch der Bilder – und auch der Begriffe.

Deshalb kann der Koran als die Heilige Schrift des Islam sich nicht als eine Geschichte präsentieren, die auf Erinnerungen an göttliche Eingriffe und Worte in der menschlichen Welt basiert, wie es für das Alte und unter anderen Prämissen und Voraussetzungen auch für das Neue Testament gilt. »Genealogisch« – in einem etwas anderen Verständnis des Begriffs als dem westlicher Intellektueller – behauptet der Koran, auf Reden über Allah zurückzugehen, die der Erzengel Gabriel, nicht Gott selbst, dem Propheten Mohammed zwischen 610, als der Prophet 40 Jahre alt war, und seinem Tod 632 in einer Höhle in den Bergen übermittelte. Trotz dieser Sicht ihrer Entstehung, die durchaus den Umfang ihrer Inhalte geprägt haben mag, enthält die Heilige Schrift der Muslime auch Passagen aus der Torah und dem Evangelium und weist ihnen die Stellung vorangegangener Schriften zu, die auf die »Propheten« Moses, David und Jesus zurückgehen. Der Koran präsentiert sich als deren letzter und endgültiger Nachfolger und beschreibt Mohammed als *ummi*, das heißt als jemanden, der des Lesens und Schreibens nicht kundig ist – auch wenn die semantische Komplexität des Wortes zu verschiedenen Interpretationen geführt hat. Nach der islamischen Überlieferung predigte Mohammed das vom Erzengel erhaltene Wissen, während einige seiner Anhänger bereits zu seinen Lebzeiten damit anfingen, das, was sie vom Propheten gehört hatten, aufzuschreiben.

Da einige Anhänger Mohammeds, die alle seine Worte im Gedächtnis behalten hatten, kurz nach dem Tod des Propheten in einer Schlacht ums Leben kamen, gab Abu Bakr, der erste Kalif, schon bald eine schriftliche Fassung aller verfügbaren Texte und Fragmente in Auftrag, um deren Bewahrung sicherzustellen. Das Manuskript wurde dann der Witwe Mohammeds zur Aufbewahrung übergeben, was erklärt, warum die Stellung des Korans als eines schriftlichen Dokuments schon um 650 ihren Abschluss fand. Nach Ansicht der heutigen Islamwissenschaft ist die Heilige Schrift der Muslime tatsächlich identisch mit dem für Abu Bakr angefertigten Manuskript. Auch wenn es angesichts der Tatsache, dass der Prophet angeblich nicht lesen und schreiben konnte, aber eine intensive Predigttätigkeit entfaltete, irgendwie paradox erscheinen mag, hat der Koran sich als geschriebener Text über die Jahrhunderte nach seinem erstmaligen Erscheinen eine einzigartige Autorität und Stabilität bewahrt. Diese Stellung verbindet sich mit der nachdrücklichen Betonung der Vollkommenheit Allahs als theologischer Grundlage des Islam. Nimmt man die Allmacht und Vollkommenheit Gottes wörtlich, lässt weder der Text, den Gottes Engel den Gläubigen übermittelte, noch auch der Prozess seiner Kompilation irgendwelche Zweifel oder Abwandlungen zu. Jede Diskussion über den historischen Überlieferungsprozess oder gar Gedanken über einen alternativen Prozess würden unausweichlich die Vollkommenheit Allahs in Frage stellen.

Auf der Grundlage dieser Prämissen gibt es in der islamischen Theologie eine Debatte über die Frage, ob der Koran »geschaffen« oder »ungeschaffen« ist. Wenn der Gedanke, der Koran sei »geschaffen«, notwendig impliziert, dass es eine Zeit gegeben habe, in der Allah die Worte des heiligen Buchs noch nicht hervorgebracht hatte, muss diese Meinung Gott sehr stark und in den Augen vieler Gläubigen allzu stark mit der menschlichen Zeit verbinden. Die andere Lösung, die den Koran als »ungeschaffen« begreift, macht den Text zu einem Bestandteil der ewigen, das heißt nichtzeitlichen Existenz Gottes. Verständlicherweise hat die zweite Lösung den Gedanken einer »Tafel« hervorgebracht, auf der Gottes Worte auf ewig festgehalten sind, im Unterschied zu einer Aufzeichnung der vor seiner Stimme gesprochenen Worte. Beide Ansichten über das Verhältnis zwischen Gott und dem Heiligen Buch sind vereinbar mit einem im Koran häufig aufscheinenden Selbstverständnis als einem Buch, das Gott »auf seinen Knecht hinabsandte«,[36] und beide verleihen dem Buch auch eine Nähe zu Gott, die Regeln zum Umgang mit ihm als einem materiellen Objekt erfordern: Die Leser sollen ihre Hände waschen, bevor

36 Zit. nach *Der Koran*, übers. von Max Henning, Wiesbaden 1979, S. 271 (Sure 18.1).

sie in einem Exemplar des Korans lesen; kein anderes Buch darf jemals auf den Koran gelegt werden; und Muslime halten Übersetzungen des Korans, wie gut sie auch immer sein mögen, für prinzipiell ungeeignet, das arabische Original vollumfänglich zu »vertreten«.

Unter der allerwichtigsten Prämisse der Vollkommenheit und Ferne Gottes kann die vorherrschende Redesituation, die der Text intern entfaltet, nicht die eines Gottes sein, der seine Stimme einsetzt; vielmehr gleicht sie einer »im Namen Allahs, des Erbarmers, des Barmherzigen« gehaltenen Rede eines weisen und erfahrenen Gläubigen an Glaubensbrüder, die seiner Führung vertrauen. »Dies Buch, daran ist kein Zweifel, ist eine Leitung für die Gottesfürchtigen.«[37] Innerhalb seines größeren Rahmens entfaltet der Koran verschiedene Situationen zwischen Sprechenden und Hörenden, die mit zahlreichen Gattungen und Arten von Inhalten verbunden sind. All diese Elemente verbinden sich jedoch nie zu einem einzigen stringenten Narrativ oder Argument. Mehr als irgendeine andere Textdimension ist es wahrscheinlich die Form seiner rhythmischen und oft gereimten Prosa, die dem Buch seine eindrucksvolle Kohärenz verleiht.

In der dritten Sure heißt es über den Koran: »Herabgesandt hat er auf dich das Buch in Wahrheit«, und sie empfiehlt den Lesern, sich der Deutung zu enthalten, da viele der Verse »mehrdeutig« seien. Die nach Deutung suchten, trachteten nach »Spaltung«, denn: »Seine Deutung weiß jedoch niemand als Allah.«[38] Zwar verweisen einige andere Passagen auf »Verse, wohl gefügt, alsdann erklärt [...] von einem Weisen, einem Kundigen«,[39] doch der entschiedene Rat gegen jede Deutung hat in der religiösen Praxis unter Muslimen die Oberhand ge-

37 Ebd., S. 32 (Sure 2.1).
38 Ebd., S. 73-74 (Sure 3.2 und 3.5).
39 Ebd., S. 211 (Sure 11.1).

wonnen. Statt weiteres Nachdenken oder gar Debatten auszulösen, heißt, den Worten Gottes zu folgen, sie lesend, rezitierend oder zuhörend zu wiederholen. So wurde das Wiederholen die vorherrschende islamische Modalität des Betens, das kein Gespräch mit Gott ist, sondern eine Ausführung des Texts, den Gott seinen Gläubigen gegeben hat. Die Folgen, die diese Gottesvorstellung – nach der es ein entwürdigender Anthropomorphismus wäre, wenn er zu den Menschen spräche – für Theologie und religiöse Praxis des Islam hat, lassen sich kaum überschätzen. Aus der Sicht der Kulturtheorie beweist sie, dass die ansonsten weitverbreitete Assoziation göttlicher Gestalten mit Vorstellungen einer Stimme keineswegs den Status einer psychischen oder gar logischen Notwendigkeit besitzt. Weit davon entfernt, die Bedeutung von Lehre und Ritual für Muslime in Frage zu stellen, mag gerade die Abwesenheit der Stimme Gottes sehr wohl verantwortlich für die besonders festen Einstellungen und Praktiken sein, die den Islam kennzeichnen.

*

In Judentum und Christentum hat der Wunsch, transzendente Autoritäten mit einer Stimme auszustatten, das Zeitalter der Säkularisierung überlebt – und sogar einen neuen existenziellen Ort gefunden. Doch obwohl es schwierig erscheint, sich die menschliche Existenz ohne die Wirkung und Funktion der sogenannten Stimme des Gewissens in unserer Psyche vorzustellen, hat diese Instanz aufgrund der Säkularisierung als eines der Aufklärung folgenden geschichtlichen Prozesses eine historisch neue Prominenz erlangt. Wenn wir von »Gewissen« sprechen, meinen wir damit stets einen Impuls, der sich einerseits oft überaus eindringlich unserem individuellen Willen, unserem Handlungsvermögen oder unseren Plänen entzieht oder ihnen sogar zuwiderläuft, während er andererseits eine

Befehlsgewalt besitzt, die wir unmöglich ignorieren – und deren »Stimme« wir nicht überhören – können. Eine Übereinstimmung oder Konvergenz zwischen den Ausrichtungen des individuellen Handlungsvermögens und des Gewissens – also was wir als »gutes Gewissen« bezeichnen – scheint die Ausnahme zu sein und in aller Regel dem Verdacht der Selbstgerechtigkeit zu verfallen.[40] Das Gewissen, normalerweise ein Impuls, der das transzendiert und dem widersteht, was wir spontan oder nach reiflicher Überlegung tun wollen, assoziierten Kulturen lange mit verschiedenen Formen des Göttlichen, während es für viele von uns zu einer ganz buchstäblich »transzendenten« und zugleich säkularen Komponenten der Existenz geworden ist, seit der Glaube an Götter keine allgemeine Prämisse der Existenz mehr darstellt.

In der 26. seiner »Vorlesungen zur Einführung in die Psychoanalyse«, die Sigmund in den Wintersemestern 1915/1916 und 1916/1917 hielt, gibt er eine rein weltliche Beschreibung des »Gewissens« als Teil einer auf Selbstbeobachtung basierenden Überich-Funktion, genauer als eine Selbstbeobachtung mit einer Zensurwirkung, deren Ursprung »in den Einflüssen von Eltern, Erziehern und sozialer Umgebung« liegt.[41] Der junge Freud wäre wahrscheinlich entzückt gewesen, wenn er gelesen hätte, dass die heutige experimentelle Neurowissenschaft dem Gewissen den Status einer anatomischen und physiologischen Realität verliehen hat, indem sie den Ursprung seiner Impulse im vorderen präfrontalen Kortex verortet und nachgewiesen hat, dass Unfälle oder chirurgische Eingriffe zu einem Verlust oder einer Schwächung jener Hemmung des Verhal-

40 Dieser wohlbegründete Verdacht der Selbstgerechtigkeit verleiht dem deutschen Sprichwort »Ein gutes Gewissen ist ein sanftes Ruhekissen« seine unerträgliche Banalität.

41 Sigmund Freud, *Vorlesungen zur Einführung in die Psychoanalyse*, in: ders., *Gesammelte Werke*, hg. von Anna Freud u. a., Frankfurt/M. 1976, Bd. 11, S. 444.

tens führen können, die in der Psychoanalyse als »Zensur« des Gewissens bezeichnet wird. Eine epistemologisch ganz andere Realitätsbehauptung hinsichtlich des Gewissens finden wir in Martin Heideggers *Sein und Zeit* zu Beginn des Abschnitts »Das Problem der Bezeugung einer eigentlichen existenziellen Möglichkeit«. Nachdem er »die Stimme des Gewissens« aus der außerhalb des menschlichen Geistes »vorhandenen« Welt ausgeschlossen hat, identifiziert er sie als ein »ursprüngliches Phänomen des Daseins«.[42]

Der Ausdruck »Stimme des Gewissens« scheint zwar in den meisten, wenn nicht allen westlichen Sprachen unproblematisch geläufig zu sein, doch verschiedene Individuen »hören« und beschreiben deren Artikulation in deutlich unterschiedlicher Weise. Für meine Kollegin Greicy Pinto Bellin aus Curitiba in Brasilien »klingt« sie wie eine männliche Stimme, während Eva Himo-Saadeh, eine Studentin an der Hebrew University, sagt, sie nehme das Gewissen stets als ein »Flüstern« wahr. Doch wie alle anderen Stimmen der Transzendenz löst die Stimme des Gewissens niemals den Eindruck eines individuellen Klangs aus, oder anders gesagt: Die Stimme des Gewissens besitzt keine »Rauheit«. Diese Assoziation mit akustischer Neutralität führt erneut zu der Frage, warum wir Instanzen transzendenter Autorität, in diesem Fall das Gewissen, mit der Vorstellung einer sprechenden Stimme verbinden – und das eher als mit jedem anderen Organ des menschlichen Körpers oder mit irgendeiner anderen Sinnesmodalität. Und warum verbinden wir auf der anderen Seite mit Bewegungen des Denkens, der Freude oder des Schmerzes keine stimmlichen Effekte?

Freud, der im Allgemeinen kein sonderliches Interesse an der Konvergenz zwischen Gewissen und Stimme zeigt, erwähnt sie ausschließlich als eine Funktion des Überichs im Kontext

42 Martin Heidegger, *Sein und Zeit* (1927), Tübingen [11]1967, S. 268.

der »Krankheitsform der Paranoia«, das heißt als pathologische Form akustischer Halluzinationen. In seinem Aufsatz »Zur Einführung des Narzißmus« von 1914 schreibt er, paranoide Patienten klagten darüber, »daß man alle ihre Gedanken kennt, ihre Handlungen beobachtet und beaufsichtigt; sie werden von dem Walten dieser Instanz durch Stimmen informiert«.[43] Im Kontext seiner Analyse des Gewissens als ein »ursprüngliches Phänomen des Daseins« sieht Martin Heidegger im Stimmeffekt etwas allgemein Menschliches. In seinen Augen fungieren das Gewissen und seine Stimme stets als eine Möglichkeit, uns aus einer Situation der Entfremdung zurückzuholen, aus der »Verfallenheit an das Man […] zurück zum eigenen Selbst«, das heißt zurück zu potenziellem Handlungsvermögen.

Heidegger bezeichnet diese Funktion des Zurückholens aus der Verfallenheit an die Welt mit dem Wort »Ruf«, das semantisch untrennbar mit »Stimme« verbunden ist, und er fügt eine Unterscheidung zwischen zwei Verben an, die beide auf »rufen« basieren: »zu-rufen« und »auf-rufen«. Das Gewissen ruft das Dasein auf, aber es ruft ihm auch zu. Bezüglich der Gründe für die Assoziation zwischen Stimme und Gewissen erweist sich die zweite Bedeutung (»zu-rufen«) als relevanter, da sie dem Ruf eine persönliche Gerichtetheit und eine gewisse Dringlichkeit zuschreibt, während »auf-rufen« lediglich auf allgemeiner Ebene ankündigt, dass in der Zukunft existenzielle Aufgaben anstehen werden. Die persönliche Gerichtetheit von »zu-rufen« durch Inhalte, die nach Heidegger »keineswegs nur ein ›Bild‹« ist, geht einher mit einem »Moment des Stoßes, des abgesetzten Aufrüttelns«, letztlich mit kraftvollen Ereignissen des Wandels in unseren Einstellungen und in unseren

43 Sigmund Freud, »Zur Einführung des Narzißmus«, in: ders., *Gesammelte Werke*, Bd. 10, S. 137-170, hier S. 162-163.

Stimmungen.[44] Wenn jedoch Stimme, Ruf, Zuruf als auf die persönliche Existenz gerichtet eine wichtige existenzielle Rolle spielen, weil sie plötzliche Brüche in unserer Stimmung und in unserer Beziehung zu unserem eigenen Selbst verursachen, können wir in der Tat annehmen, wie in *Sein und Zeit* behauptet wird, dass spezifische artikulierte Inhalte in der Stimme des Gewissens ihre Relevanz verlieren. Heidegger geht so weit – vielleicht zu weit – und schreibt, »streng genommen« rufe der Ruf des Gewissens dem Angerufenen »nichts« zu. »*Das Gewissen redet einzig und ständig im Modus des Schweigens.*« Der expressionistische Stil der 1920er Jahre in Deutschland, der diese Reflexionen prägt, mag in seiner Interpretation des Rufs des Gewissens zu weit gehen, wenn er die Bedeutung des Inhalts mit dem offenkundigen Paradoxon eines Diskurses »im Modus des Schweigens« herunterspielt. Dennoch stimmt Heideggers Beschreibung mit dem Eindruck überein, dass Stimmen religiöser Transzendenz dazu neigen, der Inhaltsdimension eine untergeordnete Stellung zuzuweisen.

So beginnen wir zu verstehen, wie persönliche Gerichtetheit oder das, was der Ruf »zurufen« kann, als eine Hauptkomponente fungiert, die so viele von uns von göttlichen Stimmen und von der Stimme des Gewissen erwarten. Heidegger benutzt eine besonders drastische Metapher für diese Wirkung des persönlichen Appells oder Zurufs und der persönlichen Gerichtetheit: »Über der scheinbaren Unbestimmtheit des Rufgehaltes kann nicht die sichere *Einschlagsrichtung* des Rufes übersehen werden.« Der Ausdruck »Einschlagsrichtung« als eine ballistische und oft militärische Metapher bringt »Richtung« mit einem physikalischen »Einschlag« oder eigentlich

44 Der Ausdruck »Stimmung« kommt in dieser Passage aus *Sein und Zeit* nicht vor, wird jedoch später im Buch als Möglichkeit analysiert, individuellen Bewegungen des Handlungsvermögens und der Veränderung zu widerstehen.

sogar einem »Schlag« zusammen und lässt den Leser somit an eine Kugel denken. Verglichen mit solcher Macht in der Gerichtetheit des Rufs des Gewissens im Sinne eines »Schlags« soll das Ergebnis des »Hörens« und Interpretierens des Rufs, sofern es denn ein Hören ohne Inhalt geben kann, vage und unbestimmt bleiben. Vor allem erhält die Stimme des Gewissens durch die »Einschlagsrichtung« eine Konnotation von Realität, die außerhalb der Dimension der Akustik steht. Und solch eine nichtakustische Realitätsassoziation könnte einer der Gründe sein, warum wir dazu neigen, Stimmen mit transzendenter Macht zu verbinden, obwohl wir ihnen keinerlei akustische Spezifität zuschreiben können.[45]

*

Es hat keinen Sinn, die biografischen oder selbst politischen Hintergrundschichten zu durchforsten, die Heidegger bewogen haben mögen, ein Wort wie »Einschlagsrichtung« zur Illustration dessen zu wählen, was ihm als wesentlich an der Stimme des Gewissens erschien, zumal solche Nachforschungen in seinem Fall normalerweise zu unerquicklichen oder gar abstoßenden Ergebnissen führen. Dennoch versetzt uns die Berücksichtigung der Analyse des Gewissens als eines »ursprünglichen Phänomens des Daseins« in *Sein und Zeit* in die Lage, ein neues Motiv zu erfassen und zu umschreiben, das von wesentlicher Bedeutung ist, will man Aspekte und Funktionen der menschlichen Stimme im Allgemeinen entfalten. Ohne klares Bewusstsein und unabhängig von spezifischen Inhalten scheinen Menschen das Gefühl, von Stimmen persönlich angesprochen zu werden, zu genießen oder sogar herbeizusehnen, und darin könnte eine weitere Erklärung für den obsessiven Drang liegen, Stimmen Göttern sowie den Impulsen des Gewissens

45 Heidegger, *Sein und Zeit*, S. 270-274.

zuzuschreiben. Nun ist »Zuruf« im Sinne einer Ansprache eine Funktion, die nicht ausschließlich von Stimmen abgedeckt wird; wir können einen anderen Menschen auch mit einem Lächeln ansprechen, zum Beispiel. Allerdings können wir uns nur schwer eine Stimme ohne den Effekt einer Ansprache vorstellen. Wir möchten, dass Stimmen uns als Individuen rufen und ansprechen, je intensiver, desto besser. Würde das Gewissen als Funktion innerhalb unserer Psyche nicht den Eindruck einer rufenden Stimme mit ihrer »Einschlagsrichtung« auslösen, wäre es wahrscheinlich weniger erfolgreich darin, uns individuell anzusprechen und zu veranlassen, uns auf Diskontinuitätsbewegungen einzulassen. Aufgrund der Wirkung einer persönlichen, mit göttlichen Stimmen verbundenen Ansprache lassen religiöse Texte sie so oft mit den Namen jener Personen beginnen, zu denen sie sprechen werden. »Moses, Moses!« sind die ersten beiden Wörter, die Gott im 2. Buch Mose noch aus dem brennenden Dornbusch heraus von sich gibt. Und wir sehnen uns nach einer persönlichen Ansprache, selbst wenn wir voraussehen, dass sie auch Gefühle der Scham, der Furcht und der Schuld auslösen kann.

Doch wie genau gelingt es Stimmen, uns ein Gefühl oder gar eine – vielleicht trügerische – subjektive Gewissheit zu vermitteln, persönlich angesprochen zu werden? Wir haben Grund zu bezweifeln, dass diese Wirkung und unsere Reaktionen darauf viel mit artikulierten Inhalten oder mit individuellen Klangprofilen zu tun hätten. Könnte die Wirkung und die Reaktion darauf vielleicht zu einer elementaren Ebene der Gesellschaftlichkeit gehören, auf der Stimmen in unserer Umgebung sich immer noch eine gewisse Neutralität bewahren, wie wir sie mit den Stimmen von Göttern und mit der Stimme des Gewissens assoziieren? Bevor wir uns auf Bedeutungen oder auf bestimmte Klangprofile konzentrieren, schreiben wir menschlichen Stimmen Intentionen, das heißt eine Dynamik des Willens zu und beziehen diese vorgestellten Intentionen anderer auf uns. Ohne diese Projektion eines Willens könnten wir uns nicht von Stimmen angesprochen fühlen, die in Sprachen sprechen, die wir nicht kennen oder deren Ausdrücke wir noch nicht zu verstehen begonnen haben. Solche Strukturen persönlicher Ansprache und Gerichtetheit benötigen die physische Substanz realen Klangs, wenn sie funktionieren sollen. Nur realer Klang unterbricht unsere Fokussierung auf andere Objekte der Wahrnehmung; nur durch realen Klang wird ein »Zuruf« oder eine Ansprache zu einer Bewegung im Raum, die unseren Körper erreicht und affiziert. Dank der bloßen Präsenz physischer Stimmen in unserer Umgebung können wir uns angesprochen fühlen – und sind potenziell soziale Wesen, noch bevor wir zu interagieren beginnen.

Obwohl inzwischen klargeworden sein dürfte, dass Gottesvorstellungen nicht unbedingt auf eine Stimme angewiesen sind, könnte dieser Zusammenhang mit Soziabilität auch eine Basis sein, auf der so viele Menschen sich nach einer persönlichen Ansprache durch imaginierte Götter sehnen und ihnen unabhängig von deren Offenbarungen und Geboten eine Stimme von neutraler Perfektion zuschreiben. Dieser Impuls führt jedoch auch unvermeidlich zu Frustration und Schmerz, weil die neutralen Stimmen der Transzendenz, um unser Bedürfnis nach persönlicher Ansprache wirklich zu befriedigen, eine physische Substanz benötigten, die sie nicht zu bieten vermögen. Sollten wir deswegen – halb ironisch – sagen, dass es keine gute Idee ist, die Ansprache durch transzendente Autoritäten von Stimmen abhängig zu machen? Eine Antwort auf das Dilemma, und zwar die säkulare, liegt in der Aufmerksamkeit und Autorität, die die meisten von uns der Stimme des Gewissens als einer inneren, weltlichen und auf andere Weise transzendenten Stimme zuschreiben. Vor allem religiöse Kulturen bieten die andere, erheblich weiterreichende Antwort auf unseren Wunsch nach transzendenter Ansprache, und sie tun das angesichts der Abwesenheit göttlicher Stimmen als physisch realer Stimmen. Wir könnten vielleicht sagen, dass einige Religionen insgesamt als komplexe Kompensation für die Kraft einer persönlichen Ansprache funktionieren, die ihre Götter nicht zu bieten vermögen.

Durch die Fokussierung auf Stimmen transzendenter Autorität ist deutlich geworden, dass zwei zutiefst unterschiedliche Versuche, mit deren Abwesenheit als physischer Realität umzugehen, die Theologie und die religiöse Praxis sowohl des Judentums als auch des Christentums geprägt haben. Neben der flüchtigen Existenz des Wortes »*kol*« und des »Stimm-Dings« als dessen potenziellem Referenten ist die parallele Existenz der Torah als Gottes Wort in einem geschriebenen Text und als Gottes Wort in dem die Stimme beteiligenden menschlichen Prozess des Lesens und Interpretierens die jüdische Art, mit dieser Herausforderung umzugehen. Die Inkarnation in Gestalt Jesu Christi, das Paradoxon des Dreifaltigkeitsmonotheismus und das Priestertum als Delegation des göttlichen Privilegs der Inkarnation an menschliche Stimmen bilden hierzu die christliche Alternative.

Mein Versuch der Behandlung verschiedener Möglichkeiten, Stimmen mit Figuren und Funktionen transzendenter Autorität zu verbinden, hat einige überraschende Perspektiven auf das jüdisch-christliche Erbe eröffnet. Die Frage, warum so viele Religionen die Autorität ihrer Göttern von Stimmen abhängig sein lassen, und die Erkenntnis, dass es keineswegs eine notwendige Funktion menschlicher Gesellschaften darstellt, Götter mit Stimmen auszustatten, führte zum stimmlosen Gott des Islam. Auch ohne eine göttliche Stimme vermag der Islam hinsichtlich weltweiter Resonanz und eines den Gläubigen gebotenen starken Eindrucks einer persönlichen Ansprache sehr wohl mit Judentum und Christentum zu konkurrieren.

7
Überwältigende Stimmen: Eine Entbergung von Nähe

Auf den ersten Seiten dieses Buchs habe ich dargelegt, dass die Art, wie mein Vater sprach, der Hauptgrund für eine nachhaltige Faszination durch die menschliche Stimme war. Diese Erinnerung hat wahrscheinlich die verschiedenen Aspekte der Reflexion in ihrer erstaunlichen Unterschiedlichkeit zusammengehalten, doch die feminin klingende Stimme meines Vaters und die unklaren Vorstellungen, mit denen ich darauf reagiert habe, waren in meiner Kindheit und Jugend eine Quelle des Schmerzes. Im letzten Kapitel will ich versuchen, in der existenziell entgegengesetzten Tonlage einen intellektuellen Kontrapunkt dazu zu setzen. Es legt den Fokus auf fünf Stimmen aus der populären Musik, die mir ein Gefühl von Nähe vermitteln, ein Gefühl, Halt an ihnen finden zu können, das ich als weitgehend physisch und trotz seiner Vagheit als seltsam zuverlässig empfinde. Zugleich lässt sich nur schwer sagen, woher dieser Eindruck von »Nähe« kommt und seine Wirkung entfaltet, nicht nur bei mir. Die Erwähnung, dass bestimmte Singstimmen mir geholfen haben, Situationen prekärer Diskontinuität durchzustehen, scheint in narrativer Hinsicht angemessen zu sein, erklärt aber nicht das Gefühl, dass sie einem ursprünglichen Teil meiner Existenz angehören, fern von aktivem Denken oder Handeln. Noch auch werden solche Geschichten von überwundenen Problemen meinem Gefühl gerecht, von diesen Stimmen überwältigt zu sein, das heißt überwältigt von Freude. Paradoxerweise vermag ich mir die Vergangenheit, die

Gegenwart und die noch verbleibende Zukunft meines Lebens nicht ohne sie vorzustellen, kann jedoch nicht beschreiben, was ich ohne sie verpasst hätte oder verpassen würde. Genau dieser Frage will ich zum Schluss meiner Überlegungen zu den Leben der Stimme nachgehen.

Die Namen der fünf überwältigenden Stimmen, mit denen ich mich befassen will, sind in der biografischen Reihenfolge, in der ich ihnen begegnete, und – seltsam genug – ohne jede Uneindeutigkeit und ohne jeden Zweifel in meinem Denken: Elvis Presley, Edith Piaf, Janis Joplin, Whitney Houston und Adele. Sie alle sind Teil dessen, was wir, herablassend oder nicht, als »populäre Kultur« bezeichnen, und spiegeln einerseits lediglich meine mangelnde Vertrautheit mit höheren und kulturell kanonisierten Rängen der Musik. Andererseits impliziert ihre Gattungszugehörigkeit eine Affinität zu einigen allgemeinen Eigenschaften der menschlichen Stimme, die deren Platz in unserer Existenz bestimmen. Denn hinsichtlich der Qualität erwartet man von Stimmen in der populären Musik nicht, dass sie sich durch eine besondere Ausbildung auszeichnen, wie das bei Opernstimmen der Fall ist. Deshalb erscheinen sie uns als institutionelles Beispiel dafür, was die meisten Stimmen zu leisten vermöchten, während sie hinsichtlich der Rezeption und seit der Erfindung der Tonaufzeichnung eine weitaus größere Zahl von Zuhörern erreichen als Sprechstimmen.

Schätzungen, wie oft die populärsten Singstimmen angehört werden, reichen bis zu Hunderten Millionen und sogar Milliarden, was sie zur quantitativ dominierenden Realität des Stimmverhaltens in der heutigen Kultur macht – eine Stellung, die noch dadurch verstärkt wird, dass aufgezeichnete Stimmen den Körper, zu dem sie gehörten, ganz buchstäblich überleben. Fast ein halbes Jahrhundert nach Elvis Presleys Tod gehört seine Stimme immer noch zu den weltweit am häufigsten gehörten. Unter diesen Voraussetzungen – die wie so oft bei Stimmphänomenen nicht überraschen, aber kaum jemals erwähnt werden – nehme ich an, dass meine Reaktion auf große Stimmen zu einem breiten Bereich des sozialen Durchschnitts gehört und Selbstbeobachtung deshalb auch hier eine Möglichkeit darstellt, einige Erkenntnisse von mehr als nur individueller Geltung zu gewinnen. Anders gesagt: Ich vertraue darauf, dass meine Assoziation solcher populären Stimmen mit einem elementaren Gefühl der Nähe und des Halts von hinreichend vielen Menschen geteilt wird, um als Eröffnung für einige Reflexionen über eine sowohl zugrundeliegende als auch übergreifende, vielleicht metaphysische und transkulturelle, stets willkommene, oft erwünschte und selten registrierte Dimension in unserem Verhalten dienen zu können.

Bei meinem Versuch, herauszufinden, was ich ohne diese Lieblingsstimmen in meinem Leben verpasst hätte, werde ich in drei Schritten vorgehen. Zuerst werde ich in den vorangegangenen Kapiteln entwickelte Begriffe und Theorieelemente zu einer umfassenderen Beschreibung des Hörens populärer Lieder zusammenführen, um besser verstehen zu können, was wir meinen, wenn wir sagen, dass wir »Halt« an ihnen finden. Auf dieser Grundlage werde ich dann in der Mitte des Kapitels – anhand einer Reihe von Fallstudien, die illustrieren, was die »Leben der Stimme« sein können – erzählen, auf welche Weise meine persönliche Geschichte mit den Stimmen von Elvis Presley, Edith Piaf, Janis Joplin, Whitney Houston und Adele sowie deren je eigener Art von akustischer Sinnlichkeit für mich insgesamt zu einem elementaren Gefühl der Substanz und Einheit führte, das nicht die Form einer festumrissenen Erfahrung besitzt.

Ich werde vorschlagen, die Wirkung solcher Stimmen nicht als spezifische Art von Erfahrung zu interpretieren, sondern als »Entbergung« einer allgemeinen Nähe zu anderen Menschen in ihrem primären physischen Sein; einer Nähe, die nicht durch Instinkte reguliert wird, wie es bei Tieren der Fall zu sein scheint; einer Nähe, an der teilzuhaben wir nicht umhinkommen, auch wenn wir sie kaum jemals wahrnehmen. Als Grundbedingungen, die wir nicht umgehen oder überspringen können, wird diese primäre Nähe streng genommen niemals zum Gegenstand unserer Erfahrung als etwas, das wir »von außen« sehen. Auf Augenblicke im Leben bezogen, in denen wir keine derartige Außenperspektive besitzen und Phänomene »sich von selbst zeigen« sollen, statt entdeckt zu werden, kann Martin Heideggers Konzept der Entbergung uns zu erfassen helfen, was Stimmen in jedem Fall für uns sind und warum es sich lohnt, in ihrer Beschreibung so weit wie eben möglich zu gehen. Wenn ich mich dieser äußerst ambitiösen Ebene in meiner Analyse der Stimmen nähere, indem ich mich auf populäre Songs konzentriere, beanspruche ich für die gewählte Perspektive keinen privilegierten Status. Populäre Songs sind einfach meine häufigste und mit der größten Wirkung verbundene Art der Teilhabe am Leben der Stimmen.

*

Singstimmen affizieren uns nicht nur mit den drei ontologisch unterschiedlichen, aber funktional ineinander verschlungenen Wirkungen, die wir als »Knoten der Stimme« bezeichnet haben, das heißt mit Sequenzen aus Schallwellen, die unseren Körper berühren, mit propositionalen Gehalten, die von den Schallwellen artikuliert werden, und mit fließenden Bewegungen des Imaginären, die sowohl durch Klänge als auch Bewegungen ausgelöst werden. Singstimmen affizieren uns auch mit der ihrer Artikulation innewohnenden Musik, gelegentlich durch Instrumente verstärkt, die die stimmliche Darbietung begleiten. Wir können sagen, im Fall des Singens sind der Knoten der Stimme und Musik die beiden Komponenten einer Synthesebeziehung, die komplexe Effekte hervorbringt. Für die darbietende Stimme selbst lenken Melodien als Kombinationen aus Rhythmus und Tonlage die akustische Aufmerksamkeit normalerweise auf ein breiteres Spektrum hoher und tiefer Töne als gesprochene Sprache, was ihren Reiz verstärkt. Doch häufiger als Opernstimmen, deren wichtigste kulturelle Funktion in der Erweiterung des üblichen Umfangs tonaler Darbietung liegt, setzen Stimmen in populären Songs zuweilen ihre Synchronisierung mit Musik aus und produzieren dann den, wie wir es nennen, »melodramatischen« Effekt von Worten, die vor einem Hintergrund aus Instrumentalmusik gesprochen werden.

Für Singende und für jene, die Singstimmen hören, aktiviert die sie tragende Musik aufgrund eines physischen Vermittlungsprozesses, der sich unserer geistigen Kontrolle weitgehend entzieht, eine emotionale Gestimmtheit, die von einer erhöhten, an Euphorie grenzenden Erregbarkeit und von Offenheit gegenüber der umgebenden Welt wie auch innerer Freunde geprägt ist; eine Gestimmtheit, die zudem in der Lage ist, Schmerz zu lindern und sogar zeitweilig aufzuheben. Singstimmen bieten ein breiteres Tonspektrum als Sprechstimmen und erreichen so eine besonders intensive psychische Resonanz. Zugleich sind sie durch die Melodie mit Rhythmus verbunden und werden dadurch geprägt – eine Beziehung, die zunächst einmal die Temporalität der Reaktionen der Zuhörenden bestimmt. Wenn Rhythmen, wie oben dargelegt, praktische Lösungen für das Problem sind, wie zeitliche Objekte im eigentlichen Sinne, zum Beispiel Stimmartikulationen, eine stabile Form besitzen können, dann schwächen sie den Eindruck ihrer Entfaltung als Sequenzen aufeinander folgender Töne ab. Tatsächlich neigen wir dazu, uns an Stimmen so zu erinnern, als wären sie zeitlose Phänomene, und dieser Unterschied zwischen ihrer tatsächlichen Artikulation und der Form der Erinnerung an sie ist möglicherweise der Grund für den notorischen, selbst bei Fachleuten zu findenden Mangel an Präzision in Diskursen, die einzelne Stimmen charakterisieren.

Ein zweiter Effekt, den wir mit Stimmartikulationen in

rhythmischer Struktur verbunden haben, ist der Eindruck, dass sie Situationen, Objekte oder Personen heraufbeschwören, und das in einer Konkretheit, die sie greifbar erscheinen lässt. Könnte diese Konkretheit ein Grund für den Eindruck sein, dass wir an Singstimmen »Halt« finden können – obwohl sie keineswegs zu den materiellen Objekten gehören, die sich von den Hörenden anfassen ließen? Diese vorgestellte äußere Konkretheit konvergiert mit der als »Stimmung« bezeichneten psychologisch inneren Konkretheit, die eine leichte physische Berührung unseres Körpers wie die einer Singstimme auszulösen vermag. Wie bereits erwähnt charakterisierte Toni Morrison Stimmung einmal mit einer stark physischen Konnotation als ein Gefühl, »als würde man von innen berührt«. Das breitere Klangspektrum der Singstimmen im Vergleich zu Sprechstimmen, die größere Resonanz, die sie finden, und die beiden von ihnen in unserer Imagination ausgelösten konvergierenden Konkretheitsimpulse erzielen zusammen eine zuweilen einschneidende Wirkung.

Wir sollten uns jedoch auch daran erinnern, dass Singen generell das übliche Verhältnis zwischen dem Klang von Stimmen und dem propositionalen Gehalt umkehrt, dessen Präsenz wir in unseren alltäglichen Gesprächen und in daraus hervorgehenden existenziellen Räumen stillschweigend voraussetzen. Statt in erster Linie Bedeutung zu artikulieren, wie das bei gesprochenen Texten normalerweise der Fall ist, verwandeln Lieder die Bedeutung ihrer Texte in Formen, die die Darbietung der Stimmen erleichtern – sonst würden wir uns niemals Lieder anhören, deren fremdsprachigen Text wir nicht verstehen. Wegen dieses Unterschieds im Status der Sprache als »Tonuntergrund« und nicht mehr als Inhalte produzierende »Geberdensymbolik«, um hier nochmals Nietzsche zu zitieren,[1] verlieren Bedeutungen in Liedern tendenziell ihre Konturen. Freude

1 Siehe Siehe Friedrich Nietzsche, *Sämtliche Werke. Kritische Studienaus-*

und Schmerz stehen auf dieser Ebene, wie wir gesehen haben, nicht mehr im Kontrast zueinander, weshalb populäre Lieder eine Vorliebe für »bittersüße« Motive zeigen. Unterscheidungen einschließlich der Geschlechtsunterscheidung verlieren generell die Klarheit, auf die wir uns in den meisten Alltagssituationen verlassen – was wahrscheinlich der Grund ist, weshalb ich nicht sagen könnte, dass weibliche Stimmen mich in grundlegend anderer Weise beeindruckten als männliche. Die doppelseitige Konkretheit, die Lieder im Geist der Hörenden aktivieren, wird dadurch zu einer Konkretheit ohne Form, gewissermaßen einer unspezifischen Greifbarkeit. Wir spüren, dass wir an etwas Halt finden können, ohne zu wissen, was dieses »etwas« in jedem einzelnen Fall sein mag.

Wie jeder andere akustischen Impuls aktiviert die Wahrnehmung von Liedern sowohl die visuelle als auch die taktile Modalität unserer Imagination. Doch im Vergleich zu Sprechstimmen scheinen die durch Singstimmen ausgelösten visuellen und taktilen Vorstellungen weniger sicher zu sein. Selbst wenn wir bei einer Livedarbietung oder in einer Aufzeichnung den Körper sehen, zu dem eine Stimme gehört, und deshalb nicht auf unser visuelles Vorstellungsvermögen angewiesen sind, behält die durch Lieder ausgelöste taktile Imagination doch eine gewisse Vagheit. Während Lieder uns sensibel für solche der taktilen Imagination zugehörigen Impulse machen, vermitteln sie uns normalerweise nicht den Eindruck, wir würden von einer ganz bestimmten Person berührt. Da die Wirkung nur vage Konturen besitzt, gerät der durch Lieder heraufbeschworene Eindruck von Greifbarkeit nicht in Konflikt mit möglichen Formen der Selbstreferenz. Unsere Vorstellungen und deren physische Konnotationen verschmelzen vielmehr mit der durch Stimmen heraufbeschworenen offenen

gabe, hg. von Giorgio Colli und Mazzino Montinari, München 1980, Bd. 7: *Nachgelassene Fragmente 1869-1874*, S. 359-369, hier S. 361f.

Greifbarkeit und werden ein Teil davon. Das Gefühl, »an Stimmen Halt zu finden«, gehört möglicherweise zu einem allumfassenden Zustand körperlicher Konkretheit, dem wir uns gerne überlassen.

Bis hierher habe ich ausschließlich Reaktionen, Emotionen und Impulse in den Blick genommen, die aufgezeichnete Stimmen populärer Musik bei einzelnen Hörenden auslösen können. Welche weiteren Erkenntnisse und Konzepte wird eine breitere soziale Fokussierung auf diese Art von Situation erbringen? Um diese Frage sinnvoll stellen zu können, müssen wir zunächst die herkömmliche Bedeutung des Wortes »sozial« überdenken. Das Hören aufgezeichneter Stimmen wird niemals »existenzielle Räume« hervorbringen, da die Personen, denen diese Stimmen gehören, nicht auf jene reagieren, die sie gerne hören. Auch lösen aufgezeichnete Stimmen normalerweise keinen starken Drang zum Mitsingen aus, wie live wahrgenommene Stimmen dies tun, da wir uns nicht in einer »lateralen« Position gegenüber den Körpern befinden, deren Teil sie sind, und solch eine Position wäre notwendig für die Aktivierung der Spiegelneuronen und ihrer Kopiereffekte. Statt tatsächlich laut mitzusingen, »summen« wir oft nur mit oder singen nur Teile laut mit, doch solche Augenblick führen nicht zur Entstehung eines »mystischen Leibes«, also zu einer spezifischen Form von Geselligkeit, die menschliche Körper einschließt. Insgesamt und auch hier wieder als Paradoxon formuliert: Das Hören aufgezeichneter Stimmen ist eine soziale Situation, die in Einsamkeit geschieht.

Gemeinsam hat diese durch Einsamkeit geprägte Situation mit derjenigen existenzieller Räume allerdings eine Asymmetrie zwischen dem hohen Maß an Aufmerksamkeit, das den Objekten äußerer Wahrnehmung geschenkt wird, und dem vagen Charakter der Selbstbeobachtung. Hinsichtlich der Aufmerksamkeit auf äußere Wahrnehmung unter den heutigen technischen Bedingungen sind Stimmaufzeichnungen tatsächlich in der Lage, eine ähnliche physische Wirkung zu erzielen wie Stimmen, die wir in ihrer realen Präsenz hören und die so unseren Körper wie auch unseren Geist erobern. Außerdem und trotz der Einsamkeit beim Hören von Aufzeichnungen assoziieren wir generell mit Singstimmen einen leichteren Modus der »Ansprache«, das heißt mit dem kontraintuitiven Eindruck, dass sie sich an uns persönlich richteten. Auf der Seite der Selbstbeobachtung bleibt unser Fokus beim Hören aufgezeichneter Stimmen dagegen unspezifisch, und zwar in einem Maße, das mit einem Zustand des Subjektseins und der Handlungsfähigkeit nicht mehr vereinbar ist. Das könnte der Grund für den Eindruck sein, dass wir mit unseren Lieblingsstimmen verschmelzen.

Die von aufgezeichneten Stimmen häufig ausgelösten starken Reaktionen werden deshalb kaum je durch eine kohärente Form des Selbstbewusstseins oder Handlungsvermögens verarbeitet. Stattdessen reagiert unser Geist mit Zuständen einer mehrschichtigen Expansion. Wir stellen uns den Körper der Sängerinnen oder Sänger und ihre Bewegungen vor, wir projizieren Wünsche und Erinnerungen auf diese imaginierten Körper, und oft assoziieren wir mit ihren Liedern, was wir über die zugehörigen geschichtlichen Welten zu wissen glauben. Da wir niemals irgendeinen Widerstand gegen solche starken Assoziationen spüren, vermögen aufgezeichnete Lieder bestimmte Zeiten in unserem Leben mit ihren spezifischen Wissenshorizonten, Gefühlen und Wünschen heraufzubeschwören. Während der Wunsch, neue Songs zu hören, anfangs etwas von einer Sucht haben mag, entwickeln wir später die angenehme Gewohnheit, mit ihnen in verschiedene Phasen und Augenblicke unserer individuellen Vergangenheit zurückzukehren. Diese Art von Erleben, die in meinem Fall durch die Stimmen von Elvis Presley, Edith Piaf, Janis Joplin, Whitney Houston und Adele verkörpert wird, besitzt nicht notwendig die Struktur persönlicher Geschichten – auch wenn es uns durchaus möglich ist, unser Leben entlang ihrer Abfolge zu erzählen. Weil aufgezeichnete Stimmen voll weitreichender, unkontrollierter Projektionen und Erinnerungen sind, die sie aufgenommen haben und bewahren, können sie zu einer Präsenz werden, die unserer Existenz ein Gefühl von Substanz und unbestimmter Einheit verleiht.

*

Auch wenn fünf berühmte Stimmen aus einer langen Periode in der Geschichte der populären Musik für mich von außergewöhnlicher Bedeutung sind, habe ich die sie umgebende Produktions- und Aufführungsbranche niemals näher verfolgt und meine Verbindung zu ihnen daher nicht unbedingt geknüpft, als sie in aller Ohren waren. Falls es eine Art von Plausibilität in meinen Begegnungen gab, hatte sie eher mit den wechselnden Wünschen und Herausforderungen in meinem Leben zu tun – und das natürlich innerhalb eines beträchtlichen Zufallsspielraums. Wahrscheinlich gibt es keine unausweichlichen Regeln oder Regelmäßigkeiten oder gar mögliche Theorien über unseren Umgang mit solchen Stimmen. Worauf es ankommt – und was ich hier hoffentlich evozieren kann –, ist ihre sanfte Energie, ihre Greifbarkeit und ihre Offenheit als ein Horizont und eine Substanz der Existenz.

Als Elvis Presley mit 23 Jahren – und auf einem frühen Gipfel seiner weltweiten Popularität angelangt – am 1. Oktober 1958 in Bremerhaven eintraf, um seinen anderthalbjährigen Militärdienst in der US-Army abzuleisten, war ich gerade erst aufs Gymnasium gekommen. Meine erste Fremdsprache war Latein, und ich sah mich als einen Schüler, der einen Mangel an natürlichem Talent durch täglich viele Stunden harter Arbeit und ein noch ungewohntes Maß an Konzentration ausgleichen musste. Wie viele meiner Klassenkameraden hatte ich von meinen Eltern ein Transistorradio geschenkt bekommen und liebte es, die Zeit vor dem Einschlafen in die Länge zu ziehen, indem ich heimlich unter der Bettdecke Radiosendungen mit populärer Musik hörte, vor allem American Forces Network (AFN), den damals in Süddeutschland am leichtesten zu empfangenden Sender. Obwohl ich kein Wort Englisch verstand, war ich fasziniert von der tiefen und für mich exotisch melodiösen Stimme des Sprechers wie auch von Paul Ankas »Diana«, meinem ersten Lieblingssong.

Dieses Radiovergnügen erreichte mit Elvis Presleys Anwesenheit auf dem Alten Kontinent ein völlig anderes Intensitätsniveau. Ich hatte seinen Namen gelegentlich auf AFN gehört und mochte auch einige seiner Hits mit ihrem noch ungewohnten Rock-'n'-Roll-Beat, vor allem »Jailhouse Rock« und »King Creole« – teilweise in einer ersten Phase stillen Protests, weil meine Mutter sie als Beweis für einen deutlichen Mangel an Geschmack oder gar für ein Zeichen von Dekadenz in der amerikanischen Kultur hielt. Für Stil und Klang von AFN inspirierte Elvis Presleys Nähe mit jedem neuen Song, der in den verschiedenen Sendungen in den Mittelpunkt rückte, in unübersehbarem Kontrast zum Bisherigen einen frischen Ton, der Stolz und Prestige ausstrahlte. Eines Abends hörte ich unter meiner Bettdecke zum ersten Mal »Don't«, dessen langsame Melodie und Eindruck von Fülle mich mein Leben lang für Elvis' Stimme einnahm. Das Wort »Don't«, das zu Beginn drei Mal wiederholt wird und auch den Song beschließt, ließ diese Stimme in einer dunklen Schönheit erstehen, die meine ganze Aufmerksamkeit eroberte und bei mir eine Gänsehaut auslöste. Sie gab mir das Gefühl, auf angenehme Weise überwältigt zu werden, und ich empfand eine glückselige Traurigkeit, wenn der Song nach knapp drei Minuten ausklang. Nichts schien zwischen Elvis' »Don't« und mir zu stehen, der Song wirkte natürlich und aufrichtig, mit einer unbekannten sommerlichen Wärme. Nach einigen kurzen Augenblicken in der Mitte des Songs wechselten die Worte zu einer Feierlichkeit gesprochener Sprache, die mich als Messdiener an das Hochamt am Sonntagmorgen erinnerte, auch wenn hier der Ernst fehlte, den ich aus meiner religiösen Welt gewohnt war.

Da selbst meine Mutter einräumte, »Don't« beweise, dass »Elvis Presley singen kann«, gab es nun keinen Konflikt mehr für meinen Traum, diese Stimme zu werden – obwohl meine eigene Stimme noch nicht männlich geworden war. Nach einer Geschichte, die meine Eltern später mit überraschendem Stolz erzählten, gelang es mir offenbar, den Text von »Don't«, den ich gar nicht verstand, auswendig zu lernen, die Melodie zu behalten und den Song irgendwie zum Zwecke ermunternder oder amüsierter Reaktionen von Gästen oder Freunden darzubieten, die bei uns zum Essen waren. An irgendeinem Punkt muss diese Übung frustrierend und peinlich für mich geworden sein, weil sie unmissverständlich deutlich machte, dass ich keine Chance hatte, die Stimme von Elvis zu imitieren oder gar »eins« mit ihr zu werden. Was allerdings aus dieser einzigartig fesselnden Begegnung hervorging, war eine niemals endende Sympathie für Elvis und sogar Sorge um ihn. Trotz all meiner selbst auferlegten Hingabe an stärker kanonisierte Segmente der Kultur verfolgte ich mit affektiver Nähe das dramatische Auf und Ab seines Lebens und wünschte ihm leidenschaftlich, sowohl »the King« der Popmusik zu bleiben als auch ein glückliches Familienleben zu führen. Seine Kämpfe mit verschreibungspflichtigen Medikamenten, seinem Körpergewicht und betrügerischen Managern taten mir weh, und seine triumphale Rückkehr auf die Bühne in Las Vegas nach 1969 gab mir Anlass zu Freude und Bewunderung. Die Art von Liedern, nach denen ich süchtig bin, hat sich niemals verändert. Neben »Don't«, dem frühen »Love me Tender« und »Can't Help Falling in Love with You« von 1961 bewegt mich »As Time goes by« in der Aufzeichnung seines letzten Bühnenauftritts in der Market Square Arena in Indianapolis heute noch. Jeder dieser Songs verleiht dem Klang, dem Umfang und dem Volumen seiner Stimme eine Präsenz von überwältigender Fülle.

Während eines Aufenthalts in Rio de Janeiro erfuhr ich im Fernsehen von Elvis Presleys weder besonders überraschendem noch weithin erwartetem Tod am 16. August 1977, das heißt mitten in einer Zeit, als ich das Gefühl hatte, dass meine Zuneigung zur amerikanischen populären Kultur und zu ihrem sichtbar alternden King nicht mit meinen politischen und intellektuellen Ambitionen vereinbar sei. Doch auch wenn ich dieser Nachricht keinerlei sichtbare Bedeutung beimessen wollte, erkannte ich sogleich, wie einschneidend sie für mich war und dass sie mich zum ersten Mal vor die irgendwie unverhältnismäßige Frage stellte, wie ich ohne diese geliebte Stimme leben konnte. Kein anderer Todesfall, weder der Tod prominenter Persönlichkeiten noch der von Verwandten, die ich liebte, hatte eine derart deprimierende Wirkung auf mich. Mehrere Tage lang fiel es mir schwer, mich auf meine Arbeit, auf Gespräche mit Freunden oder auf die wunderschöne Landschaft Rios zu konzentrieren. Hatte ich einen Anker existenzieller Sicherheit verloren?

Die folgenden Tage bestätigten existenziell, was ich aus praktischen Gründen hätte voraussehen können. Elvis Presleys Stimme, die ich nie live gehört hatte, blieb für mich in ihren vielfältigen Aufzeichnungen und auf den diversen Radiosendern präsent. Ein Leben in Abwesenheit von Elvis Presley war möglich, auch wenn nun etwas Wesentliches, das ich nicht zu benennen vermochte, nicht mehr da war. Während ich mir weiterhin meine Lieblingssongs von Elvis anhörte, wurden für mich seine Biografie und sein geschichtliches Umfeld zum Gegenstand von Interesse und bald auch von Forschung und Schreiben, was mich teilweise verstehen ließ, warum diese Stimme so unverzichtbar geworden war. Sie hatte meine Schritte aus der Kindheit hin zu einer eigenständigen, nicht mehr von den Eltern kontrollierten Person begleitet. Doch es war auch etwas einzigartig Amerikanisches an diesen Songs, eine ferne und doch vertraute Welt, immer noch optimistisch, im Frieden mit und sogar angetan von sich selbst. Ihr Ton ließ auch an die afroamerikanische Kultur denken – nicht zufällig war Elvis Presleys Stimme von der Plattenindustrie als eine »schwarze Stimme« entdeckt worden, zu einer Zeit, als Afroamerikaner immer noch von der breiten Resonanz ausgeschlossen waren, die er als Weißer aus dem Süden erobern konnte. Nach dem Höhepunkt des Vietnamkriegs um 1970 wurde diese trügerisch schöne Welt sozialer Segregation und populärer Selbstzufriedenheit zunehmend von habituellem Selbstzweifel und permanenter Selbstkritik durchsetzt. In der Endphase seiner Karriere beschwor Elvis Presleys Stimme ein Amerika herauf, das nicht mehr existierte.

Ich habe mich lange gescheut zu sagen, wie sehr ich diese Stimme mochte, und gestand nicht einmal mir selbst ein, wie sehr ich mich nach ihrer sanft überwältigenden Fülle und Wärme sehnte. Und dennoch müssen ihr Klang und alle damit verbundenen Konnotationen samt ihrer potenziellen körperlichen Resonanz derart stark geblieben sein, dass ich glaube, ohne die Intensität, mit der diese Stimme an der Nähe zu diesem namenlosen, in manchen Hinsichten glücklicheren und nicht länger existierenden Amerika festhielt, hätte ich in den späten 1980er Jahren die USA nicht als ein neues Land für meine Familie und mich ausgewählt, als einen Ort, an dem meine Enkel und deren Kinder geboren werden und aufwachsen sollten. Als meine Frau und ich ein halbes Jahrzehnt nach unserer endgültigen Ankunft in Kalifornien beschlossen, gemeinsam mit unseren vier Kindern den klassischen Coast-to-coast-Trip zu unternehmen, hatte jeder von uns das Recht, einen Ort als Station dieser Reise zu benennen. Meine Wahl fiel ohne jedes Zögern auf das im Süden von Memphis, Tennessee, gelegene Anwesen Graceland, das Elvis 1957 für seine Familie kaufte, wo er 20 Jahre später starb und wo er begraben liegt, direkt neben seiner Mutter. Während unseres kurzen Aufenthalts in dieser touristischen Umgebung, umhüllt von der aufgezeichneten Stimme des verstorbenen Besitzers, die uns durch sämtliche Räume begleitete, fühlte ich mich erneut überrascht – und immer noch peinlich berührt – von der Wirkung, die sie nach so vielen Jahren immer noch entfaltete. Ich schluchzte, als ich meine Lieblingssongs hörte, überwältigt von der verstärkten und wohltuenden Macht, die sie dort in Graceland besaßen, nahe bei den sterblichen Überresten des Körpers von Elvis Presley.

*

Wahrscheinlich weil Elvis Presleys Stimme so früh in mein Leben trat, war sie allgegenwärtig und seltsam schwer zu fassen. Edith Piafs Stimme nahm und nimmt dagegen einen spezifischeren, fast schon wohldefinierten Platz in meiner Existenz ein. Als ich mir – mehr durch den Geschichtsunterricht im Gymnasium als durch Berichte meiner Familie – der nationalsozialistischen Vergangenheit Deutschlands, die nur drei Jahre vor meiner Geburt geendet hatte, bewusst wurde und ich mich durch diese zeitliche Nähe gedemütigt fühlte, hatte ich den Wunsch, mich einem anderen nationalen Erbe zuzuwenden. Die amerikanische Kultur war in meinen Kindheitsjahren aufgrund der freundlichen amerikanischen Besatzung allgegenwärtig und deshalb für mich recht undefiniert, und so bot mir das Erlernen des Französischen als dritter Fremdsprache ab dem 15. Lebensjahr den Zugang zu einer anderen, wohlumrissenen Andersheit. Jedes französische Wort, das ich auszusprechen lernte, jeder Name einer französischen Stadt oder eines Protagonisten aus der französischen Geschichte versprach eine gewisse Distanz vom ererbten Deutschsein. Diese Obsession löste bei Freunden und Lehrern Stirnrunzeln aus, was jedoch nur zu einem weiteren Grund wurde, eine anfangs nur vage Gelegenheit zu nutzen und den größeren Teil meines letzten Jahres vor der Universität bei einer elsässischen Familie in Paris zu verbringen, die den Kanon der nationalen Kultur voller Stolz pflegte und mit deren fünf Kindern ich ein angesehenes Lycée besuchte, begeistert von dem intellektuellen Klima dort und ohne zu wissen, welchen institutionellen Rang es einnahm.

Anders als bei Elvis Presley erinnere ich mich nicht an den Augenblick, als ich zum ersten Mal ein Lied von Edith Piaf hörte, aber es geschah im Rahmen einer Bemühung, Bezugspunkte für den Aufbau einer französischen Identität zu sammeln, die niemals wirklich meine eigene werden konnte. Edith Piafs Stimme illustrierte den französischen Existenzialismus, eine Philosophie, einen Stil und eine Alltagswelt, die ich mit dem französischen Widerstand gegen die deutsche Besatzung zwischen 1940 und 1943 assoziierte, und sie war bereits Geschichte, denn Edith Piaf war 1963 im Alter von 48 Jahren gestorben – lange bevor ich ihren Namen zur Kenntnis nahm und in Erinnerung behielt. Anfangs stand sie für ein Spektrum von Wissen. Erst später, als ich »La vie en rose«, ihr berühmtes Lied aus dem Jahr 1945, hörte, das von meinen Gastgebern und Lehrern häufig erwähnt wurde, überkam mich mit physischer Unmittelbarkeit der Wunsch, eins mit ihrer Stimme und ihrer Welt zu werden, zusammen mit dem glücklichen Gefühl, meinen ursprünglichen kulturellen Hintergrund hinter mir zu lassen. Anders als bei meinen früheren Begegnungen mit der amerikanischen populären Musik war ich darauf bedacht und in der Lage, ihre Texte zu verstehen, die meinem Eintauchen in Piafs Stimme eine Form verliehen.

Vor allem der erste Satz im Refrain von »La vie en rose« bestimmte, wie diese Stimme mich berührte: »Wenn er mich in seine Arme nimmt / und mit tiefer Stimme zu mir spricht, / sehe ich das Leben in Rosa« – »*Quand il me prend dans ses bras / Qu'il me parle tous bas / Je vois la vie en rose.*« Ich wusste, dass die existenzialistische Philosophie darauf bestand, das intensive Glück kurzer Augenblicke von deren möglichen negativen und sogar verheerenden langfristigen Folgen zu trennen, dass sie ein vergängliches Gefühl der Erfüllung als den wahren Sinn des Leben hervorhob und feierte. Der ganz spezielle Tonfall von Glückseligkeit, den Piafs Lieder vor dem Hintergrund einer seichten Alltäglichkeit evozierten, verlieh ihrer Stimme diese fragile Kraft. Und dieses Motiv trat sogar noch deutlicher und zarter in einer Zeile gegen Ende des Liedes hervor, die mit besonderer Emphase vorgetragen wurde und in der sie ihren Geliebten daran erinnerte, dass er ihr eine Liebe »fürs ganze Leben geschworen« habe – *»tu m'as juré pour la vie«*. Ich empfand diese Erinnerung nur als ein weiteres Zeichen für endlose Ungewissheit und wollte diese triumphierende Unsicherheit annehmen und selbst verkörpern, da das sich so viel anspruchsvoller anfühlte als die Werte meiner Erziehung.

An Piafs triumphierender Zerbrechlichkeit Halt zu suchen, war auch eine Alternative zur ruhigen Fülle, die Elvis Presleys Songs mir gegeben hatten. Ihre Stimme vermittelte mir eine ungeheure Stärke im Wissen um den unausweichlichen Verlust – auch wenn derartige Gedanken und Begriffe in der komplexen Präsenz der Klänge und Emotionen nur selten zu klarer Bedeutung gelangten. Vielmehr führte diese Stimme am Ende alle Bedeutungsschichten zu einer einzigen und enorm vielschichtigen Präsenz zusammen. Das Wissen über Edith Piafs exzentrisches Leben verlieh dieser Stimme noch größere Authentizität. Ihre Eltern waren Straßenmusiker gewesen, sie hatte einen Teil ihrer Kindheit in einem Bordell verbracht, und als öffentliches Emblem des Existenzialismus und des Widerstands gegen die deutsche Besatzung war sie auch der Kollaboration mit dem deutschen Feind verdächtigt gewesen. Edith Piafs Liebesaffären endeten fast regelmäßig in Enttäuschung und sogar Demütigung. Die einzige bewegende Ausnahme war die Liebe zu Marcel Cerdan, einem ehemaligen Boxweltmeister, dem sie 1947 auf einer Tour durch die USA begegnete. Zwei Jahre später stieg Cerdan in ein Flugzeug nach New York, um sie dort wiederzusehen. Aber die Maschine stürzte über den Azoren ab, und Cerdan kam dabei ums Leben.

Dieser eine unwiederbringliche Verlust ihres Lebens verstärkte den Eindruck tiefer Unsicherheit, den Edith Piafs Stimme auf mich machte. Wenn ich »La vie en rose« hörte, tauchte ich in den Existenzialismus ein, dessen Unmittelbarkeit das Verständnis philosophischer Begriffe und Inhalte kraftvoll überstieg. Von ihrer Stimme überwältigt zu sein und die Gestalt meines eigenen Selbst darin zu verlieren, schien zugleich auch die Umrisse der geschichtlichen Welt verschwimmen zu lassen, aus der ihr Lied hervorgegangen war und einen Assoziationshorizont eröffnet hatte, in dem Piafs Stimme mit anderen Stimmen meines Lebens zu einer komplexen Schicht der Greifbarkeit verschmolz. Mit ihrer sinnlichen Konvergenz brachten diese Lieder auch die von ihnen absorbierten Welten zusammen und verwandelten verschiedene existenzielle Schichten in eine einzige konkrete Dimension des Bezuges zur Welt. In dieser Dimension nähert sich schließlich die existenzielle Unsicherheit des Glücks, die Edith Piafs Stimme immer noch verkörpert, der Fülle und der Unmittelbarkeit der an eine scheinbar glückliche amerikanische Vergangenheit erinnernde Stimme Elvis Presleys. Sie sind zu einem einzigen Kern in meiner Existenz verschmolzen und behalten dennoch die Unterschiedlichkeit ihrer Tonalität. Beide halten die Distanz zwischen verschiedenen Teilen meines Lebens in der Schwebe und sorgen dafür, dass ihre sinnliche Verschiedenheit greifbar bleibt.

*

Da ich seit meinen Studienjahren in Paris und später in Salamanca und Pavia davon träumte, »Romanist« zu werden, das heißt ein Spezialist, aber auch begeisterter Liebhaber der Literaturen und Kulturen in romanischen Sprachen, hatte ich mir in meinen jungen Jahren niemals vorgestellt, dass der zweite Teil meines Lebens aus eigenem Antrieb und mit Leidenschaft amerikanisch sein würde. Obwohl ich das nicht wusste, als ich 1989 nach Kalifornien emigrierte, müssen die Stimmen, die ich auf AFN gehört und in meinen greifbaren Erinnerungen gespeichert hatte, die Energie für einen Übergang geliefert haben, der sich anfühlte, als kehrte ich in meine wahre existenzielle Heimat zurück. Elvis Presleys Songs hatten sich in meinem Leben jedoch als deutsche Präsenz Amerikas eingegraben und konnten daher nicht den Umzug in ein neues Leben vorwegnehmen, den ich nun unternahm.

Ich brauchte eine andere amerikanische Stimme, der ich folgen konnte, eine Stimme, die mich anzog und zu neuen Orten mit einem unbekannten *way of life* führten, und ich fand sie in Janis Joplins Version von »Me and Bobby McGee« aus dem Jahr 1971, die ich neben anderen Songs aus meinem zukünftigen Land schon lange kannte und mochte. Das Lied wurde tatsächlich zu einer sprachlichen Brücke zwischen den beiden Hälften meines Lebens und ist seither mein Lieblingsmusikstück schlechthin. Da der Song einen Weg auf der Karte der Vereinigten Staaten in eine Klangfolge verwandelt, ist »Me and Bobby McGee« zugleich meine persönliche amerikanische Nationalhymne. Der Text beginnt in dem im tiefsten Südosten gelegenen Baton Rouge, Louisiana. Mit einer dunklen, ruhigen, zwanglosen Stimme singt Janis, sie fühle sich »vollkommen platt« und »fast so ausgewaschen wie ihre Jeans« – *»busted flat«* und *»near as faded as my jeans«*. Keine Eröffnung könnte weniger zeremoniell und opernartig klingen mit dieser Stimme, die ganz plötzlich und wie rein zufällig auftaucht. Mit derselben Lautstärke und in derselben Tonlage geht es »bis nach New Orleans« – *»all the way into New Orleans«* –, und Janis singt mit ihrem Tramperkumpel Bobby »alle Lieder, die der Fahrer kannte« – *»every song that driver knew«*. Es folgen immer noch ruhig und bewegend die Worte »Freiheit heißt nur, dass du nichts mehr zu verlieren hast« – *»Freedom is just another word for nothin' left to lose«* –, die dann weiter zu den »Kohlegruben in Kentucky« – *»Kentucky coal mines«* – und zu einer größeren Emphase in Ton und Melodie führen. Die Stimme klingt nun heiserer und individueller, als Janis »die Geheimnisse ihrer Seele« mit Bobby teilt – *»shared the secrets of my soul«* –, der sie »vor der Kälte schützte« – *»kept me from the cold«*.

»One day up near Salinas« – »Eines Tages oben bei Salinas« in Kalifornien bricht ihr stilles Glück, nichts mehr zu verlieren zu haben, in sich zusammen. Sie habe Bobby »weggehen« lassen – *»slip away«* –, hören wir von einer schmerzerfüllten Stimme, die jedoch sogleich zurückkehrt zu der zärtlichen Hoffnung, er werde »das Zuhause finden, das er sucht«: *»He's lookin' for that home and I hope he finds it«*, und zu dem tröstlichen Gedanken, sie würde »ihr ganzes Morgen für ein einziges Gestern eintauschen, an dem sie Bobbys Körper an ihrem eigenen spürte« – *»But I'd trade all of my tomorrows for one single yesterday / To be holdin' Bobby's body next to mine«*. Sie hat nichts mehr zu verlieren außer der Erinnerung, dass ihr Zusammensein »gut genug für sie und ihren Bobby McGee« war – *»feelin' good was good enough for me / Good enough for me and my Bobby McGee«*. Wann immer ich mir diese Worte in Janis Joplins Stimme anhöre, werde ich Teil einer Geschichte, die von meinem Leben weit entfernt ist – und dennoch nah, da die Erinnerung an die Übersiedlung nach Amerika von ihren Klängen absorbiert wird. Die Stimme führt weiter zu einem langen Schluss, der alle Worte verliert und eins mit der Musik wird, einem langen und offenen Schluss ohne Bedauern, ohne Bedeutung, ohne jede weiterweisende Richtung.

Keine andere Stimme trägt mich jemals so sanft in eine Geschichte, und das nicht durch den Text, sondern die Folge ihrer Klänge und Rhythmen, die meinen Körper berühren. Immer wenn ich »Me and Bobby McGee« höre, gerate ich in einen Zustand, der jegliches Denken und jede Sehnsucht nach einem anderen Leben auflöst. In der Abwesenheit meiner eigenen Worte, meiner Gestalt oder Andersheit bin ich ihrer Stimme nah. Und während sie mich überwältigt und in jenes Nimmerland der Erlösung trägt, ist sie zugleich doch auch die Stimme einer Toten mit einem individuellen Schicksal in einer weit entfernten Welt. Janis Joplin, die in Texas geboren wurde und alle nur möglichen Konflikte einer Mittelschichtexistenz durchlebte, verkörperte am Ende den strahlenden kalifornischen Traum grenzenloser Freiheit, einer Freiheit, deren Stöße und Intensität in ihrer Stimme schiere Präsenz erlangten und deshalb nichts mehr zu verlieren hatten. Es war die Freiheit zu jedem nur vorstellbaren sinnlichen Genuss, eine Freiheit, alle Grenzen des Körpers und des Geistes zu überschreiten.

In Janis Joplins Stimme spüre ich noch einen weiteren spezifisch amerikanischen Tonfall des Lebens, Träumens und Sterbens, der einige Jahre zwischen der wunderbar naiven Herablassung einer auf ihren Aufstieg stolzen, ihrer Narben nicht bewussten Nation und ihrer kollektiven Frustration über Versprechen herrschte, die sich unmöglich vergessen, aber auch unmöglich erfüllen ließen. Niemand scherte sich weniger um Vernunft oder Konvention als sie. Ihr Leben war das Crescendo ihres schönsten Songs, führte sie von Orten wie Texas, Hollywood und Woodstock bis hin zu ihrem weltlosen Tod aufgrund einer Überdosis Drogen im Zimmer eines Motels in Los Angeles, wo niemand mehr die von Ruhm und Hype umgebene Sängerin erwartete. So ekstatisch und hemmungslos, so aggressiv gegenüber sich selbst und zuweilen auch anderen war ihre Existenz über zwei Jahrzehnte gewesen, dass deren Ende am 4. Oktober 1970 vielleicht der einzige Weg zurück zu den ruhigen und zarten Bewegungen ihrer Stimme war, die immer noch bei uns ist. Die aufgezeichnete Stimme hält eine Nähe und Energie lebendig, die nur sie hervorbringen – aber nicht auf Dauer durchhalten – konnte. Wenn es da nichts mehr zu verlieren gab, nicht einmal ihr eigenes Leben, bewahrt ihre Stimme, losgelöst von ihrem toten Körper, eine Vergangenheit, die zu extrem war, als dass irgendjemand sie hätte überleben können. Mit dieser Stimme in meinem Geist und meinen Ohren erreichte ich die zweite Hälfte meines Lebens, und an Tagen der Verwirrung oder Langeweile finde ich daran Halt wie an einer harmlos wirksamen Droge, die eine längst vergangene Welt des Lichts und der Psychedelika gegenwärtig hält. Janis Joplins Stimme klingt noch stärker und noch utopischer, wenn wir wissen, dass sie an ein in den Tod laufendes Leben gebunden war.

*

Sehr weit entfernt von den Wunden solcher existenzieller Extreme, die längst in Aufzeichnungen und historischen Archiven zur Ruhe gefunden haben, überstieg unsere kalifornische Existenz bei weitem die Erwartungen meiner Familie wie auch meine eigenen. Wir fanden die Heiterkeit eines Heims, einen Rhythmus täglicher Freuden und die Wärme uns umgebender Zuneigung. Die älteren Kinder nahmen ihren Alltag mit Freunden, Spielen und Hausaufgaben bereitwillig an, und ihr jüngerer Bruder wuchs im transparenten Licht milde wechselnder Jahreszeiten auf. Siebzehn Monate nach dem Beginn unseres Lebens in der Nähe des Pazifiks gaben wir stolz die Geburt Laura Teresas bekannt, der ersten amerikanischen Staatsbürgerin in der Familie. Nicht weit von Hollywood lebend, entdeckten wir auch das Vergnügen, so oft ins Kino zu gehen, wie wir hinreichend zuverlässige Babysitter zu finden vermochten, wobei wir eher Komödien und anderen leichten Genres den Vorzug gaben, statt zu versuchen, irgendein anspruchsvolles Niveau zu erreichen. Zu den Filmen, die in den frühen 1990er Jahren als ein »Muss« für bewusste durchschnittliche Zuschauer galten, gehörte *The Bodyguard* mit Kevin Costner und – zum ersten Mal in einer Hauptrolle auf der großen Leinwand – Whitney Houston, deren Stimme bereits weltweite Bekanntheit erlangt hatte, und das nicht nur bei Fans der populären Musik. Der seichte Plot entsprach allen Erwartungen bei Filmen, die mit dem einzigen Ziel produziert werden, möglichst viel Geld mit den Namen berühmter Schauspielerinnen und Schauspieler zu machen. Eine für einen Oscar nominierte Schauspielerin, ein Superstar aus der Film- und Musikszene, heuert einen gutaussehenden Bodyguard an, der sie vor einem Stalker schützen soll. Die beiden verlieben sich ineinander, während sie den Kriminalfall lösen, und entschließen sich schließlich zur Trennung, weil sie nicht glauben, dass ihre Beziehung langfristigen Bestand haben kann. Drei Aspekte des Films fand ich tatsächlich besonders: Als Lovestory evoziert *The Bodyguard* zunächst eine physische Bedrohung und zugleich eine starke physische Kraft, die diese Bedrohung zu minimieren vermag; der Abflug der weiblichen Hauptfigur in einem Privatjet wird für einen letzten leidenschaftlichen Kuss aufgeschoben, nach dem Whitney Houston ohne einen narrativen Übergang »I Will Always Love You« singt – der einzige Grund, weshalb der Film uns in Erinnerung geblieben ist; und die Schönheit ihres Körpers und ihrer Stimme nahm mich in einer ungewöhnlich ruhigen Weise gefangen.

Eine »durchschnittliche Thriller-Romanze«, wie ein Kritiker damals schrieb, mit dem typischen bittersüßen Geschmack und einer gutaussehenden Hauptdarstellerin, die in einigen unvergesslichen Minuten mit einer der größten Singstimmen aller Zeiten kulminiert. Anders als Janis Joplins »Me an Bobby McGee« vermitteln weder der Text noch die tonale Struktur von Whitney Houstons »I Will Always Love You« den Eindruck eines sich entfaltenden Narrativs. Das Lied beginnt mit Worten, die mit melodramatischem Ernst gesprochen werden und durch bloße Assoziation eine Verbindung zu der im Film erzählten Story herstellen: »Wenn ich bliebe, / würde ich dir nur im Weg stehen. / Deshalb gehe ich, aber ich weiß, / Ich werde bei jedem Schritt an dich denken« – *»If I should stay / I would be only in your way / So I'll go, but I know / I'll think of you every step of the way.«* Diese beiden Sätze bringen in der Tat eine bittersüße Stimmung zum Ausdruck – das Wort *»bittersweet«* kommt sogar in der nächsten melodramatischen Passage vor –, und es ist diese Stimmung, von der Nietzsche glaubte, dass sie einer archaischen Schicht der menschlichen Psyche angehört und die auch alle bedeutungsproduzierenden Unterscheidungen verschwimmen lässt. Immer wenn ich Whitney Houstons Stimme diese Worte über einen gegen den Impuls der Liebe erfolgenden Weggang singen höre, sprechen sie mich deshalb vor allem physisch an, ohne dass ich ihre ambivalente Bedeutung jemals wirklich verarbeitete. Sie berühren mich wie ein liebkosender Klang, leichter als die Berührung einer Hand und dennoch von großer emotionaler Tiefe.

Scheinbar ohne Übergang oder Kontrast erhebt sich die Stimme dann zu einer Stärke, in der die Berührung zu einer Umarmung wird, die mich umfängt, wobei sie ihre Zärtlichkeit und Wärme behält, mir eine Gänsehaut über den Rücken jagt und alle Formen von Bedeutung in der Wiederholung ein und desselben Satzes auflöst: *»And I will always love you / I will always love you.«* Während die Bedeutungsformen schwinden, erfüllt nur noch Whitney Houstons Stimme meine Wahrnehmung, lässt den Klang einiger Vokale zu oszillierenden melismatischen Bewegungen werden, die niemals ihre Sanftheit verlieren. Wenn sie mich wie meine anderen Lieblingsstimmen mit ihrer warmen Kraft überwältigt und dazu einlädt, die Form meines Selbst aufzugeben, spricht sie mich doch weiterhin an und hält so meine Präsenz lebendig. Ich fühle ihre Nähe, da sie mir niemals den Raum für meinen Körper wegnimmt, und ich möchte in diesem Raum sein, der kein Raum der Einsamkeit mehr ist, ich möchte »immer« – *»always«* – dort bleiben. Der fließende Kontrast zwischen gesprochenen melodramatischen Worten und Houstons Gesang in seiner vollen wunderschönen Stärke kehrt noch zweimal wieder und bereitet mir sogar noch größere Freude, umarmt zu werden, ohne mich selbst zu verlieren. Der Song schließt mit acht musikalischen Variationen und syntaktischen Wiederholungen des Satzes *»I'll always love you«*. Die Liebe ist nun kein Thema mehr, vielmehr wird die Stimme zu Liebe, zu einer körperlichen Nähe, die mir Raum lässt. Dass dies eine afroamerikanische Stimme war, hatte stets Bedeutung für mich, denn auf naive Weise sehne ich mich danach, Teil der gesamten Kultur, des Landes, der Nation und der Gesellschaft zu sein, für die ich mich entschieden habe – samt all ihren aufregend zentrifugalen Gruppen. Dennoch scheint Whitney Houstons Stimme keine individuellen oder kulturellen Grenzen zu haben. Sie fühlt sich an wie eine liebevolle Nähe aller anderer und zu allen anderen, die mitten in meinem Leben zu einer Präsenz von Liebe wurde und von der ich seither wünsche, dass sie intensiv und erfüllend bleibt.

Unter meinen Lieblingsstimmen steht die von Whitney mir in zeitlicher Hinsicht am nächsten. Ich bin 15 Jahre älter als sie und empfand bereits früh Stolz auf den bald schon weltweiten Erfolg ihres Gesangs, und dieser Beifall gab mir eine erste Ahnung davon, wie schwer es ist, einzelne Stimmen zu beschreiben. Als ich in der *New York Times* las, Houstons Stimme sei »ein technisches Wunder, von ihrer samtenen Tiefe über ihr ballistisches mittleres Register bis hinauf zu ihren eindringlichen und luftigen Höhen«, und sie biete ein »bis ins Mark dringendes Gefühl technischer Perfektion« dar, schien mir beides unangemessen und nicht präzise genug, auch wenn die einzige diskursive Alternative, die ich jemals gesehen habe, der Versuch ist, die von dieser Stimme ausgelösten Reaktionen – statt ihrer physischen und musikalischen Realität – zu erfassen. Aus den Standardporträts der Stimme Whitney Houstons erfuhr ich vor allem, dass ihre Stimme unter der ehrgeizigen Obhut ihrer Mutter eine klassische Ausbildung erhalten hatte, deren Wirkungen und Ergebnisse mir keineswegs helfen, meine Reaktionen zu verstehen. Ich kann nur sagen, dieser Stimme zu lauschen, mich an ihre Darbietungen zu erinnern oder sie mir vorzustellen, ist für mich von existenzieller Bedeutung, ohne dass ich dafür einen genauen Grund angeben könnte.

Ihre Karriere mit Bewunderung und Liebe zu verfolgen, hieß auch, dass Nachrichten über schwindende Resonanz beim Publikum oder über Kämpfe in ihrem Privatleben mich tieftraurig machten. Doch während ich in der üblichen Weise mit Protest und Empörung reagierte, als ich las, dass ihre Ehe sich bis hin zum Missbrauch verschlechtert hatte, muss ich zugeben, dass dieses Wissen meinen Eindruck von der schieren Schönheit ihrer Stimme noch verstärkte. Nicht nur weil ihre Stimme einen Song wie »I Will Always Love You« in Liebespräsenz verwandelte, sondern auch wegen des Gefühls individuellen Schmerzes, das in diesen Klängen mitschwang und nach deren liebkosender Berührung ich mich sehnte. Whitney Houstons Tod am 11. Februar 2012 machte einen ebenso starken Eindruck auf mich wie Elvis Presleys Tod 35 Jahre zuvor, auch wenn er ganz andere Emotionen auslöste. Zwar wusste ich inzwischen, dass ich ihre liebkosende Stimme dank der Aufzeichnungen niemals verlieren würde, doch es gab da einen Impuls, nicht zu akzeptieren, dass sie »aufgrund einer atherosklerotischen Herzerkrankung und eines Kokainmissbrauchs«[2] in einer Badewanne im Beverly Hilton Hotel ertrunken war. Das war nach den damaligen Standards der Berichterstattung in den Medien nicht einmal eine dramatische oder außergewöhnliche und erst recht keine »heroische« Sze-

2 Laut medizinischem Gutachten des Los Angeles County Coroner's Office.

ne. Es war ein Tod, der so viel immer noch spürbarer Schönheit einfach nicht würdig schien. An der Beisetzung eine Woche später auf einem Friedhof in ihrem Heimatstaat New Jersey, wo Whitney Houston nun neben ihrem Vater ruht, nahmen Verwandte, Freunde, Kollegen und über Radio eine Nation aus wahren Bewunderern teil. Kevin Costner sprach einige Worte der Zuneigung und des Bedauerns, die präziser waren als jedes Drehbuch es jemals zu sein vermöchte. Nach 20 Jahren stieg »I Will Always Love You« erneut auf Platz 3 der Charts. Mehr sogar noch als Bedauern und Trauer empfand ich Trost und Dankbarkeit im Gedanken daran, dass solche Schönheit überhaupt möglich gewesen war. Und sie ist immer noch bei uns.

*

All diese geliebten Stimmen traten in bestimmten Augenblicken und aus bestimmten Gründen in mein Leben, doch sie blieben samt ihrer körperlichen Resonanz eher in einer Gleichzeitigkeit verschiedener Stimmungen als in einer Reihenfolge oder einer Geschichte einzelner Erinnerungen bei mir. Sie wurden zu einer Lebenssubstanz ohne interne Unterscheidungen. So erinnere ich mich an die Jahre, als Whitney Houstons Stimme so bedeutsam für mich war, als eine Zeit eines weitreichenden Optimismus, der heute wie eine Illusion erscheint, und ihr Klang hat sich in ein Versprechen erfüllter Liebe verwandelt, in den sich düsterere Töne der Existenz mischen. Von Adeles Songs hörte ich erstmals durch meine Kinder, die derselben Generation angehören wie sie. Ich war damals um die 60 Jahre alt, befand mich zwischen klaren beruflichen Plänen und einem Zustand beschämender Schwäche in meinen emotionalen Bindungen, fühlte mich seicht und unfähig, das Potenzial eines wunderbaren Daseins, wie ich es hatte, anzunehmen, und doch nicht bereit, meine Lage für einen Endpunkt im Leben zu halten. Nicht im Traum wäre ich darauf gekommen, dass Hilfe von der Stimme einer Frau zu erwarten wäre, die meine Tochter hätte sein können und in Stil und Stimmung allzu weit entfernt war, als dass sie mein Interesse hätte wecken können. Dann, während einer dreimonatigen Fellowship in Berlin 2012, verwandelte sich meine zentrifugale Seichtheit in Angst und Depression. Die meiste Zeit allein und daher mit mir selbst konfrontiert, wurde mir klar, dass ich die einzige liebende Nähe, die mich in meinem Leben hielt, aufs Spiel gesetzt und zugelassen hatte, dass sie zerfiel.

Ich hatte keine Idee, wie ich zu dieser Liebe zurückfinden konnte. Geblieben war nur die tägliche Routine, die Existenz fortzusetzen, ohne jede Motivation – nicht viel mehr als die Folge einer Unfähigkeit oder Feigheit, mir das Leben zu nehmen. Das Aufstehen am Morgen fühlte sich wie eine Herausforderung an, da ich keine Kraft hatte, den bewusstlosen Zustand des Schlafs zu verlassen und in die Wachheit einer Welt ohne Licht und Reiz für mich zu treten. In diesem Zustand hörte ich zufällig »Someone Like You«, den im Januar 2011 veröffentlichten Adele-Song, der ihr erstmals weltweite Anerkennung gebracht hatte und seither in den europäischen und nordamerikanischen Medien allgegenwärtig war. Höchstwahrscheinlich hatte ich ihn schon schon vorher gehört, doch nun wusste ich plötzlich, dass diese Stimme mir beim Übergang von Schlaf und Vergessen in jeden neuen Tag helfen und damit eine weitaus genauer auf den Punkt erfolgende Funktion erfüllen konnte als irgendeine meiner Lieblingsstimmen zuvor.

Und das funktionierte auch gut für ein paar weitere dieser seichten Wochen ohne Aussicht auf Veränderung. Vor jeder anderen Betätigung hörte ich »Someone Like You« jeden Morgen nach dem Aufwachen, und während der fast fünf Minuten langen Aufnahme stand ich dann auch immer auf und kam auf die Beine. Auch wenn »Someone Like You« in Text und

Klang eher in einer Stimmung verweilt als eine Geschichte erzählt, erwecken die ersten Augenblicke wie bei »Me and Bobby McGee« den Eindruck, eine bereits in ein Gespräch vertiefte Stimme zu hören: »Ich habe gehört, du hast dich niedergelassen / Du hast ein Mädchen gefunden und bist nun verheiratet / Ich habe gehört, deine Träume sind wahr geworden / Ich nehme an, sie gab dir etwas, das ich dir nicht gegeben habe« – *»I heard that you have settled down /That you found a girl and you're married now / I heard your dreams came true / Guess she gave you things, I didn't give to you«*. Die durch diese Worte heraufbeschworene Situation hatte wenig mit meiner Lage zu tun. Meine Liebe war nicht aufgegeben und vergessen worden, sie war abhandengekommen und in einen Zustand der Auflösung geraten, aus einem Mangel an Sorge und Zuneigung, für den ich allein verantwortlich war. Statt einer Chance zur Identifizierung bot Adeles Stimme mir lediglich die Beständigkeit ihres Tonfalls mit wenig Bewegung oder Variation. Ein Tonfall wie von fern her und voll Einsamkeit, ohne Hoffnung oder Versprechen, heiser wie von ständigem Schmerz und dem Akzeptieren des Schicksals. Diese Stimme hatte weder Illusionen, noch schwang darin die Gefahr einer noch größeren Enttäuschung mit. Und dieser Eigensinn trug mich vom Aufwachen in den frühen Tag hinein, Morgen für Morgen während dieser Wochen der Leere, als meine bittersüßen Erinnerungen schal geworden waren. Statt in einer Ambivalenz der Stimmungen zu oszillieren, klingt die bittere Süße, von der im Song auch explizit die Rede ist, wie eine paradoxe Vereinigung aus Vergehen und Fortdauern.

Während ich dies schreibe, ist Adele 35 Jahre alt, ihre Stimme ist weltweit präsent und besitzt das Potenzial zu einer großen Zukunft, zugleich scheint sie ein glückliches Privatleben zu haben, weit genug entfernt von der Aufmerksamkeit der Medien und der Neugier ihrer Fans. Ist ihre Stimme die eine Ausnahme, die ohne Zeichen problembeladener Existenz als Gesten der Authentizität auskommt? Vielleicht gehen Adele und ihr Produktionsteam mit dem Verhältnis zwischen Stimme und Privatleben auf einem neuen Niveau des Verständnisses und der Reflexion um. Einerseits betonen und befördern sie eine Überschneidung zwischen den Songs und ihrer realen Existenz. Adeles frühe und erfolgreichste Alben verweisen auf das Alter, in dem sie die Songs schrieb und komponierte. So erklärte sie, dass ihr Album »21«, das »Someone Like You« enthält, von einem größeren Bruch in ihrem Leben inspiriert worden sei. Diese Enthüllung ging einher mit Anspielungen auf schwierige frühere Zeiten, die sie durchlebt habe, weil sie etwa ohne Vater aufgewachsen war oder in ihrer Jugend mit Alkoholproblemen zu kämpfen hatte. Andererseits hat man den Eindruck einer wohldurchdachten Ökonomie in den Episoden und Bildern aus ihrem Leben, die sie für die Öffentlichkeit freigegeben hat. Sollten wir annehmen, dass der Erfolg ihrer Songs auch damit zu tun hat, dass sie anscheinend in persönlichem Schmerz, in Wunden und Narben gründen? Würde die Marke, die Adeles Stimme darstellt, leiden, wenn ihr Leben sich in einen öffentlich dargebotenen – und öffentlich bekannten – Zustand unzweideutigen Glücks verwandelte? Ich werde niemals vergessen, wie diese Stimme mir half, mein Leben trotz der Verwirrung und Verzweiflung vor einem Jahrzehnt weiterzuführen. Inzwischen ist »Someone Like You« für mich zu einem abstrakteren Potenzial eigensinniger Kraft allen Widrigkeiten und Widerständen zum Trotz geworden. Und auch wenn diese Kraft nichts von einem existenziellen Endpunkt hat, habe ich doch aufgehört, neue Lieblingsstimmen zu finden.

*

Die längste Zeit war es mir unmöglich, mir mein Leben ohne die Stimmen von Elvis Presley, Edith Piaf, Janis Joplin, Whitney Houston und Adele vorzustellen, auch wenn ich nicht sagen konnte, warum diese Stimmen so bedeutsam für mich waren. Der Versuch, in jedem einzelnen Fall herauszufinden, in welcher Weise und warum diese Stimmen so unverzichtbar für mich wurden, hat einige wiederkehrende Bedingungen für ihre Funktionen und ihr Erscheinen aufgezeigt. Sie alle wurden in Augenblicken persönlichen Übergangs oder persönlicher Unsicherheit wichtig, indem sie mir den vagen, aber dennoch emotional beruhigenden Eindruck vermittelten, Halt an ihnen finden zu können. Und sie alle wurden am Ende unabhängig von den Augenblicken und Umständen ihrer ersten Wirkung und fanden Eingang in eine Schicht aus Gefühlen und Stimmungen, die ich als substanziell für meine Existenz erlebe. Mit Elvis Presleys Stimme aus dem Transistorradio ging ich von der Kindheit in die frühe Jugend. Edith Piafs Lieder begleiteten meinen Eintritt ins Erwachsenenalter außerhalb meiner Herkunftskultur. »Me an Bobby McGee« in Janis Joplins Stimme wurde zu einem Weg in mein neues amerikanisches Leben. Whitney Houstons Stimme half mir in den frühen amerikanischen Jahren, Liebe und Fülle zu finden. »Someone Like You« hielt mich während einer Phase des Verlusts und der Depression im Leben.

Auch wenn ich über keinen Begriff verfüge, der als gemeinsamer Nenner für all diese Situationen dienen könnte, und ihr Maß an Herausforderung und Dramatik ganz unterschiedlich ausfiel, war doch ein eigentümliches, irgendwie intransitives Gefühl einer nicht nur spirituellen Nähe bei ihnen allen entscheidend. Deshalb habe ich gesagt, dass meine Lieblingsstimmen mich auf eine sanfte und meist angenehme Weise überwältigten. Aber was genau könnte das bedeuten? Überwältigt zu werden ist ganz sicher keine Form einer sozialen Interaktion, in der Menschen Wissen austauschen, ihr Verhalten koordinieren oder miteinander konkurrieren. Wenn wir sagen, wir wären überwältigt, meinen wir damit, dass unsere Persönlichkeit zeitweilig ihre Konturen verliert und von einer anderen Persönlichkeit absorbiert wird, deren Umrisse unangetastet bleiben und an die Stelle unserer eigenen Konturen treten. Auf diesen Prozess können wir mit positiven oder negativen Emotionen reagieren, wir können ihn bestätigen oder wünschen oder versuchen, ihm Widerstand zu leisten und ihn zu unterbrechen. Von schönen Stimmen überwältigt und absorbiert zu werden, gehört offensichtlich zu jenen existenziellen Situationen, die wir oft suchen und mit Genuss erleben. Zugleich berühren sie auch in unterschiedlichen Maßen sowohl die mentalen als auch die körperlichen Dimensionen unseres Lebens. Wenn wir uns von der Stimme einer anderen Person absorbiert fühlen, haben wir unausweichlich den Eindruck, physisch zu verschmelzen, mit unserem ganzen Körper Teil von Bewegungen und Schwingungen zu werden, die zum Körper einer anderen Person gehören.

Wenn man über solch eine Verschmelzung von Körpern nachdenkt oder spricht, sollte man natürlich nicht die Geschlechtsunterschiede unberücksichtigt lassen. Ihre Bedeutung zeigt sich ganz besonders, wenn wir einräumen, dass die heutigen Bemühungen um begriffliche und phänomenologische Unterscheidungen eine Herausforderung für die Trägheit der vorherrschenden Alltagsvorstellung darstellen, wonach wir weibliche und männliche Stimmen und auch die scheinbar objektiven anatomischen Unterschiede zwischen ihnen leicht voneinander unterscheiden können. Deshalb sollten wir die in früheren Kapiteln dieses Buches gewonnenen Erkenntnisse über existenzielle Effekte, die auf den Knoten der Stimme zurückgehen, mit der Frage verbinden, ob diese Erkenntnisse irgendwelche Funktionen identifiziert haben, die ausschließlich mit verschiedenen, auf binären oder komplexeren geschlechtlichen Unterscheidungen basierenden Stimmtypen zusammenhängen.

Hinsichtlich der fünf Singstimmen, deren überwältigende Wirkung auf mich als einen altmodischen Mann mit einem heterosexuellen Selbstbild ich zu beschreiben versucht habe, scheint die deutliche Überzahl weiblicher Stimmen den Schluss nahezulegen, dass eine erotische Komponente hier eine entscheidende Rolle spielte – schließlich geht Elvis Presley, die einzige männliche Ausnahme unter meinen Lieblingsstimmen, auf eine vorjugendliche Phase meines Lebens zurück. Doch auch wenn ich mir keines Interesses bewusst bin, solch eine von weiblichen Stimmen ausgehende erotische Anziehung zu leugnen oder zumindest zu bezweifeln, habe ich bereits erwähnt, dass ich subjektiv keinerlei Spuren eines in diesem Sinne geschlechtsbezogenen Reizes zu erkennen vermag. Meine Eindrücke und Erinnerungen mögen sich leicht verändern, wenn ich an visuelle Darstellungen dieser Sängerinnen denke, doch was mich zu ihren Stimmen hinzieht, ist eher ein recht elementares, vielleicht »materielles« Gefühl körperlicher Absorption.

In der Erfahrung, dass mir nur männliche Stimmen und die von ihnen zum Ausdruck gebrachten fürsorglichen Einstellungen in den Sinn kommen, wenn ich Beispiele einer starken dreidimensionalen akustischen Präsenz in meiner Erinnerung zu erklären versuche, spiegeln sich andererseits zweifellos institutionelle Erziehungsmuster, die typisch für Männer meiner Generation in westlichen Kulturen sind. Frauen ähnlichen Alters würden wahrscheinlich zu weniger homogenen Erinnerungen gelangen. Anders gesagt: Falls ich in meinem Leben überhaupt Unterschiede zwischen den Funktionen weiblicher und den Funktionen männlicher Stimmen beobachte, hängen sie stets von bestehenden sozialen Konstellationen ab, die von ihnen konnotiert, recycelt und letztlich gefestigt werden. Diese Funktionen liegen jedoch außerhalb der Leben der Stimme. Wenn mehr Frauen die Stimme des Gewissens mit einem maskulinen statt femininen Tonfall assoziieren, projizieren sie natürlich ein geschlechtsbasiertes soziales Machtgefälle auf die Leben ihres Geistes. So sehen wir denn, dass vielfältige, teils offenkundige und teils überraschende Phänomene in den Blick geraten, wenn wir die Stimmdarbietung aus dem Blickwinkel geschlechtsbezogener Unterschiede betrachten. Doch diese Beobachtungen sind zu verschiedenartig, als dass das Geschlecht eine wichtige Komponente im Verständnis von Stimmen und ihrer Funktion für unser Leben darstellen könnte. Ich glaube vielmehr mit Nietzsche, dass diese Funktion von einer elementaren Ebene der Materialität abhängt, die den sozialen und selbst den meisten physischen Dimensionen vorgelagert ist.

*

Das Gefühl, mit anderen Körpern zu verschmelzen und eins mit ihnen zu werden, wie es oft geschieht, wenn wir schönen Singstimmen zuhören, gehört jedoch in den Bereich solcher ursprünglicher Materialität und besitzt deshalb kein visuelles Äquivalent, das uns in die Lage versetzt, uns ein derartiges »Einssein« in seiner Form und Substanz problemlos vorzustellen oder es gar zu beschreiben. Wir spüren dieses Einssein nicht auf der Ebene von Körpern und Stimmen, die »vorhanden«, das heißt Objekte der Wahrnehmung und des Erlebens sind. Auch ist es kein Einssein auf der Ebene der »Zuhandenheit«, bei dem verschiedene Körper oder Stimmen koordinierte Funktionen erfüllten, wie es bei den verschiedenen Stimmen in einem Chor der Fall ist. Überwältigt zu sein und mit einer Stimme eins zu werden, geschieht, wie ich glaube, in einer ursprünglicheren Dimension purer Körperlichkeit, in einer Dimension, die dem elementaren Gefühl und dem elementaren Zustand, stofflich zu sein, entspricht. In dieser Dimension lässt Nähe sich nicht mit dem Maßstab des Abstands (ist er kleiner oder größer?) messen, vielmehr handelt es sich um eine Affinität oder besser: ein Zusammenhängen mit allem, was Materie ist – Materie als etwas, das einen Raum einnimmt und greifbar ist. Diese Nähe mag der fundamentale Grund sein, warum wir gerne sagen, wir könnten an Stimmen, die uns absorbieren und überwältigen, »Halt finden«, auch wenn es natürlich im buchstäblichen Sinne nicht möglich ist, sich an einer Stimme »festzuhalten«. Möglicherweise ist es ein elementarer physischer Zustand, der bei Menschen nicht so vollständig funktionalisiert ist wie bei Tieren – deren »Instinkte« uns als perfekt angepasste physische und damit materielle Reaktionen auf Herausforderungen aus ihrer Umwelt gelten. Als weniger instinktgeleitete Wesen kennen wir für diese Materialität keinen klaren Platz in unserer Existenz. Sie ist immer bei uns, auch wenn wir sie niemals vollkommen ausschalten noch auch vollständig annehmen können.

Wenn diese Materialität der Bereich ist, in dem die Absorption von Zuhörenden durch überwältigende Stimmen geschieht, könnte sie auch der Grund für die erstaunlich häufige, von uns beobachtete Assoziation großer populärer Sängerinnen oder Sänger mit dem Tod sein. Natürlich nicht im Sinne eines physischen oder pragmatischen Zusammenhangs zwischen dem Tod und großen Stimmen, sondern in Gestalt zweier verschiedener Konnotationsspiele. Eines davon wäre tautologisch, wobei der Tod als etwas rein Materielles den materiellen Bereich der Verschmelzung zwischen Menschen bestätigt und betont, die Stimmen gelegentlich hervorbringen können. Das andere sieht Stimmen dagegen vor allem als Verdichtung von Leben vor dessen Hintergrund: dem Tod. Solche Konnotationsspiele haben wenig mit den Strukturen oder Bahnen zu tun, an denen entlang sich das Stimmverhalten entfaltet. Wir sollten sie vielmehr als Spuren einer Wahrnehmung interpretieren, die durch das Verhältnis zwischen potenziell überwältigenden Wirkungen großer Singstimmen und dem Wissen um eine nichtfunktionale Materialität in der menschlichen Existenz erleichtert wird.

Unsere Fokussierung auf Situationen, in denen geliebte Stimmen nicht nur einen Eindruck, sondern die psychophysische Realität der Überwältigung produzieren, hat uns zu einem Zustand der Materialität innerhalb der menschlichen Existenz geführt, den wir bereits in uns tragen, da er der menschlichen Kultur vorausgeht und sie durchdringt – auch wenn weder unsere Alltagssprachen noch die Abhandlungen westlicher Philosophie genaue Begriffe dafür besitzen. Hier sehe ich den Beginn einer Antwort auf meine zentrale Frage, warum es – wahrscheinlich nicht nur für mich – unmöglich ist, sich ein Leben ohne Lieblingsstimmen vorzustellen. Bedeutsam sind sie nicht nur aufgrund dessen, was sie in unsicheren Situationen für uns tun, sondern auch – im buchstäblichen Sinne – als ein Medium primärer, von allen Menschen geteilter physischer Nähe. Wenn wir spüren, dass wir Materie sind, fühlen wir uns niemals vollkommen allein und von absoluter Diskontinuität bedroht. Auf dieser Grundlage, die in unserem Bewusstsein kaum jemals zu einem Referenten oder einer Bedeutung wird, die vollständig umschrieben wären, können Stimmen uns in prekären Situationen des individuellen Lebens helfen. Die Aussage, dass wir »Halt an Stimmen finden«, zeigt vielleicht die Grenzen in unserer Bewusstheit oder unserer Art der Artikulation solcher grundlegender Materialität.

*

Oben habe ich meine Gedanken über die menschliche Stimme an den Status der Stimme als eines »unordentlichen Themas« angepasst, indem ich es mit diversen, aus unterschiedlichen Perspektiven entwickelten Analysen und Argumenten umgab. Entsprechend fühle ich mich auch nicht verpflichtet, diesen »unordentlichen Essay« mit einem letzten Punkt, an dem alles zusammenfließt, oder einer einzelnen These, die sich als »Hauptthese« ausgibt, zu beschließen. Doch mit der Beobachtung einer ursprünglichen Materialität und Nähe, die im Prozess des von Singstimmen Überwältigtwerdens nahezu buchstäblich greifbar wird, kommt ein potenzieller Fluchtpunkt für all unsere Überlegungen in Sicht. Da Gedanken über solche überwältigenden Stimmen diese ursprüngliche Materialität und Nähe in unser Blickfeld gerückt haben, können wir rückblickend sagen, dass sie auch in all den anderen Situationen, die ich als »Leben der Stimme« bezeichnet habe, eine Voraussetzung darstellten und eine Funktion hatten. Wenn das Hören menschlicher Stimmen stets Vorstellungselemente auslöst, die wir dann verinnerlichen und auf sensiblen Schichten unserer Persönlichkeit ansammeln, können wir tatsächlich sagen, dass Stimmen immer Verschmelzungseffekte hervorrufen, die unsere primäre materielle Existenz implizieren.

Als Prämisse, Implikation und Effekt jeglichen menschlichen Tuns bildet schiere Materialität einen transzendenten Horizont für unsere Existenz. Nicht den Horizont »über« der menschlichen Existenz, den die Religionen »höheren Wesen« aller Art vorbehalten, sondern gewissermaßen einen transzendenten Horizont »unterhalb« der menschlichen Existenz, einen Horizont der Substanz und Grundlegung, über den wir selten nachdenken. Religionen haben es vielleicht deshalb mit den Beziehungen zwischen ihren Göttern und Stimmen zu tun, weil dieser begriffliche Bereich die Ontologie der Trennung oder des Schnitts zwischen reiner, das Leben von oben transzendierender Spiritualität und reiner, das Leben von unten transzendierender Materialität betrifft. Der Islam hält seinen Gott in unendlicher Ferne von der Materialität evozierenden Stimme. Das Christentum geht recht weit bei der Verschmelzung der beiden transzendenten Horizonte durch Begriffe und Narrative, die sich auf die Stimme als Medium der Inkarnation beziehen. Und das Judentum verfügt über ein breites Spektrum unterschiedlicher Möglichkeiten, sich die göttliche Stimme vorzustellen, und verleiht dadurch Gott eine ambitioniertere – und differenziertere – Ontologie.

Immer wenn Stimmen Teil unseres Verhaltens sind, rückt der transzendente Horizont der Materialität näher. Stimmen funktionieren daher stets als Entbergung unserer nichtumschriebenen Nähe zu anderen Menschen, einer Nähe, in der wir leben und in der wir Materialität sind. Doch da Philosophen den Ausdruck »Entbergung« meist für Situationen und Ereignisse benutzen, in denen Phänomene sich vollständig zeigen, müssen wir seine Bedeutung in der Hoffnung differenzieren, dass das Nachdenken über Stimmen zumindest eine Möglichkeit bietet, dass dieser primäre Zustand materieller Nähe sich in unsrem Geist entwickelt – ohne dabei all seine Aspekte und Dimensionen vollkommen zu enthüllen. Das Nachdenken über Stimmen hat das Gefühl der Nähe als einer existenziellen Dimension vorangetrieben – auch wenn wir lediglich verstehen, dass Begriffe und Argumente nicht ausreichen, um zu erfassen, was bei Stimmen auf dem Spiel steht.

Dankbarkeit für intellektuelle Nähe

spüre ich, während ich die Durchsicht dieses Buchmanuskripts beende – statt dass mir die übliche Liste mit »Danksagungen« für textbezogene Hinweise, Ratschläge und Kritik in den Sinn kommt. Im Gegensatz zu den meisten anderen Projekten, an denen ich in den letzten fünf Jahrzehnten gearbeitet habe, entstand dieses Buch aus einer Faszination, die nur die meine zu sein schien und daher fern von den jeweils laufenden öffentlichen Debatten in den Geisteswissenschaften Nordamerikas, Südamerikas und Europas war. Die Freundinnen und Freunde, die mich bei der Arbeit an *Leben der Stimme* begleiteten, taten dies mit einer Offenheit und Großzügigkeit, die meiner intellektuellen Einsamkeit einen Horizont unerwarteter Lebendigkeit gaben.

Für Jahre der Aufmerksamkeit und des Gesprächs danke ich

Vittoria Borsò, die am nächsten beim Text bleibt;
Andrea Capra, den ich immer noch jeden Donnerstagmorgen im Coupa Café vermisse;
Christel Baltes-Löhr, die akademischem Schreiben zuhören kann;
Eva Gilmer, die einfach meinem Denken vertraute;
Greicy Pinto Bellin, die in Curitiba auf Hörweite war;
Eva Himo-Saadeh, Stefano Perpetuini, Siy Qi und vor allem *Etan Hirsh*, die mir die Energie für ein weitaus größeres Seminar an der Hebrew University schenkten;

Irina Hron und *Christian Benne*, die mit dem Schnee und der Sonne sprechen;
Jézio Hernani Bomfim Gutierre, der mir über die Schulter schaute, ohne es zu wissen;
Leonhard Möckl, dessen fränkische Stimme einen kosmopolitischen Touch hat;
Oslei Bega und *Gabriel Lima Leal*, deren Präsenz in Campo Grande endlos war;
Melanie Möller, die mit Charme überredet;
Michael Albert, dessen Stimme zu meinem intellektuellen Leben gehört;
Birgit Münch und *Markus Gabriel*, die der »Stimme« die Aura eines philosophischen Gegenstandes gaben;
Thomas Pavel, der mit mir einen agnostischen Glauben an Stimmen der Transzendenz teilt;
Ludwig Pfeiffer, dessen Genauigkeit neue Gedanken hervorbringt;
Brian Pines, dem frühe und kalte Morgenstundentermine nichts ausmachen;
Anja Pompe, die ganz unerwartete Fragen hat;
Antonio Rafele, der mir einen ciceronischen Raum eröffnete;
Ricky, deren Stimme die Mitte meines Lebens ist;
Thamara Rodrigues und *Marcelo Rangel*, die sich vom Rhythmus meiner Prosa nicht stören ließen;
Victor Manuel Sánchez, der philosophisch redet, während er Cappuccinos fertig macht;
Jan Söffner, dessen Stimme ich höre, wenn ich ihn lese;
Miguel Tamen, der mein intellektueller Goldstandard ist;
Erica Wetter, die mich ermutigte und dennoch geduldig blieb;
und *Gill Zimmermann*, der mich im Obergeschoss schreiben hörte.